"匠心"讲演录
（第一辑）

顾　问：成松柳

编　著：邱国良　彭琼英　杜荣华

东北师范大学出版社

长　春

图书在版编目（CIP）数据

"匠心"讲演录. 第一辑/邱国良，彭琼英，杜荣
华编著. —长春：东北师范大学出版社，2019.5
ISBN 978 - 7 - 5681 - 5826 - 8

Ⅰ.①匠… Ⅱ.①邱… ②彭… ③杜… Ⅲ.①人文科
学—文集 Ⅳ.①C53

中国版本图书馆 CIP 数据核字（2019）第 095925 号

□策划创意：张文昌
□责任编辑：尚禹含 □封面设计：创智时代
□责任校对：张国玲 孙明霞 □责任印制：张允豪

东北师范大学出版社出版发行
长春净月经济开发区金宝街 118 号（邮政编码：130117）
电话：010—82893125
传真：010—82896571
网址：http：// www. nenup. com
东北师范大学音像出版社制版
吉林省良原印业有限公司印装
长春市净月小合台工业区（邮政编码：130117）
2019 年 5 月第 1 版 2019 年 5 月第 1 次印刷
幅面尺寸：185mm×260mm 印张：12 字数：234 千

定价：35.80 元

序

　　己亥年孟春，我收到学校汽车与机械工程学院编著的《"匠心"讲演录》初稿，同时他们请我为"讲演录"作序。看罢，老师们情真意切、不忘育人初心之意跃然纸上，我被他们的睿智、博学、乐于施教的真诚所打动，被"匠心学堂"举办者对人才培养的执着、坚守所感动，深以未能跻身听众席为憾。很高兴看到"匠心学堂"不仅在通识讲坛，在朋辈互助、专业建设、产教融合等多方面所取得的成就，而且渐成"三全"育人培养又一基地，是人才培养创新体系中的一抹亮色。为这样一个符合时代需要，深受青年学生喜爱的"讲演录"作序，我甚为乐意。

　　党的十九大报告指出，"文化是一个国家、一个民族的灵魂。文化兴国运兴，文化强民族强。没有高度的文化自信，没有文化的繁荣兴盛，就没有中华民族伟大复兴"。大学文化是社会主义先进文化的重要组成部分，是大学生命力和创造力的源泉，培养纯粹的校园文化，方能引领社会发展。教育的本质是育人与传承，对于高等教育而言，牢记"育人"根本，才能不忘教育初心；牢记"文化"根本，才能不负教育使命。"匠心学堂"通过文化素质教育，培养学生的人文精神，涉及的是"育人"和"文化"两个根本，是培养什么人、如何培养人的最新思考。

　　"匠心学堂"不仅给师者创造了一个与渴望获得人文素养的学生直接交流的机会，更为莘莘学子提供了开阔眼界的平台。在通识讲坛上，既有知识渊博的中老年学者，也有勇于革新的青年才俊，他们以人文精神的培育为核心，以提升学生的人文素养为己任，提供了许多颇为珍贵的新思想、新信息，也展现了众多学科相互渗透、相互融合的新成果，启迪学子们在博大精深的文化之中思考、成长。

　　正如学者们所言，"要对构成21世纪特征的重大世界挑战做出应答，就必须在发展中更加强调两个主要目标——发展中的文化尺度和人的文化生活。""工匠传统与学者传统要并重。对于工科生而言，要有一点学者传统；对于理科生而言，要有一种工匠传统，就是我们现在常讲的工匠精神"。在中国特色社会主义进入新时代的今天，必须将文化素质教育融入大学生的专业学习与生活实践，转化为他们的日常活动和生命体验，使学生在广泛的知识汲取和深刻的辩证思考中，具备一双慧眼，从纷繁复杂中看透事物的本质，做出正确的选择，不让功利束缚梦想的翅膀，不让浮躁蒙蔽明亮的双眼，不让任性成为自由心灵的桎梏，在服务社会和报效祖国中实现人生价值，在传承和创新中华文化的过程中提升思想境界。

我衷心祝愿"匠心学堂"未来能更加突出校园文化的引领力，彰显主旋律，助力培养"底色亮、实践强、有情怀、敢担当"的长沙理工大学特质人才；愿同学们多读书，读好书，好好读书，享受安静的阅读时光；愿校园更多朗朗的书声。

是为序。

2019.3

目　录

——文化传承类——

——社会发展类——

——文学艺术类——

文化认知与文化自信

成松柳

主讲人简介

成松柳，长沙理工大学文法学院教授，湖南省人民政府参事，长沙理工大学学术委员会副主任，中国词学研究会常务理事，湖南省古代文学学会、湖南省屈原学会副会长。主要从事中国文学与文化研究。

要对构成 21 世纪特征的重大世界挑战做出应答，就必须在发展中更加强调两个主要目标——发展中的文化尺度和人的文化生活。

要在经济和技术发展中，将文化和人的价值恢复到中心的位置上来。

——《世界文化报告》

这是联合国教科文组织于 1998 年编写的关于全球文化状况的报告中的两段话，的确很有深意：

一是说回归，不是发展，不是创新，而是回归，回归到中心位置。这说明人与文化，在人类历史的长河中曾经是中心，只是后来偏移了。

二是说人的中心位置，点出文化的中心是人。以人为中心的文化建设才是有意义的。

一、关于文化

文化是一个很有意思的概念，定义很多，所以很多讲文化的学者说，文化的概念很难讲授。的确如此，因为从不同层面定义文化，得出的结论是有区别的。比如，中国文化体系中的文化概念，"以文化人"，有着明确的价值指向，而英文的"culture"来自文化人类学，指的是不同民族的生活方式，不同民族的生活方式是并存于人类生活中的，并无高下之分。

我通常用的概念是"文化，是人类活动的意义层面"。它有两个要点：第一，它是人类活动的积淀，有人的地方才有文化。一种文化，只有变成人生活的、审美的习惯，才具有意义和价值。第二，它告诉我们，文化具有价值判断的意义。既然文化是一种价值标准，关乎人的生活和审美，因此我们研究和建设文化，首先必须关注人的生活，必须关注现实层面，而不是在文化的概念上兜圈子。

我们可以小结一下，文化实际上是一个价值体系，是源于人类活动意义的价值体系。只有着眼于对人类生活的关注，文化的意义才能够凸显。这就启示我们：要树立文化自信，或者开展文化建设，首先必须对自己的文化进行认知。清楚自身文化的来龙去脉，明晰自身文化在世界文化体系中的意义，从而让我们的文化与国力相匹配，与世界发展同步。随着中国经济的迅速崛起，我们对世界和平的参与力度越大，世界对我们的要求就会越多，中国文化应该成为世界文化的重要组成部分。就是从这样一个层面，开始我们的文化认知。

二、关于文化认知

我们先简单做一下概念梳理。认知是人心理的高级过程，人的认知能力和认识能力是密切相关的。那么什么叫文化认知呢？书上没有定义，我自己给它下了一个定义：文化认知，是公众个体对自身所处文化的一种清醒认识。

每一个人，身处社会中间，都是处于一个自身的社会结构中。在这样一个社会结构中间，不管你是意识到还是没有意识到，文化实际上是一直不断地在植入的。经过这个植入，人能够清醒地认知自己，并确认自己和世界的联系，从而建构自己在世界上的意义。因此，文化认知，就是对自身文化的清醒认识，有了这种认识，才能有文化自信。记得前些年有不少人说过，经济全球化会带来文化全球化，我一直在说一个观点：文化全球化是个伪命题，文化是不可能全球化的。世界上有很多文化，但没有一种文化可以塑造其他国家和民族的文化，所以文化全球化是一个伪命题。那么，怎么开始我们的文化认知呢？

这几年大家都知道，中国文化、传统文化逐渐成为社会关注的热点，为什么呢？今晚我想先讲清楚这个问题。我们先跳出既有框架，从世界范围来反观中国，可能看得更清楚。

我以一个最近典型的热点事例来说明，那就是中美贸易摩擦。在这里要做一个说明，我不是经济方面的研究者，所以我只是从文化的角度来看中美贸易摩擦，看这个贸易摩擦发生期间我们的文化为什么会热起来，为什么在这样一个背景下，我们必须要有清醒的文化认知。我们知道，贸易摩擦实际上和经济全球化是有关联的。为了准备这个讲座，我读了几本经济全球化的相关论著，然后进行了一个梳理。学术界比较认同的是，经济全球化大约经历了三个阶段，当然这三个阶段的时间划分是不一样的，但是也差不离。第一阶段的起点是 1750 年左右，终点基本上是在1940 年，或者 1945 年以后，1950 年左右。这个阶段有一个非常特殊的特征，那就是随着工业革命的产生和发展，已经有一批国家先发达起来了。先发达起来的那批国家觉得自己国家的资源无法有效配置，无法有效保证工业的新发展，所以它们或者通过军事的输出，或者通过经济的输出，或者通过文化的输出，开始在全球范围内寻找资源，这就是我们所说的"殖民"，我把这个阶段称为"殖民化"。在这个阶段，中国是被动的，成了半殖民地。也因此，在当时的中国，一切外来的文化似乎都带着先进的含义。在所谓"先进文化"的冲击下，我们的传统文化溃不成军，陷入了深刻的危机。首先，传统文化无法面对新的变化。用李鸿章等洋务运动代表的话来说，是无法面对数千年来中国从未遇到过的世界大变局和中国大变化。其次，在外来文化的强烈冲击之下，我们的文化完全没有话语权。五四运动时脱颖而出的那一代中国先驱，他们所寻找的救国救民的道路，大部分都是学习西方，很少有返回中国传统文化去寻找资源的。举个例子，关于汉字的认知，那一代人，不管他们的政见如何、党派如何，有一点是共同认知的：拼音文字是先进的，其他文字是落后的，世界文字的潮流必然要走拼音文字之路。甚至有人宣布汉字要死亡了。这个例子，就是当时掌握"先进文化"的那批人对汉字的认知，也可以折射出他们对传统文化的认知。所以，中国文化在当时来说基本上没有话语权，谁要是一谈传统文化很容易就被称为时代的阻碍。

经济全球化第二阶段有个特点，它是在国际贸易的背景下展开的。如果把它分成前后两期，中国没有赶上前期，1978年我们赶上了后期。前期经济全球化成就了西欧，成就了日本，成就了"亚洲四小龙"。中国追赶上的后期，借助国际贸易的保护规则，经济迅速起飞。这一阶段的特点是资本化。这个我们也很好理解：发达国家经过一段时间的发展以后，拥有了雄厚的资本，但是这个资本在本国内无法释放，为什么？它的产能过剩了。因此，发达国家就得寻找一个更广阔的地方开展它的生产，中国就是它们的最佳选择地。第一，我们的劳动力价格低廉；第二，我们有庞大的人口和市场。发达国家把资本输入中国，通过我们的低廉劳动力生产商品，再把商品卖给欧美地区。中国就是在这一阶段起飞的。所以，这一阶段的特点是资本化。资本化和文化又有什么关系呢？有必要指出的是，这一阶段的经济全球化，世界金融与贸易体制是以美国实力为基础的，最为关键的就是20世纪40年代确立了以美元为中心的国际货币体系，实行汇率固定但可调整的布雷顿森林货币体系，再加上关贸总协定，多个国家制定了一个贸易框架。正因此，形成了这一轮的国际贸易，但它是有规则的，这个规则实际上就是两条：第一条是世贸规则，第二条是美元规则。在第二阶段的经济全球化中，我们如果把这个阶段分为前后30年的话，前30年我们建立了基本的工业体系和资源的国有控制，这两点很重要，正因为有这样的一个体系和资源的国有控制，我们才有了后几十年的改革开放。所以，前30年和后30年是有联系的，并且前30年的发展使我们在后30年能快速地融入世界经济体系，快速发展。作为参与国际贸易的后来者，中国的任务是经济赶超，经济需要迅速赶上去，因此这个阶段我们在文化上依然没有话语权。

我们看经济全球化的第三阶段。第三阶段，我把它称为全球配置资源阶段。为什么？因为我们现在有新的条件，在互联网条件下，技术、资本和劳动力都可以毫无壁垒地进行全球配置。在这个阶段，中国的身份不一样，我们自己的目标也不一样了。如果说第一个阶段我们被迫成为半殖民地国家，文化没有话语权，第二个阶段我们在赶超经济，文化依然没有太多的话语权，那么第三个阶段我们就期待与世界共同发展。所以，中国要进一步全面开放，尽可能全方位开放。为什么要尽可能全方位开放，就是要融入世界经济体系中间，要共同发展。我们前30年是利用国际贸易规则发展起来的，那么现在要共同发展，作为一个大国，就要对世界负起新的责任。于此，我们的文化也就必须与世界共融共生。作为一个负责任的大国，我们的文化是必须融入世界文化体系的。

我对这三个阶段做一个小结。殖民化与资本化的进程，推动了全球经济的发展，同样带来了全球的危机。尤其是资本化，一切都向着资本，发达国家金融的衍生品就基于此，世界各国都开始了金融的泛滥和产业的空心化。美国总统特朗普为什么要搞贸易保护？为什么要把很多实体又招回美国？就是为了应对产业的空心化。那么发展中国家呢？它在发展过程中出现了环境恶化等一些问题，因此在经济赶超的同时，很多国家开始思考战略转型。这实际上告诉我们，传统的路径已经走不下去了。举个例子，乡村发展。我这些年看了很多关于乡村发展的文章，但是绝大多数文章是有问题的，因为这些文章在讲到乡村产业振兴的时候，还是基于原有的路径。原来是什么路径？我们把世界上的产业分为三产，第一产业是农业，第二产业是工业，第三产业是服务业和其他行业。这个分法有它的道理，但是也有严重的问题，尤其是对农业的分法。农业为什么是第一产业？农业的第一产业不是农业自己分的，是工业给它分的。工业革命兴起以后，工业成了重头戏，城市成了重头戏，就要求农村为其服务。所以如今讲乡村振兴，我们就必须对农业有新的思考。如今的农业同时是第二产业和第三产业，为什么？农产品的深加工，农村的工业化，农产品的工业化，这不就是工业吗？如今的乡村旅游，它不就是第三产业的服务业吗？20世纪90年代，日本东京大学名誉教授、农业专家今村奈良臣针对日本农业发展面临的窘境，首先提出了"第六产业"的概念。"六产"的意思就是一产业加二产业加三产业（编者注："1＋2＋3"＝6）。所以，现在讲乡村振兴不是原有路径的简单强化，而是一个全新的战略转型。我们看一下世界其他国家的做法，比如欧洲，欧洲从20世纪70年代开始乡村转型，其转型就是由于对农业、农村有了全新的认识。日本的乡村走的也是这条路。中国的发展也应该如此，一定要站在全世界的角度来看问题。发展要与世界同步，只有这样，我们的文化才能更好地融入世界文化体系。

我们应该怎么进行文化认知呢？我觉得应该从这样几个层面来看。首先，对传统文化要有清醒的认知。这有两方面的含义：第一是对传统文化要反思，第二是在反思的基础上确立文化建设的出发点。我前面讲了，在第一阶段经济全球化过程中，我们的传统文化溃不成军，在第二阶段经济全球化过程中，我们依然没有拥有应该有的文化话语权，中华文化在世界文化体系中的影响力非常有限。那么在第三阶段经济全球化过程中，我们应该有文化话语权，应该和世界平等对话。那么什么叫作对传统文化有清醒的认知？我觉得，第一，传统文化植根于传统的土壤，它和现代文明肯定是有距离的。现在很多传统文化的学者讲要靠传统文化的振兴来实现中国文化的复兴，我觉得这有点儿痴人说梦。传统文化，不管你怎么认知，不管你怎么寻找它的优势，它和现代文明之间是有距离的，因为它们的土壤不一样。但是传统文化又是我们走入现代文明不可或缺的一个载体，因为我们要走自己的道路。如果对自己的文明都没有很好地开掘、珍惜、保护和利用，那么我们走入现代文明也是一句空话。传统文化为什么跟现代文明是有距离的？比如我们讲第一个方面，假如我们把儒学视为中国传统文化主流形态的话，我觉得儒学经典是有局限性的。这个局限性，我总结了一下，有三个方面。第一个是它的支撑体系，它是自然经济，是小农经济。我们读《论语》，读先秦的那些典籍感到很温馨，但是如果把那样温馨的场景复制到我们现代社会中，很多是根本不可能实现的。为什么？因为那个时代是小共同体时代，在小共同体时代以道德为基本框架来维持社会的运转是完全可行的，如果你现在把它放到一个大的社会背景中，没有现在的法制，你怎么去管理？所以在自然经济时代支撑下的儒学经典，放到现代社会还是有局限性的。第二个，它的思维方式。它是类比推理，比如看孔子的很多比喻，包括《道德经》的很多比喻，都是类比的。类比是人类原始时候的思维方式，是比较简单的思维方式，实际上它是不周严的。第三个，儒学经典的学术指向是华夏中心，它是有华夷之辨的。"异族"，虽然我们可以用文化同化它，但是按照儒学经典，它和我们始终不是一类人，它是有高下的。比如陈寅恪先生有一篇著名的文章《论韩愈》，文章讲韩愈在中唐时期的六大贡献，第一大贡献就是批佛，因为佛教成了当时整个社会的思想高地，韩愈觉得要继承正统儒家的学说，首先要打击佛教，要批佛。那么怎么批佛呢？这就说到华夷之辨。华夷之辨认为佛教是外来的，外来的就是"夷"，它和华夏的正统学说是有距离的。儒学经典这种以华夏中心为学术指向是不利于中华民族的文化认同的，这是儒学经典的一些局限。但是，儒学经典在文化的传承中是有意义的。首先，它是一个心性之学，它强调先对自身进行修炼，然后再开始其他的运作。比如在《大学》里，它有一个非常明确的结构，修身、齐家、治国、平天下，正心、诚意、格物、致知，这两者实际上是相对应的，但这两者对应的结构是有偏向的："修身齐家"，指的是修身；"正心诚意格物致知"，指的同样是修身。个体只有修身修好了，心性修炼达到很高的层次了，才有治国平天下的资格。这种心性之学对现代人来说，依然是有启示的。《论语》里说，"仁远乎哉？我欲仁，斯仁至矣"，我觉得这是《论语》里最激动人心的一句话。"仁"离我们远吗？不远。"仁"的意愿就在每个人的心中，只要你勇于实践，只要你善于学习，就能达到这样一个境界。比如，"己所不欲，勿施于人"，它同样是一种心性的修炼。遇到事情，我们应该给自己一个思考的空间，这个思考的空间就是从他人的角度，从群体的角度，从社会国家和民族的角度去思考，而不是不假思索的瞬间判断，不假思索的瞬间判断往往是出于自身的本能，而"思考的空间"就是以他人的角度为参考依据。再比如，"躬自厚而薄责于人，则远怨矣"，你宽容了别人，也就等于善待了自己。其次，除了是心性之学，我觉得儒家经典还是一种扬善之学，"唯仁者能好人，能恶人"。其实先秦诸子都是很富有批判精神的。《论语》不是凝聚，它是唤醒，孔子觉得那是一个无道的世界，是一个礼崩乐坏的世界，他要用学术和良知去唤醒君王，唤醒其他的人，来共同拯救这样一个礼崩乐坏的世界。虽然先秦的儒者有善恶之别，但是总体是扬善的。为什么？孟子讲得很清楚，人之所以扬善是出自人的本心，因为人有恻隐之心，有羞恶之心，有辞让之心，有是非之心，所以才有仁义礼智这四端，正因为有这四端，才引领我们扬善。但这四端只是一个源头，为了达到心中的善，人就要习德，就要学习，"性相近，习相远"也，这样四端才能扩而充之。虽然四端存在于你的心中，但是要想使它成为一种真正的善，出自你心中的善，你就得"习"。大家要注意《论语》中的这个"习"，"学而时习之"，不仅仅是我们现在学习的"习"，它实际上包括学习和实践。正因为如此，学习是儒家经典中最温暖的字眼。"学而时习之"也好，"诲人不倦"也好，"举一反三"也好，"工欲善其事，必先利其器"也好，一部《论语》中关于学习的字眼确实太多了。最后，儒家经典是一个礼仪之学。我这里引用了一句话，"不学礼，无以立"，"礼"在春秋战国时期，在儒家经典中实际上是一座桥梁。人的德行，人的心性的修炼，人的一些善意，人的仁义礼智的养成，很大程度上都是因为"礼"的约束，这个我就不展开讲了。"礼之用，和为贵"，"礼"代表一种秩序，这种秩序能促使人与人之间和睦相处。"礼"同样是"和"的重要手段和方法，而"和"则是"礼"制的根本目标。所以，中国文化传统是强调中正谦和的，讲究谦让、和谐和自我的完善。我觉得，在我们社会生活中，近几十年来这些东西逐渐离我们远去了。

其次，我觉得除了对传统文化的清醒认识，我们对百年来的文化发展也必须有一个清醒的认知、理性的认知。举个例子，我在前面讲的两个30年，曾经有一段时间我们把这两个30年对立，觉得改革开放是对前30年的否定，现在我们开始纠正这个观念。我举个例子你们就知道。1949年，中国人的平均寿命是35岁，1978年，中国人的平均寿命是68岁，从35岁到68岁，这是一个多么了不起的进步。这个进步来自于什么？来自于当时中国自主设立的大众医疗体系，尤其是面向不享受公费医疗的农村。在农村，我们建立了一个以赤脚医生为主体的农村医疗服务体系。这之后，我国的医改走了很长一段时间的路，近几年开始全民医保。所以我觉得对我国100年来的文化认知，包括对新文化运动的认知，同样是我们文化认知的一个基点，只有在这样一个基点上，我们才会形成真正的文化自信。

三、关于文化自信

第三就是我说的文化自信。中华文明史是我们文化自信的历史营养。虽然中华文明不是世界最早的文明——美索不达米亚文明、古埃及文明、古印度文明和米诺斯文明，都早于有记载的中华文明——而且中华文明的早期创造也不是最辉煌的，但是中华文明一直延续至今，一直与中国人的生活息息相关。

公民建设是文化自信的一个现实基础。我们说文化建设首先来源于文化自信，只有具备文化自信，我们才能以一种开放的心态去从事文化建设。讲传统文化，我们经常讲到汉唐文化，汉唐文化确实是我们文化发展的一个高峰期，尤其是唐代。我是从事唐代文学研究的，我经常说一句话：有人说中国人生活得比较沉重，但是我们看唐代的人一点儿都不沉重；有人说中国人缺乏幽默感，但是你看唐代，唐代的笔记小说充满了幽默感。汉唐文化的发展实际上是在开放中形成的，比如说有唐一代，儒道释三教始终并存，各种思想多元存在。中华文化曾经对世界文化做出过巨大的贡献。有一个著名的历史学家，叫布罗代尔，他有一个长时段理论，是从"长时段"、"中时段"和"短时段"出发综合考察历史。他把世界的发展比喻成一个时钟，世界上有些国家，在这个钟表上是长针，它占据着世界的主要地位，在世界的发展进程中是有话语权的，有的是中针，有的是短针，有的根本就没有出现在这个钟表上。那么中国，我自己一个判断是，从公元6世纪到公元13世纪，牢牢占据了主要位置，但是后来又退出了这个钟表，退出的时间比较长，现在我们又回到了这个钟表上。这样的一出一进，我们的心态是会发生变化的。中华民族曾经对世界做出巨大的贡献，我们原来的文化，像唐诗所描写的一样，"万国衣冠拜冕旒"，是万众朝拜的一种文化，但是这不是现代文明所需要的文化。新时代的文化振兴最重要的是要有平等的心态，要学会尊重其他文化，要敢于吸收人类文明的一切成果。我们现在重新回到了世界钟表上，如何树立文化自信就成了我们一个重大的课题。

我一直有个看法，文化交流的目标不是宣传，不是我们自身价值观的推送，而是搭建互相理解的平台。当今世界虽然有文化冲突，但是更多的是文化交融和共存，无论东方还是西方，人类比以往任何时候都更加懂得珍惜和保护本民族的文化，尊重和渴望了解其他民族的文化，我觉得这是世界发展的主流，也是我们文化交流过程中的基本立场。

那么，我们怎么理解文化自信呢？我是从这样几个角度来理解的。

第一，要意识到文化传承的重要性。人类文化是多元的，每一种文化都有其独特的价值，而任何文化形态的存在都是有意义的，不能把某一种文化作为唯一的导向。只有具备这样的视野，我们才有文化自信的可能。文化人类学有一个基本的概念：文化和语言一样。你能说英语比汉语好吗？你能说汉语比拉丁语好吗？每一种语言都属于不同的民族，不同的国家，都是在那一块土地生长起来的，所以它是平等的。文化也是一样。不同种类的不同民族的文化，实际上都是平等的，只有在平等的基础上去交流，相互才能够融合共生。所以要树立文化自信，首先要有这样的视野：既不看低我们的文化，也不把别人的文化低俗化和恶意化。人类发展的目标必然是朝着富强民主自由进发，但是它不存在唯一的路径。以城市化为例，原来说城市化是人类文明进步的唯一通道，但是现在我们不这么看了，我们现在说逆城市化了。所以这是我的第一个观点，我们如果要树立文化自信，就一定要对文化传承有一个清醒的认识，这个我就不展开讲了。

第二，努力创造开放对话的平台。在谈到文化和文明时，我们总喜欢以其他文明来反衬中华文明的伟大，仿佛这样才能显示中华文明的璀璨。其实人类的每一种文明都有过人之处，每一种文化都有其存在的价值和意义，尤其是西方文明，在历史的进程中，无论科学发明还是制度体系，对于人类社会发展的贡献都是巨大的。我们以往对它的误读太多了，现在依然有着太多的误读。如果依然抱着这种心态，那么文化平等对话的平台与机制就无法建立，我们的文化也很难真正融入世界文化体系。

第三，我们要以学术的态度去对待文化的资源，也就是要以学术的态度去对待文化，去梳理文化，要明白文化不是意识形态，文化的交流必须是在平等的基础上展开的，不同的文化需要的是彼此尊重，是共生共荣。所以，不要动不动就使用"文化侵略"的字眼。

第四，我们在进行文化建设的时候，在对文化资源进行创意提升的时候，一定要树立明确的保护意识。保护永远是第一位的，资源和文化是不可逆的，是不可替代的，是不可复制的。我们这些年在文化建设和保护中犯了很多错误，经常把一些古老的建筑拆掉，然后再去复原，去建一个仿制品。仿制品都是没有生命的。就像城市建设，"三推一平"，把生态全部破坏掉，然后再造几个草坪。伪生态与自然原生态是不可相提并论的。所以关于文化自信的第四点，就是我们一定要有保护意识。

第五，我们在一个新的时代中，文化的建设和发展，与现代科技有了更好的结合手段，但是一定要注意，虽然这个结合使文化更丰富，更有现代感，但是千万不能本末倒置，让文化仅仅成为科技和经济的附庸。在这样一个时代，文化要回归人和社会的中心位置。高度的文化自觉，它还必须接受文化产品的服务理念。实际上在文化建设、文化自信和文化保护过程中，我们说文化是以文化人，因此在享受文化产品的同时，文化的熏陶和精神价值的提升，与文化的服务意义和服务价值，它们是相吻合的。所以我从这样的五个方面来梳理关于文化建设的一些基本理念。

总体来说，对于文化认知，我们要体现在对传统文化，包括我们的革命文化，我们的新文化的准确认知的基础上。在这样一个基础上，我们首先要敢于反思自己的文化，在反思的基础上注重文化传承的理念；其次，我们要站在一个文化平等的平台上去看待其他文化，去和世界文化有效对话，要充分理解和尊重其他文化和文明；最后，我们要很好地保护自身的文化遗存，对文化遗存始终保持着敬畏感，尤其在文化资源的开发和利用期间，保护永远是第一位的。今天，我就先说到这里，欢迎大家提问，谢谢！

参考文献

[1] 鲁斯·本尼迪克特. 文化模式 [M]. 王炜，译. 北京：社会科学文献出版社，2009.

[2] 托马斯·弗里德曼. 世界是平的："凌志汽车"和"橄榄树"的视角 [M]. 北京：东方出版社，2006.

[3] 费孝通. 乡土中国 生育制度 [M]. 北京：北京大学出版社，1998.

[4] 秦晖. 市场的昨天与今天：商品经济、市场理性、社会公正 [M]. 广州：广东人民出版社，1998.

[5] 秦晖. 人民公社与传统共同体 [J]. 香港：中国书评，1998 (13).

[6] 温铁军. 八次危机：中国的真实经验 [M]. 北京：东方出版社，2013.

[7] 刘光溪. 经济全球化·世贸组织·中国 [M]. 北京：北京大学出版社，1999.

中国古代科技发展的基本历程与启示：从李约瑟悖论说起

易显飞

主讲人简介

易显飞，男，1974 年生，湖南醴陵人，中国社科院博士后，教授，博士生导师，长沙理工大学马克思主义学院党委书记，科技与社会发展研究所所长，哲学一级学科负责人。研究领域：科学技术哲学与科技史，西学东渐与马克思主义哲学等。近年来，主持国家社科基金两项，主持教育部人文社科基金、中国博士后基金、国家社科重大招标项目子课题等近 20 项。主持获得湖南省哲学社会科学成果奖一次。近年来出版专著两部，教材一部，译著一部，在《哲学研究》《哲学动态》《中国科技论坛》等刊物发表学术论文 60 余篇。2012 年获湖南省高校思想政治理论课"教学能手"，两次荣获"湖南省优秀硕士学位论文"指导教师奖。学术兼职有湖南省马克思主义基本原理教学研究会副会长，中国自然辩证法研究会科学基础与信息网络专业委员会副主任，湖南省委宣传部"思想政治工作特约研究员"，湖南省现代公共文化服务体系建设专家库专家，长沙理工大学学报编委，《中国哲学年鉴》特约编辑，湖南省高教工委党的十九大巡讲团指导专家，湖南省高校思想政治理论课骨干教师研修班主讲专家。

中国古代曾经出现过科学技术发展的光辉灿烂的时期，正如研究中国科学技术史的权威人士李约瑟博士所言：在 3 世纪至 13 世纪之间，中国的科学技术达到了西方望尘莫及的水平。"但是近代科学——对于自然的假说的数字化，并且有着对于当代技术的全部推论——（何以）只在伽利略的时代倏然出现于西方呢？"换言之，为什么近代科学不是从科学技术处于世界领先地位的古代中国文明中演绎出来，而是在文明程度相对落后的 15 世纪的欧洲诞生呢？这就是科技史学术界所谓的"李约瑟悖论"。① "李约瑟悖论"作为一个复杂的社会历史现象，绝非是从某个单一的历史视角出发就能解决，而应该放到中国近代这一特定历史环境中，用系统方法，多维度、多视角来求解，以获得一个满意的答案。

一、中国古代科学技术发展的基本情况

古代中国的科学技术产生于奴隶社会时期，在奴隶社会向封建社会过渡——约春秋战国时期——奠定基础，至秦汉时期形成体系。此后伴随着中国封建社会的上升而进步，在封建社会鼎盛期的宋代出现了科学技术发展的高峰，到明清以后，又随着封建社会的衰败，科学技术的许多学科和门类日渐停滞，尤其是在欧洲崛起的近代科学技术面前，显得日益黯淡。

在水利工程技术方面，有春秋战国时期的芍陂、漳水十二渠、都江堰、郑国渠，汉代的龙首渠，隋代的大运河，等等。在建筑工程技术方面，万里长城、丝绸之路、赵州桥都是有名的道路桥梁工程，阿房宫、长安城、明故宫等体现了以木结构为核心的砖木建筑特色。在冶金技术方面，中国冶金技术后来居上，春秋战国时期率先掌握铸铁技术，生铁冶炼技术是我国人民的重大发明，汉代炒钢技术的发明、百炼钢工艺品的成熟、铸铁脱碳钢技术的进步，形成不同于欧洲块炼铁渗碳钢的钢铁冶炼体系，与现代钢铁生产工艺相一致。

制茶、丝织和制瓷是中国的三大独创技术。商周以来丝织技术持续不断地发展，6 世纪传到东罗马帝国，由此技术中国被誉为"产丝之国"。丝织技术 12 世纪末传到意大利，14 世纪法国人开始养蚕，16 世纪末传到英国。瓷器技术方面，东汉烧制青瓷技术成熟，唐代形成南方青瓷和北方白瓷两大瓷系，宋代形成八大窑系。制瓷技术通过丝绸之路传到西方，11 世纪传到波斯和阿拉伯，1470 年传到意大利。中国是茶的原产地，唐代有蒸青制法工艺，宋代有炒青绿茶工艺，元代有花茶制作工艺，明代有红茶制作工艺。

中国古代还有对世界具有很大影响的四大发明，即造纸术、指南针、火药和活

---

① 桂质亮. 李约瑟难题究竟问什么 [J]. 自然辩证法通讯，1997，6（18）：55-64.

字印刷术。这种说法最早由英国汉学家李约瑟提出并为后来许多中国的历史学家所继承，普遍认为这四种发明对中国古代的政治、经济、文化的发展产生了巨大的推动作用，且这些发明经由各种途径传至西方，对世界文明发展史也产生了很大的影响。正如马克思所言，"这是预告资产阶级社会到来的三大发明，火药把骑士阶层炸得粉碎，指南针打开了世界市场并建立了殖民地，而印刷术则变成新教的工具，总的说来变成了科学复兴的手段，变成对精神发展创造必要前提的最强大的杠杆。"

在实用科学方面，中国古代形成了农学、医学、天文学、算术四大学科体系。悠久的农业历史积累了丰富的农学和农业技术知识理论。从很早起，我国就出现了不少农学的专著——《氾胜之书》（成书于西汉年间）论及了北方特别是关中地区的耕作经验；贾思勰《齐民要术》（533—544，北魏）10卷92篇，反映了黄河中下游地区的农业生产状况；《王祯农书》（元代）综合描述了黄河流域旱田耕作和江南水田耕作的经验。贾思勰的《齐民要术》是我国现存最早的完整的农书，率先提出了因时制宜、因地制宜、精耕细作、合理经营的思想，在我国古代农业生产中产生了深远的影响。徐光启（1562—1633）的《农政全书》集我国古代农学成就之大成，60卷，50多万字，分农本、田制、农事、水利、农器、树艺、蚕桑、蚕桑广类、种植、牧养、制造和荒政12目。

在3000多年前的殷商甲骨文中，中国已经有关于医疗卫生以及十多种疾病的记载。《黄帝内经》以阴阳说和五行说为据，强调人体的有机整体性，提出了研究人体生理和病理的脏腑学说和经络学说。该书是中医现存最早的理论著作，是中医理论体系形成的标志。成书于汉代的《神农本草经》，是战国、秦汉以来药物知识的总结，是中国现存最早的药物学专著，为后世本草学奠定了基础；该书共收入药物365种，其中植物药252种，动物药67种，矿物药46种。东汉末年张仲景（约150—219）在《伤寒杂病论》中提出中医诊断学中的"六经辩证"（太阳、阳明、少阳、太阴、少阴、厥阴）和"八纲原理"（阴、阳、表、里、寒、热、虚、实），其"辨证施治"原则为中医临床医学奠定基础。中国古代其他重要的医学著作还有：魏晋王叔和的《脉经》和皇甫谧的《针灸甲乙经》，晋代葛洪的《肘后方》，唐代孙思邈的《千金要方》，明代李时珍的《本草纲目》，等等。一脉相承、绵延数千年一直未曾中断的中医药文化及文明，是世界医学史上所罕见的。中国古典医籍数量之大，名医人数之多，在同时期的世界范围内也不多见。

中国是世界上天文学起步最早、发展最快的国家之一，天文学也是我国古代最发达的四门自然科学之一。我国最早的天象观察，可以追溯到好几千年以前。无论是对太阳、月亮、行星、彗星、新星、恒星，还是对日食和月食、太阳黑子、日珥、流星雨等罕见天象，都有着悠久而丰富的记载，观察仔细、记录精确、描述详尽，其水平之高，达到令今人惊讶的程度。这些记载至今仍具有很高的科学价值。中国古代有着自己独特、优秀的历法体系。公元前4世纪，已测出太阳年为365.25天。元朝著名天文学家和水利专家郭守敬编成《授时历》，一年的周期和现行公历相差无几，但比现行公历的确定早300年。中国古代的宇宙结构学说有：盖天说、浑天说和宣夜说。盖天说认为，天圆如张盖，地方如棋局，"天似盖笠，地法覆盘"。浑天说认为，"天圆如弹丸，地如卵中黄"。宣夜说主张，"日月众星，浮于虚空之中"。

数学古称算术，是中国古代科学中一门重要的学科。《九章算术》是战国、秦、汉封建社会创立并巩固时期对数学发展的总结，就其数学成就来说，堪称世界数学名著。例如分数四则运算、开平方与开立方（包括二次方程数值解法）、盈不足术（西方称双设法）、各种面积和体积公式、线性方程组解法、正负数运算的加减法则等，水平都是很高的。其中方程组解法和正负数加减法在世界数学发展史上是遥遥领先的。就其特点来说，它形成了一个以筹算为中心、与古希腊数学完全不同的独立体系。南北朝祖冲之（429—500）及其子祖暅计算了圆内接正6144边形和正12288边形的面积，得出 $\pi = 3.1415926 \sim 3.1415927$ 这样精确到第七位有效数字的圆周率，领先世界达千年之久。宋元时期，我国出现了南宋的秦九韶（1208—1268）、杨辉，金元时期的李冶，元朝的朱世杰四大数学家，他们的数学成就中，最突出的是关于高次方程的数值解法，这一成就比欧洲早400多年。

在其他方面，《考工记》是春秋战国时期齐国人的一部科技著作，是手工技术规范的汇集。全书阐述了手工技术中包含的一些物理知识，其中主要是力学和热学方面。《墨经》是墨家学派的著作，是私学教育的教材。《墨经》中有关物理知识的内容，主要是在力学和光学方面。《梦溪笔谈》是北宋中期的政治家和科学家沈括（1031—1095）所著，这是中国科学史上一部重要的著作，英国科技史家李约瑟把它称为"中国科技史上的坐标"。这部举世闻名的科学巨著涉及物理领域的内容包括磁学、光学和声学知识。宋应星编写的《天工开物》，三年乃成，分上中下三部分，共18卷，包括农作物栽培、农产品加工、制盐、制糖、陶瓷、冶炼、养蚕、纺织、染色、造纸等内容，是一部手工业生产技术的百科全书。徐霞客22岁起游历江苏、浙江、江西、福建、陕西、湖南、云南等地，写成《徐霞客游记》，记载了所到之处的山川地貌、物产风情，是一部重要的地理学著作。[①]

二、李约瑟悖论

讲到这个地方，我们基本上就可以回到我们今天要讲的主题了，就是李约瑟悖

---

① 易显飞，刘明. 科学技术学导论［M］. 郑州：河南人民出版社，2010.

论。李约瑟是英国剑桥大学的教授，他的专业是化学，但他长期关注中国古代的科技史问题，提出了著名的"李约瑟悖论"（有的也称之为"李约瑟之谜"或"李约瑟难题"）。他的问题其实是一个两段式的表述。第一段是：为什么在公元前1世纪到公元16世纪之间，古代中国人在科学和技术方面的发达程度远远超过同时期的欧洲？第二段是：为什么近代科学没有产生在中国，而是在17世纪的西方，特别是文艺复兴之后的欧洲？

近几十年来，国内外学者对"李约瑟难题"进行了深入研究，给出了多种不同的解答。一些学者持"地理环境决定论"，认为中国在地理上四面为山脉、沙漠及海洋所环抱，形成了一个封闭的体系，中国的科学技术无从交流而独立不兼，最终日渐退化，导致落后。有些学者持"语言文字决定论"，认为中国的语言文字阻碍了科技的发展，他们认为汉字是具有整体结构的象形文字，属于综合型，导致中国人的思维具有综合性；西欧的拼音文字属于分析型，使得欧洲人擅长运用分析型思维，而分析型思维正是近代科学发展所必需的。[①] 有些学者持"制度决定论"，认为中国近代科学技术落后的根本原因是长期的封建制度束缚所造成的。有些学者则强调内因的重要性，认为中国近代科技落后的根本原因在于中国科技结构本身所固有的缺陷与不足。此外，还有学者从民族性格、文化、教育、经济甚至哲学的角度进行分析。无疑，这些学者对"李约瑟难题"的解答做出了贡献，他们的观点虽然具有一定的合理性，但是终究是片面的。尽管片面的解答似乎更显深刻，但是毕竟没有对"李约瑟难题"做出全面终极的回答。

"李约瑟难题"作为一个复杂的社会历史现象，绝非探讨导致其产生的其中的某一因素就能得出合理性解释，单一性的研究视角会形成许多研究盲点，从而曲解"李约瑟难题"，得到的研究结论也不利于启迪当代中国科学技术的发展。我们主张用系统论的方法，重新审视"李约瑟难题"。所谓系统论方法，就是从系统的整体出发，从系统整体的结构与功能、系统与外部环境的有机联系和相互作用中去动态地研究事物总体发展变化的规律。它是以一般系统论、信息论、控制论、耗散结构、协同学、超循环等系统科学理论为基础而形成与发展的一种科学研究方法。[②] 任何社会现象或问题都是相互关联的多种因素（包括内部因素与外部因素）综合作用的结果，"李约瑟难题"也不例外。这就决定了我们应该将中国近代科学技术看作社会大系统中的一个子系统，用系统的整体观及其方法来研究科技史这个子系统本身的结构、功能以及它同社会大系统之间的相互关系等。

① 李世闻. 理性精神：李约瑟难题的钥匙 [J]. 南京师范大学学报, 1997, 1 (4)：19-23.

② 曾广容. 系统论控制论信息论与哲学 [M]. 长沙：中南工业大学出版社, 1988.

中国近代科技史本身应该是一个自组织开放系统。如果从中国科技史本身的内部结构来求解"李约瑟难题",由于这种纯内部因素研究只是一个密闭系统,按自组织的观点,它会因得不到环境(即子系统之外的社会大系统)的负熵补充而窒息或走向无序。反过来,如果只研究中国近代科技发展的外部因素甚至只是研究其中某种因素,则会使其成为完全开放的系统,从而成为环境或其他系统的一部分,中国近代科技这个子系统的相对独立性也因此而丧失殆尽。这就说明,孤立片面地夸大某一因素来解释"李约瑟难题",是不合情理的。系统论方法的使用,使我们多维度、多视角地考察中国近代科技落后的各种因素,从整体出发且对整体的各部分做系统分析,并充分考察其中各种因素的相关性,最终又回到整体。这种方法与单一视角的研究方法相比,其优越性显而易见。

三、"李约瑟悖论"形成的多因素分析

如前所叙,由于中国近代科技这个子系统是置于中国近代社会这个大系统中的,因此,"李约瑟难题"的形成既有内部因素,也有外部因素。归纳起来,主要有思想观念、制度、工商业发展和中国科技本身的内在结构四个方面的因素。[①]

首先是思想观念。由于华夏民族自古以来主要聚居于土壤肥沃的黄河流域,进入文明社会后,农业耕作成为他们主要的耕作方式。而农业耕作有着时间上的相对固定性、重复性与地域上的稳定性,这些特性使中华民族形成了根深蒂固的秩序观念,并进而内化为封建社会的道德标准和价值标准;加之中国农民凭借世代相传的农业生产经验进行简单的自给自足式的生产,不需要太多的外来知识与信息,导致缺乏观念创新的内在动力;同时人们受落后的交通工具的限制和土地的束缚,信息严重匮乏,因而也缺乏观念创新的外在条件。封建社会中的以稳定和秩序为核心的观念必然具有封闭、保守、内敛的特征。这种观念体系直接限制了人们对外在客体的不断追问,从而缺乏将人们的精神活动引向客体的动力,受此种观念影响的民族性格自然也缺乏科学意识。[②]从哲学层面上看,中国主流哲学主张天人合一,这种主客不分的哲学理念使中国哲学没有从理性层面将客体纳入主体认知和实践的对象中。中国封建社会的正统哲学是儒家哲学,它基本上属于政治伦理学。儒学大家们只对善恶仁爱等伦理道德问题有兴趣,缺少对人以外的自然客体的思考热情。众所周知,哲学与科学之间是一种良性互动关系,而中国哲学与科学的分离在某种程度上制约着中国科技的发展。

---

① 曹志平,易显飞. 用系统论的方法求解"李约瑟难题"[J]. 中南工业大学学报,2001 (2):151-154.
② 闵丽,黄金辉. 李约瑟难题新解 [J]. 四川大学学报,2000,3 (5):27-32.

其次是制度。中国封建社会的最大特点是高度的中央集权、家长式专制和对民众牢固的人身控制。为了确保封建政权的永固性和实现所谓的"长治久安"，统治者一直将科学、技艺视为末学，认为科学技术是淫思臆想。这说明科学精神与封建制度在本性上是根本对立的。科学自身是一个与封建制度对立的价值体系，科学所要冲破的东西正是封建制度要维护的东西。中国高度集权的封建专制制度直接限制和否定了近代科学的产生和发展。① 这里再论及一种具体的制度——科举制度，它作为中国封建社会的产物比当时西方的用人制度要先进得多。西方在相当长的历史时期内一直沿用世袭制，一个人在社会上的地位取决于他的血统和身世。而中国的科举制度为出身贫寒的人创造了通过学习成为社会有用之才的机会。这与世袭制相比无疑是一种社会的进步。但到了近代，当程朱理学成为官方哲学时，科举制度非但没有发挥它造就人才的作用，反而用"尊孔读经，八股取士"这样一把带有麻醉药的尖刀把知识分子在精神上阉割了，从而导致我国近代自然科学和技艺遭到严重的贬斥，根本无法吸引第一流的人才去研究它们，最终抑制了我国近代科学共同体的形成。

再次是工商业的发展。在《中国科学传统的贫困与成就》的讲演中，李约瑟本人也从工商业发展的角度回答了他自己提出的问题。他指出："无论是谁想要解释中国社会未能发展出近代科学的原因，那他最好是从解释中国社会为何未能发展商业以及后来的工业入手。"② 的确，中国历代封建王朝都以农业为"本"，以工商业为"末"，长期推行重农抑商的政策，其原因是工商业自身有一系列与封建制度相悖的特征。例如工商业活动所包含的平等意识和契约精神与封建制度的人身依附关系和专制是格格不入的，而科学技术与工商业之间存在着天然的内在联系。以满足人们需求为目的的工商业推动了作为手段的科学技术的产生和发展，而科学技术的发展反过来又推动生产工具的不断改进和社会分工的进一步细化，并导致生产需求的日益多样化和商业贸易的进一步发展。历史证明，近代科学发端于市民阶层的物质欲望和对利润的追求，重本抑末的思想和政策使中国近代发生科学革命失去了原动力。现实中的工商业落后使中国近代科技发展失去了应有的经济基础。

最后是中国科技本身的内在结构。中国科学技术不同于西欧的科学技术。古希腊人从解决具体现象的问题入手，渐渐产生了欧氏几何，并随着欧氏几何、阿基米德浮力定律等力学定律的出现，与之相适应的一套逻辑思维方法和逻辑系统也得以产生。这些都为近代科学在西方的产生奠定了逻辑及方法基础。由于种种原因，中

---

① 闵丽，黄金辉. 李约瑟难题新解 [J]. 四川大学学报，2000，3（5）：27-32.
② 沈铭贤. 李约瑟与爱因斯坦 [J]. 学术月刊，1996，4（6）：23-29.

国古代没有发展出欧氏几何及其逻辑系统，形成了制约近代科学在中国产生的一个内部因素。正如爱因斯坦在 1953 年给美国加州斯威策的一封信中所指出的："西方科学的发展是以两个伟大的成就为基础，那就是希腊哲学家发明的形式逻辑体系（在欧氏几何中）以及（在文艺复兴时期）发现通过系统的实验可以找出因果关系。在我看来，中国的贤哲没有走上这两步，那是用不着惊奇的。要是这些发现果然都做出了，那倒是令人惊奇的事。"① 另外，中国科学技术本身侧重于经验和实践，属于"应用型"（即以技术为主），而在科学理论或理论科学方面的研究相对不足，导致科学技术的发展缺乏深厚的理论基础，最终因缺乏内在动力而停滞在其原有的概念框架内徘徊不前。正如科学家吴大猷先生指出的："古代中国超过西方的大多是技术，不是科学。技术与科学不能混为一谈，没有以科学为基础的技术，发展是有限的。"②

当然，人们至今关于李约瑟难题难以形成一个全面、合理的答案，固然与这一研究对象的复杂性有关，但研究方法上的缺陷也是一个不可忽视的重要因素。单纯的内史论研究和外史论研究都不足以揭示出李约瑟难题的本质，他们只是把内部因素和外部因素做了孤立的分析和机械的叠加。只有当我们把形成李约瑟难题的内部因素和外部因素综合起来，在整体上考察其如何相互联系和相互作用，方能对李约瑟难题做出真正全面而充分的解答。正如国际科学史刊物《ISIS》第六任主编罗森博格（Rosenberg）所言："不理解内史与外史的联系，我们就无法理解现代社会和现代科学，只有在彼此的相互作用与联系中才能理解科学的产生与发展。"③

四、"李约瑟悖论"的启示

纵观科学技术史的研究历程，学术界长期存在着内史论与外史论的纷争。由于内史论和外史论都只是代表了科学技术史研究的一个方面，因而它们的争论几乎是不可避免的。李约瑟难题是关于中国科学技术史上的问题，即近代科学为何不是从处于世界领先地位的古代中国文明中演绎出来，而是在文明程度相对落后的 15 世纪的欧洲诞生。④通过对李约瑟难题的剖析，我们可以得到如下几个方面的启示：

第一，克服中国古代不适合创新的文化，要营造一个民族良好的科技创新文化氛围。我们经常讲，科学与民主是孪生兄妹，如果是这样，我想今天我们中国的科

① 高策，李志红，杨振宁. 论中国传统文化与科学技术 [J]. 科学技术与辩证法，1998，4（2）：39-42.
② 高策，李志红，杨振宁. 论中国传统文化与科学技术 [J]. 科学技术与辩证法，1998，4（2）：39-42.
③ Charles E. Rosenberg. Woods or Trees? Ideas and Actors in the History of Science [J]. ISIS, 1988, (79): 565-570.
④ 张双武，易显飞，李林芳. 李约瑟难题对科学史研究的启示 [J]. 湖南商学院学报，2002（4）：91-92.

技要发展，必须要营造最好的文化环境，科学共同体里面必须是民主的。我们反对在科学共同体里面论资排辈、近亲繁殖、门户之见、文人相轻等。但是必须承认，目前在中国的高校科研院所里面，还或多或少存在这些现象。既然中国近代以来这种专制文化阻碍了中国近代以来的科技发展，那么今天我们应该营造一种良好文化来推动中国当代科技发展。

第二，克服中国古代过度重文轻理的传统。中国古代从孔子开始，整个儒家传统和儒家文化，从某种意义上来说，它推崇的是什么？用现在的话来说就是重文科，轻视自然科学。从这方面讲我们应该要重新评估我们的传统教育文化了。现在我看有一些地方好像说要重新恢复私塾教育，其实有点过头了。当然我们说私塾教育有它的一些优点，但是如果恢复到古代私塾教育的话，肯定是不利于培养现代化人才的。对我们大学生来讲，应该重视科学精神的培育。我们现在讲两个精神，一个科学精神，一个人文精神。目前最大的问题在文科生缺乏科学精神，理科生和工科生缺乏人文精神。现在还有更糟糕的是什么？文科生也缺乏人文精神，理科和工科生照样缺乏科学精神。我们今天已经是越来越重视理科，但是还是有点重工轻理。我想我们很多大学生都有这种想法，包括我也是家长，有时候我想我的孩子可能是不是学工科专业会更好一点。这是一个很大的问题，你想一想，一个国家如果一流人才都学工科，一流的人才都学会计，请问那些最基础最前沿的科学研究谁来做？我们经常讲，工匠传统与学者传统要并重。对于工科生而言，要有一点学者传统；对于理科生而言，要有一种工匠传统，就是我们现在常讲的工匠精神。

第三，克服中国古代重技术轻科学的传统。因为刚才我们讲的，我就发现所谓的中国古代科技发达，实际上主要说的是技术发达，科学并不是我们想象的那么发达。所以在今天的中国，在科技创新的内容上面，我们可能既要重视技术创新，更要重视基础研究。我们不能用技术来代替科学，基础研究是不可或缺的。20世纪90年代以后日本为什么会衰落？一个深层次的原因是因为日本只高度重视技术性研究，而忽略了基础科学研究。所以日本现在改了，以前叫"技术立国"，现在叫"科技立国"，因为光技术是不能够立国的，科技并重才可以。

第四，克服中国古代的封闭保守，进一步实行对外开放的策略。习近平总书记指出，中国开放的大门会越开越大。清朝跟明朝相比，最大的短板就在封闭，因此它的衰落是必然的。今天的科学技术已经不是牛顿时期的科学技术，几个人坐在象牙塔里面就OK了。今天的科技已经是全球化的科技，科技的全球化，包括科技信息的全球化，科技人员的全球化，科技交流的全球化，科技投入的全球化，科技使用的全球化，科技影响的全球化，等等。科技领域的对外开放，国际科技合作与交流的提升，才能真正促进我国科技创新的快速发展。近代以来中国的科学家、技术专家跟国外的交流非常少，应该说吃了大亏，所以今天我们必须"走出去"。

第五，进行制度创新，强化科技奖励制度，加强知识产权保护。中国古代没有专利法，没有知识产权法，但是中国古代的技术保护，有它特有的方式，就是我们所说的"技术秘密"的方式。今天，我们必须激励科技创新，怎么激励？那就是必须让科技创新主体能够收回成本且有利可图，这样他们才会有下一轮科技创新的欲望。我们为什么反对、打击知识产权侵权，为什么我们要搞专利制度，无非是要让那些科技创新投资主体有足够的时间来收回他的投资，而且应该要获取一些利润，这样才会让他有下一轮继续创新的激情。所以，知识产权立法保护就是为科技创新保驾护航的。我想今天尽管我们建立了很多相关的制度，但是制度的建立与制度的执行是两个事情，我这里要强调的是，一方面要继续完善知识产权法，但更重要的另一方面是，一定要把法律执行到位，以此来带动更多的人投入到科技创新的伟大事业中去。

第六，避免中国古代的"四大发明困境"，强化科技经济的对接，避免"两张皮"现象。中国古代的四大发明，马克思给了很高的评价，说中国古代四大发明是改变世界文明进程的重大发明。没有四大发明，资本主义社会的到来都可能要推迟。火药把骑士阶层炸得粉碎，造纸术和印刷术成为文艺复兴的载体，指南针推动了航海运动，让资本家完成早期资本的原始积累。有时候我们就会思考，为什么我们的四大发明对欧洲的影响那么大，对我们自己的影响反而较小？这就是我们所说的"四大发明困境"。科学技术和科学技术的应用完全是两码事，一个社会、一个国家有很多科学技术，但是你没有得到合理的使用，某种意义上而言就相当于没有。"四大发明困境"告诉我们的是，我们国家既要重视基础研究，也要重视技术创新，还要重视把基础研究转化为技术创新，再把技术创新转化为产业应用。也就是科技成果要转化为真正的生产力，只有这样，才能避免科技与经济的"两张皮"现象。我们目前虽然是全世界头号专利大国，但是专利使用率是非常低的。也就是说很多科技创新成果没有转化为经济的力量，也没有转化为国家的力量，这实际上是一种巨大浪费。所以我们要避免"四大发明困境"，就要强化科技与经济的对接，让科技推动经济社会的发展，真正实现高质量发展。

中国戏曲与传统文化精神

郑劭荣

主讲人简介

　　郑劭荣，长沙理工大学文法学院教授，文学博士，硕士生导师。曾主持国家社科基金一般项目"中国口述戏剧史料学研究"等多个项目。曾获省级教学成果奖三等奖、校级教学成果奖一等奖，并多次获得校级"优秀教师""教学优秀奖"等荣誉。研究领域：中国古代文学。

同学们好！很高兴来到这里和大家交流。

开讲之前，我首先进行一个小调研，曾经到现场看过戏曲表演的同学，请举手，我了解一下今天到课的同学中有多少人看过戏。（清点举手人数）粗略地看有二十几位同学，占20%左右吧，还不错，还是有不少同学接触过戏曲。

近些年，戏曲被认为是博物馆艺术，是老年人的艺术，与当代大学生存在不小的代沟。其实这类观点多年以前就有，总说戏曲快要"死"了，但是到现在还是"僵而不死"，可见戏曲的生命力不是一般的顽强，其中的原因有很多。总体来讲，离不开戏曲自身的艺术特质，也与其所附载、厚植的文化土壤密切相关。

下面，我们进入主题。我准备从两个层面给大家讲一讲戏曲与传统文化。第一部分介绍戏曲的概况，第二部分讲戏曲与传统文化精神的关系。

众所周知，中国是一个文明古国，我们的祖先进行了无数辉煌灿烂的艺术创造。在这些艺术创造当中，戏曲以其独特的魅力和悠久的历史，成为中华传统文化不可分割的组成部分。大家有没有注意到，最近几年，中华文化在全球的影响力越来越大，在对外宣传的时候，经常能看到戏曲的身影。可以说，戏曲已成为一张珍贵的民族文化名片。

为什么戏曲在传统文化中的地位如此重要？这里有很多原因，我想首先还是由于它所达到的艺术高度以及它具有的一些独特的文化品质。戏曲是一门综合性艺术，它融汇了文学、音乐、舞蹈、绘画等诸多艺术样式，可以说，戏曲是一种集大成式的艺术。第二个方面，戏曲可以做到雅俗共赏，兼容并包"阳春白雪"和"下里巴人"，它既有文人雅士的风月情怀，也饱含着普通民众的喜怒哀乐。清代小说家、戏曲家李渔说，戏曲不同于诗文，戏曲是写给读书人和不读书人看的，既给文人雅士看，也给那些不识字的妇女儿童看。在中国传统社会里，戏曲是一种覆盖面最广，影响最大的娱乐形式。

一

戏曲从它诞生走到现在，有800多年的历史，它的史前史则更漫长。戏曲是中华文化史上的一个奇迹，也是世界戏剧史上的一个奇迹。为什么这么说？一般认为，世界上有三大古老的剧种，即古希腊的悲喜剧、古印度的梵剧和中国的戏曲。其他两大剧种早已消失在历史的天空中，只有戏曲存活了下来，从12世纪活到了21世纪的今天。2001年，联合国教科文组织发起了一场保护人类口头和非物质遗产的活动，昆曲入选为首批世界级的非物质遗产，由此可以看出中国戏曲的巨大影响力和文化价值。

戏曲是一门非常古老的艺术。至迟在汉代，戏剧就已经产生了。到了宋代，戏曲正式成熟，产生了南戏。至元明清时期，相继涌现出了杂剧、传奇等戏剧样式。

一般认为，戏曲的发展有三个黄金时期，第一个黄金时期出现在元代，元杂剧异军突起；第二个时期是明中叶至清初，在乾隆皇帝之前，传奇繁盛，昆曲统治中国剧坛二百余年；第三个黄金时期是晚清到民国，京剧如火如荼，各地方剧种姹紫嫣红，让人眼花缭乱，你方唱罢我登台。

在历史上，人们的生活与戏曲的关系非常密切，无论是娱乐审美还是知识的获得，抑或是价值观念与习俗信仰的形成，几乎与戏曲脱不开干系，对于王公贵族是这样，对于平民百姓更是如此。在旧时代，老百姓没有条件念书，他们的文化知识和思想观念多从看戏中得来，同时也从看戏中得到娱乐，看戏成为日常生活中一项最为流行的事。清代诗人赵翼《瓯北诗抄》有两句话："老夫胸有书千卷，翻让童奴博古今。"意思是说家里的仆人因为看戏看得多了，博古通今，"我"这个饱读诗书的人都有点自叹不如了。有些士大夫文人还将看戏与读书的作用相提并论，认为两者相辅相成。清人梁章钜在《浪迹丛谈》卷六"看戏"条记载了这么一件事：乾隆年间甘肃平凉知府龚海峰问四个儿子，读书好还是看戏好？小儿子回答说看戏好，被骂了一顿。长子说读书好，龚说是老生常谈。次子说，书要读戏也要看，龚说过于圆滑。最后第三个儿子说，读书即是看戏，看戏就是读书。龚大笑，说"得之矣"。可见，即使在精英文化阶层，戏曲的教化力量也达到了无法漠视和禁止的程度。

古代戏曲中有大量的风花雪月、男欢女爱的故事。清代余治曾经痛心疾首地指出：风流淫戏唱一出，十个寡妇九改节。又云：乡约讲说一百回，不及看淫戏一台。所以，政府禁戏、毁戏，族规家规也禁止子弟看戏。但事实上，要压制人们对娱乐、对戏剧的狂热是难以做到的。

总之，戏曲自其成熟以后，就成为古人最为痴迷的娱乐艺术，深深地介入了古人的日常生活之中，上至王公贵族、皇室贵胄，下至庶民百姓，戏曲都拥有大量的观众群体。看戏，无疑是中国传统社会人们最为重要的娱乐方式。

目前，戏曲剧种的历史比较复杂，有三百余种分散在全国各地：有的是经历数百年甚至上千年的戏剧，如昆曲、木偶戏、皮影戏；有的是古老剧种的遗响，如福建的莆仙戏；有的是随着近现代新文化的涌入成长起来的新剧种，如越剧；有的是1949年后出现的人为剧种，如陇剧、吉剧等。

2015年7月至2017年6月，在中宣部的指导下，由文化部（现文化和旅游部）负责，在全国范围内进行了地方戏曲剧种的普查活动。统计结果显示，截至2015年8月31日，全国共存有348个剧种，有19个剧种在20世纪消亡。由于现代娱乐方式的冲击、人们生活方式的改变，导致戏曲演出市场萎缩，观众老龄化，传承后继乏人等现象。对于戏曲业，这是普遍存在的生存困境。尤其是一些流行范围小的剧种，往往只有极少数人能够传承，演出的剧团、戏班也很少。有的剧种甚至只有一个剧团能够演出，号称是"天下第一团"。当然，戏曲的活动也是不平衡的，不少地方戏曲呈现出复兴的态势，有的地方戏还非常活跃。

尽管各地方剧种的艺术风貌、审美情趣各不相同，但是统而观之，还是有一些共通的美学特征：

1. 综合性。戏曲是一门综合艺术。当我们说某种艺术是"综合艺术"时，意指这种艺术包含了一种以上的艺术手段，运用了多种艺术门类的表现手法，以此构成一部具有整体性的作品。传统戏曲正是这样的艺术样式，它将文学、音乐、美术、舞蹈等多种艺术样式都融合其中。而且，也必须综合地运用这样一些艺术手段，因为单纯地运用其中任何一种手段，都不可能创造出一件真正意义上的戏曲作品。

2. 写意性。中国戏曲与西方戏剧重"写实"不同。中国戏曲的舞台演出形式倾向与生活原型拉开距离，表演的声容造型经过精心设计，以一种经过艺术夸张变形的程式化表演来表现现实生活。戏曲作为一种综合性的表演艺术，其形式特征是歌舞化，即言语歌唱化、动作舞蹈化，其次还有化妆脸谱化，服装图案化，等等。中国戏曲的这些特征其实是现实生活主观化、理想化的结果。这就是人们常说的戏曲是用写意性的动作、语言、舞美来表现写意性的生活。

3. 现场性。戏曲是一种当众展示的表演艺术。它十分注重基于感性对现场情感的展现和陶醉，在剧场中借助演员的唱、做、念、打等各种表演手段，创造出一种诉之于视觉、听觉快感的剧场氛围。中国戏曲的生命力在于场上的"搬演"，而不是"案头"创作，这一点与西方传统戏剧是不同的。因此，我们可以看到，演员的表演处于整个戏曲艺术创造的核心地位。在剧场中，戏曲演员十分注重与观众的现场交流，没有所谓的"第四堵墙"的存在。

二

有一段亲身经历与大家分享：2005 年 8 月，我在中山大学读博士，我与几位硕士、博士同学去唐山迁安考察皮影戏，来到一个叫干柴峪的小村庄。这个村子的地理位置偏僻，自然条件恶劣，天旱少雨。村里新修了一座龙王庙，请皮影戏班子演出，祭祀神灵。村主任来接待我们，吃晚饭时，他十分认真地问：某国这么猖狂，你们是博士，是高级知识分子，为什么不去研究原子弹、导弹，而跑到这里研究戏曲？这引起了我的一些思考：征服另一个民族，或者说一个民族的崛起，最终是要依靠先进的武器还是先进的文化？马克思有一个著名的论断——野蛮的征服者总是被那些他们所征服的民族的较高文明所征服。一个国家、一个民族最终极的力量不是超级武器，也不是美元与黄金，而是文化。大家千万不要小看文化的力量。大而言之，文化是民族复兴的终极力量，小而言之，它是征服人心最为强大的精神力量，它具有异常持久的渗透力。

传统戏曲凝聚着中华民族的精神文明，是民族文化的集大成之作，包蕴着异常丰厚的文化智慧。戏曲艺术向人们展示中国社会的各个层面，教人为善、为忠、为义、为孝，教导人追求美好的爱情，有着积极的社会影响。戏曲，是中华民族的精神家园。在传统时代，可以说，没有哪一门艺术能与戏曲相媲美，能有如此广泛的受众和影响力。也没有哪一门艺术这么深刻地影响到普通人的精神世界。戏曲以一种喜闻乐见的方式和直观的审美角度打动人、感染人，迷倒了无数的观众。中国的精英文化智慧与大众文化智慧在戏曲身上得到了完美的结合。

（一）

相对于西方戏剧的"罪感文化"，中国戏曲属于一种"乐感文化"。王国维指出："吾国人之精神，世间的也，乐天的也。故代表其精神之戏曲小说，无往而不着此乐天之色彩，始于悲者终于欢，始于离者终于合，始于困者终于亨；非是而欲餍阅者之心，难矣。"戏曲以追求世俗喜乐为特征，更多的是表现中国人的乐天情怀，并且与民间习俗相结合。戏曲观演常常带有中国人自己的"狂欢"色彩，从祀神赛会、歌台庙会到各种公共的或私人的庆典都少不了戏曲的演出，可谓无戏不成欢。

自戏曲成熟以来，从宋代至晚清，看戏始终是全民参与、人人乐此不疲的民间习俗。陆游《春社》诗曰："太平处处是优场，社日儿童喜欲狂。"描绘了一幅宋代儿童在社日看戏玩乐的生动场景。戏曲的诱惑力是难以抵挡的，连闺阁妇女亦难禁止她们出门看戏。清代余治《得一录》记载，在道光、咸丰年间，江浙一带的妇女，只要打听到某处演戏，"则约妯娌，会姊妹，带儿女，邀邻舍，成群结队，你拉我扯，都去看戏，做一日看一日，做一夜看一夜，全然不厌"。这幅场景与我们小时候看电影的情形几乎一模一样。每当打听到某地放映电影，大人小孩三五成群，呼朋唤友，在黑夜里不辞辛苦，来回走上十几公里都不成问题。电影的魅力实在大，戏曲的魅力也实在大。

戏曲无论是创作还是欣赏都存在着一种普遍的求乐心理。在早期戏曲中，逗乐和杂耍甚至成为一项非常重要的内容。现存的一些南戏剧本，如《张协状元》，处处可见插科打诨等逗乐表演，有的桥段甚至游离于剧情之外而即兴发挥，目的只是为了娱乐现场的观众。

戏曲富有"团圆之趣"，绝大多数剧目都以善有善报、恶有恶报收场，几乎没有西方所崇尚的大悲大痛的单一结局。团圆的模式有很多，譬如人与人的团圆，人与鬼的团圆，人与魂魄的团圆，甚至"化蝶"也要团圆。马致远《汉宫秋》写汉元帝与王昭君梦中欢会，关汉卿《窦娥冤》写窦娥的冤魂与父亲相聚，汤显祖《牡丹亭》写杜丽娘死而复生、与柳梦梅终成眷属，洪昇《长生殿》写唐明皇与杨贵妃月宫团圆，等等。因此，我国戏曲在叙事上形成了一套独特的团圆模式。

有人说，戏曲中的团圆是虚假的团圆，是粉饰太平，是国民劣根性的表现。这种观点我不太认同。仔细分析这种模式，可以发现这其实折射出了我国固有的一种民族心态与思维方式。戏曲中的"大团圆"是古代民众对美好世界、美好人生的一种向往和追求。古人认为，天地万物都存在"环形结构"，循环往复、周而复始是一切事物发展变化的规律和世间万物的运行轨迹。《易经·泰卦》说："无平不陂，无往不复"，意思是没有平坦的道路就没有坡道，如果你不离开家，就不用回家，凡事没有始终平直而不遇险阻的，没有始终往前而不遇反复的。《庄子·则阳》说："穷则反，终则始，此物之所有。"《汉书·礼乐志·郊祀歌》说："阴阳五行，周而复始。"总之，古人认为循环往复是事物的发展变化规律，团圆、团聚是普遍的社会心理需要。"圆满"之所以成为中华民族的审美崇尚，"大团圆"之所以成为古典戏曲的一种结构模式，确实有着复杂的历史文化原因。

戏曲娱乐大众——这种价值取向并不意味着一味地逗笑取乐，只有简单外在的狂欢，实际上包蕴着广泛而深刻的悲天悯人的情怀。古往今来，戏曲作品从来不乏壮怀激烈与悲天悯人；或者可以说，中国戏曲的最高境界乃是乐天娱人与悲天悯人的有机融合，它所追寻的乃是一种忧乐圆融之境。譬如，古典戏曲中的悲剧大多掺杂有喜乐的成分，王国维先生所讲的彻头彻尾的悲剧在戏曲中是不多见的；喜乐成分在剧中所占的比重都比较大，通常是苦乐相错，悲欢眚见。就戏曲中悲剧的结构来说，又往往是先否后喜，始困终亨，折射出"否极泰来"的传统哲学思想。

（二）

我们知道，中国传统文化以儒家文化为主体，而儒家文化又以伦理道德为本位。道德成为传统文化的核心。封建社会的政治是道德化的。国家是一个温情脉脉的大家庭，君王是父，臣民为子。君为臣纲，父为子纲，夫为妻纲。子事父以孝，臣事君以忠。可以说，封建人伦道德渗透到了政治、法律、哲学等封建社会与日常生活的方方面面。

这里重点给同学们说一说"舍生取义"的精神。儒家以"义"为本，孔子以"义"配君子，"义"是君子的标配。《论语·里仁》云："君子喻于义，小人喻于利。"要求人们在艰难困苦中不失操守，坚持原则。孔子说过："志士仁人，无求生以害仁，有杀身以成仁"，还说过"智者不惑，仁者不忧，勇者不惧"这类话。"仁"到底是什么意思，三言两语很难说清楚，简单来讲，"仁"的本意是指人与人之间的亲爱和谐，所谓"仁者爱人"。孔子把它作为最高道德范畴。《孟子·告子上》说：

"生，亦我所欲也，义，亦我所欲也。二者不可得兼，舍生而取义者也。"在孟子看来，"义"不只是重于利，而是高于一切。君子不仅要重义轻利，而且当"义"与生命相冲突时，应该毫不犹豫地"舍生取义"。"义"者"宜"也，亦即合理、适当之意，所谓"重义""取义"，是指一事当前，首先考虑当为不当为，而不是考虑可为不可为，不应计较个人的利害得失，这样做才可以说是实现了"仁"。

古代戏曲艺术家深受儒家舍生取义思想的影响，他们中间有不少是清高孤傲、推崇气节的文人学士，如关汉卿、马致远、王实甫、高则诚、汤显祖、洪昇、孔尚任等。举一个例子吧，万历五年，28岁的汤显祖到北京赶考，首辅张居正想找两位名士同他二儿子张嗣修同场考试，以便显得自己儿子有真才实学，不是"拼爹"走后门进来的。于是就派堂弟张居直去拉拢汤显祖和另一位名士沈懋学，并暗许功名。在一般人看来，这是做官的捷径，但汤显祖一再拒绝，并坚决表示："吾岂敢从处女子失身也。"这无疑触犯了张居正，结果汤显祖这年就没有考中；而沈懋学被拉拢走了，高中状元，张嗣修也是高中榜眼。汤显祖敢于拒绝当朝宰相的拉拢，充分显示了这位剧坛巨匠不肯阿谀权势的正直精神和士大夫的气度。

舍生取义的浩然正气，更主要的是体现在戏曲创作上。中国是一个崇尚英雄的民族，每当面临国家民族危难之际，呼唤英雄，礼赞英雄就成为戏曲创作的主旋律。尤其是到了清代，随着"花部乱弹"的兴起，这类题材的剧目异常丰富。清代乾隆年间焦循《花部农谭》总结"乱弹"的特点为："其事多忠、孝、节、义，足以动人；其词直质，虽妇孺亦能解；其音慷慨，血气为之动荡。"如"岳家将戏""杨家将戏""花木兰戏"等。

作为一种历史规律，每当中华民族遭受异族入侵，面临民族危机的时候，包括戏曲在内的文学艺术往往会表现出异常浓烈的民族情感。元代是中国戏曲史上的黄金时期，也是首次由异族一统天下的朝代，民族矛盾异常突出，尤其在元蒙统治初期。作为一种呼应，一大批具有民族主义思想的戏剧作品纷纷涌现，歌颂历史上的汉族英雄，张扬民族精神，如关汉卿的《单刀会》、马致远的《汉宫秋》等都是其中的杰出代表。

杨家将的故事在中国可以说是妇孺皆知。经典桥段如杨令公撞死李陵碑、佘太君百岁挂帅、金沙滩杨太郎殒命、杨六郎镇守边关、五郎出家当和尚、七郎被奸臣乱箭射死、四郎探母、杨宗保阵前招亲、穆桂英挂帅、十二寡妇西征等；对于稍有历史知识的人来说，这些故事可谓是耳熟能详。杨家将的故事实际上反映出历史上宋辽之间的尖锐的民族对立情况，借助杨家将这一家族英雄的极富传奇性的故事，表达出人们呼唤英雄，抵御外侮的爱国主义情怀。

这类先圣先贤、忠烈义勇的戏剧故事具有异常强烈的感染力。焦循《剧说》卷六记载，从明末到清代中叶，江浙一带上演《精忠记》，每当演至秦桧迫害岳飞的场面时，观众怒不可遏，竟然多次发生将扮演秦桧的演员打伤甚至打死的事件。这类悲剧一方面说明当时演员假戏真做，他们的演技非常高明，非常"逼真"。另一方面，说明观众爱憎分明，舞台艺术激发了观众对奸臣的无比痛恨、对忠臣的无比爱戴。

儒家很早就注意到，文艺在道德教化方面有着不可替代的作用。孔子把诗歌和音乐视为进行道德教化的有力工具。《论语·泰伯》记载："子曰：兴于诗，立于礼，成于乐。"《论语·阳货》记载："小子，何莫学夫《诗》？《诗》，可以兴，可以观，可以群，可以怨；迩之事父，远之事君；多识于鸟兽草木之名。"《诗大序》："风，风也，教也，风以动之，教以化之……情发于声，声成文谓之音。治世之音，安以乐，其政和；乱世之音，怨以怒，其政乖。亡国之音，哀以思，其民困。故正得失，动天地，感鬼神，莫近于诗。先王以是经夫妇，成孝敬，厚人伦，美教化，移风易俗……上以风化下，下以风刺上。"儒家认为文艺的主要作用在于进行政治伦理教育，审美职能仅仅是手段，它服务并从属于教化职能。这种观点也深刻影响、制约了戏曲的创作。

由高则诚创作、被誉为"南戏中兴之祖"的《琵琶记》就是教化类戏曲的典范之作。全剧共四十二出，其情节如下：

汉代文人蔡邕，字伯喈，深于经学，兼能诗文，生于圣明之世，怀抱经济之才，然以亲老之故绝了仕官之志。新娶妻赵氏五娘，夫妻和顺，父母康宁。突然，郡中来了招贤之书，太守将蔡邕的名字报了上去。考期已近，而伯喈舍不得双亲与娇妻，决心辞却。父亲蔡公催他上京，无奈，伯喈只好与新婚两月的赵五娘分手，去了京师。

到京师之后，伯喈一举得中状元，被一心想招状元为婿的牛丞相一眼相中。牛丞相讨来圣旨令蔡伯喈与小女结婚，伯喈以双亲在乡且有妻赵氏为由，上表辞官辞婚，愿归乡养亲。牛丞相大怒，认为蔡伯喈有意与自己作对，施加压力，迫使蔡邕招赘相府。从此，蔡伯喈在牛府极享富贵之乐。然而，在蔡邕家乡，赵五娘勉力支撑着三口之家的生活。时逢大饥荒，赵五娘借谷米养活公婆，自己却以糟糠果腹。不久，公婆双双病饿而死，五娘剪掉头发换钱，又得邻居张大公之助，买得棺材，以罗裙包土，将公婆安葬，并得神力相助，将墓修成。然后，五娘自画公婆真容肖像，扮作道姑，弹着琵琶，上京寻夫。

到了京都洛阳，恰逢弥陀寺开会，五娘遂将公婆真容置放供坛礼拜。此时，伯喈也来寺里为父母祈愿，五娘匆促避去，来不及收拾真容，被蔡伯喈的随从取走。五娘得知蔡伯喈的住处后，就到其门求食探询，正好牛氏欲求一侍女，留下五娘，问知是丈夫的前妻，不由大为感叹，与之姐妹相称。五娘偶到蔡邕书房，看公婆遗像挂于壁上，即在上面题诗一首。伯喈归来，读诗大怪。牛氏遂引五娘出见，悲喜交集中，一夫二妻团圆。伯喈请示太师及朝廷，带两妻归乡服丧。三年后，太师奏闻朝廷，奉旨一门旌表。

《琵琶记》一经面世，就在文学界和民间产生了巨大的影响，在舞台上也是盛演不衰。该剧最初在南戏舞台上流传，后在昆腔、高腔等声腔中广泛传播，又被地方戏继承改编，其舞台生命一直延续到今天。

受《琵琶记》影响，后来还产生了一部名为《赛琵琶》的戏曲剧目。《赛琵琶》的故事可能大家并不陌生，讲述的是宋代书生陈世美中状元后贪恋富贵，与公主成亲，遗弃妻子秦香莲。秦香莲生活无计，公婆饿死，带领子女进京寻夫。陈世美命家将韩琪前去刺杀秦香莲母子。韩琪了解真相后，自杀身死。秦香莲在丞相王延龄支持下，到开封知府包拯处告状。包拯主持正义，不顾公主、太后的干预，将陈世美铡死。戏曲的剧目叫作《赛琵琶》，表明它与《琵琶记》有一定联系。其中秦香莲被丈夫抛弃，独自在家生活、葬公公与婆婆，与《琵琶记》中赵五娘的遭遇如出一辙。《赛琵琶》故事结局与后代地方戏流行的《铡美案》有所不同，写秦香莲夜宿三官庙，得到三官神相助，习得兵法，赴边疆建立军功而归，亲自审判陈世美。这出戏就是著名的《赛琵琶·女审》。焦循《花部农谭》记载这出戏演出所获得的剧场效应是："（观众）忽聆此快，真久病顿甦，奇痒得搔，心融意畅，莫可名言。"这一段话非常形象地刻画了普通民众在剧场观看戏曲时的强烈审美感受。戏曲艺人总是要按照民间的伦理标准与审美理想，演绎人世间的悲欢离合，并最终以严厉的手段去惩罚违背世道人心、公序良俗的恶行。

焦循的《花部农谭》中还记载了一个著名的剧目《清风亭》。这部戏描绘的是世态炎凉下人们的悲欢离合，书写人心的变化和道德的沦丧，其舞台效果亦相当强烈。

这出戏的故事梗概是：

一个叫薛荣的人妻妾不和，妾周氏被迫将生下的一子抛在荒郊，被以磨豆腐为生的张元秀夫妻拾得，取名张继保，抚育成人。13年后，张继保在清风亭被生母周氏带走。张元秀夫妻思儿成疾，每日到清风亭盼子归来。后来张继保得中状元，路过清风亭小憩。张元秀夫妻前往相认，但张继保忘恩负义，不肯相认，把老夫妻当成乞丐，只给他们二百钱。老婆婆悲愤至极，把铜钱打在他脸上，夫妻相继碰死在亭前。张继保也被暴雷殛死。

这出戏演出后在观众中产生了很大反响，其震撼人心的悲剧力量给焦循留下了深刻的印象。焦循回忆，他幼时观看演出，观众"其始无不切齿，既而无不大快。铙鼓既歇，相视肃然，罔有戏色；归而称说，浃旬未已"。自宋元以来，"负心"题材在戏曲中盛行。如南戏《赵贞女蔡二郎》《王魁负桂英》《张协状元》，元杂剧《秋胡戏妻》《潇湘夜雨》《风月状元三负心》等，这类剧作在戏曲情节的组织和舞台张力的营造方面呈现出独特的匠心，具有警示世俗、教化世人的强大艺术力量。

（三）

戏曲不都是传统价值观的传声筒，其中还有许多抗争的声音。自择佳偶、鼓励追求自我幸福和歌颂美好的自由爱情，是传统戏曲文化的重要精神特质。严格来说，这不但不是传统文化所标榜的价值观，恰恰是反传统的，是有叛逆精神的。虽然这种对自由、对人性的礼赞不为当时的正统观念允许，并被置于传统伦理价值观念的对立面，但是或许可以让我们从另一层面认识戏曲与传统礼教的紧张对峙关系。

礼教即礼仪教化，因其重视名分，又称名教，即以名为教。礼教思想影响中华民族两千余年，它不但是社会政治制度的核心，而且是日常生活中每个人的行为准则和封建制度赖以存在的精神支柱。没有封建礼教也就没有我国的封建社会。在礼教文化中，形成夫妇关系的婚礼是礼的根本所在。《礼记·昏义》说："昏礼者，礼之本也。"在古人看来，夫妻关系是人伦关系的基础。《周易·序卦》云："有天地然后有万物，有万物然后有男女，有男女然后有夫妇，有夫妇然后有父子，有父子然后有君臣，有君臣然后有上下，有上下然后礼义有所错。"夫妇关系的确立意味着家庭的诞生，而家庭是社会的细胞。封建社会施行以家族为核心的宗法制度。宗法制的核心是嫡长子制。嫡长子继承制是宗法制度最基本的一项原则，即王位和财产必须由嫡长子继承，嫡长子是嫡妻（正妻）所生的长子。广义的"长子"是指"立嫡以长不以贤，立子以贵不以长"。例如，明朝朱元璋为什么一定要把他的皇位传给长孙朱允文，而不传给他的儿子朱棣？其实原因很简单，用嫡长子继承制度来解释这个问题就能茅塞顿开。因为朱允文是朱元璋长子朱标的儿子，是他的嫡长孙，而朱棣不是他的长子。总之，在封建社会，家国同构，家是国的缩影，国是家的扩充。夫妇关系和谐牢固，家庭关系就有了保障，国家就太平无事。反之，夫妇关系破裂，则会危及父子、君臣关系，进而影响社稷稳定。

在旧时代，夫妇关系的建立与婚姻的目的在于延续香火，兴旺宗族。婚姻不是个人行为，是以家族利益为出发点和归宿的。因此，婚姻的缔结通常是由男女双方的家长来完成，父母可以命令子女与他们所选择的任何一个对象结婚，媒妁不是婚姻当事人的代表，而是双方家长的代表。违背父母、长辈之命，自主结合的婚姻是非法的，是不能成立的，这就是所谓的"聘则为妻，奔则为妾"。因此，婚姻的缔结往往以家族利益、门第、财产为基础，必须遵循"父母之命，媒妁之言"，而且是"门当户对"。至于婚姻当事人双方，则毫无自由选择的权利。毫无疑问，这种礼教文化、婚姻模式严重损害了青年男女的切身利益，其危害性是显而易见的。

在戏曲文学史上，或者说在整个中国文学史上，元代的王实甫在《西厢记》里第一次正面提出了以"有情"作为婚姻基础的爱情理想，表达了"愿普天下有情的都成了眷属"的盼望。在此之前，门第、财产、权势、"父母之命、媒妁之言"等这些支配传统婚姻几千年的准则和标尺，几乎从来没有被公开怀疑过。然而，王实甫把这些原则都抛在了一边，他在戏曲中重点描写了青年男女彼此间的天然吸引与心心相印，并对这种吸引所形成的冲决礼教藩篱的力量进行了由衷的讴歌。到了明代，对自由恋爱、个性自由的追求更是达到了新的高度，其中以汤显祖的《牡丹亭》为杰出代表。

《牡丹亭》又名《还魂记》，全剧共五十五出，其故事梗概如下：

宋代南安府太守杜宝有女名丽娘。杜宝为了把她培养成贤女，聘请一位老师陈最良教她读书。有一天，杜丽娘去后花园玩耍，满园春色引起她无限春情，于是在睡梦中与一位风流书生幽会于牡丹亭畔的梅树下。此后，杜丽娘忧思成疾，一病不起，终至伤情而亡。临死前，她自画一像，藏在后花园太湖石下，并嘱咐家人死后把尸体埋在梅树下。三年后，梦中那位名叫柳梦梅的才子来到这里，拾到杜丽娘的自画像，思慕不已。杜丽娘鬼魂前来和他相会，从此以后，两人晚聚朝离。杜丽娘把真情告诉柳梦梅，并希望他掘开坟墓把她救活。柳梦梅如约而行，杜丽娘起死回生，两人结为夫妻。柳梦梅受丽娘之托寻找杜宝，可是杜宝并不认梦梅，反诬他为盗墓贼，还把死而复生的女儿视为妖孽。后来柳梦梅高中状元，皇帝允婚，杜宝才勉强同意女儿的婚姻，梦梅和丽娘终成眷属。

《牡丹亭》以鲜明突出的人欲与古板礼教的冲突贯穿全剧，它是一曲至情、至真、至纯、至美的爱情颂歌，张扬了人性，否定了束缚人性的礼教。为适应当时社会肯定人欲、张扬自我、解放个性的思潮，汤显祖本乎生命的启迪，提出了一个"贵生"的理论命题。在肯定人的生命价值的基础上，进一步肯定人的天性欲望。汤显祖凭借他生命的本能和生活的直觉感受，认识到"人生而有情。思欢怒愁，感于幽微，流乎啸歌，形诸动摇。或一往而尽，或积日而不能自休"，提出"世总为情"，在哲学层面将"情"视为"理"的对立面，他坚持认为"第云理之所必无，安知情之所必邪"？力求按照自己的方式解决情和理的矛盾。首先是以情反理。这体现了作者的人生理想，也反映了当时的一种社会思潮。杜丽娘之死，死于相思，死于人生的最起码的欲望被限制，本人丝毫没有错。那么，错在哪里？作者用故事、用生命和鲜血唤醒了大家，是理学对青春和生命的抑制，是理学剥夺了生而为人最起码的权利。其次，崇尚个性解放，反对禁欲主义。这是作者对理想的具体操作，也体现出理想的意义和广大的民意。丽娘之死，绝非个案。要拯救无辜的青春少女，必须向制度发起挑战，必须砸碎禁锢妇女的精神锁链——禁欲主义。最后，发乎情，止乎礼义。这是一个反抗的度和反抗的策略问题，反抗到什么程度为止。于是在最后，作家又让这一自主的婚姻回到了社会认可的轨道上，公子成名，皇上赐婚。虽然削弱了自由婚恋的主题意义，部分消解了戏剧矛盾，但是便于传播。作者的思想再前卫，也不能前卫到完全脱离实际的程度。

《牡丹亭》中瑰丽的爱情传奇，以典雅唯美的昆曲来演绎相得益彰，四百年来不绝于舞台。2004年，由台湾著名作家白先勇主持制作，大陆、台湾众多艺术家携手打造的"青春版"昆曲《牡丹亭》开始在海内外巡演，从而赋予了这部爱情经典新的喜悦和生命。"青春版"《牡丹亭》把五十五折的原本，撮其精华删减成二十九折，分上、中、下三本，三天连台演完。从第一出"标目"演到最后一出"圆驾"，基本上保持了剧情的完整。全剧紧贴汤显祖"情至""情真""情深"的理念来生发，以华美的乐章生动地再现了杜丽娘因梦生情、一往而深、上穷碧落下黄泉、终于返回人间、与柳梦梅结成连理的爱情传奇。整部作品上承《西厢记》，下启《红楼梦》，无疑是中国浪漫主义传统文学中的一座巍巍高峰。青春版《牡丹亭》对于戏曲乃至传统文化的现代传承、对于民族文化的复兴都带来了许多启示。我想，传统文化、特别是戏曲在传承中最为重要的一点，就是要有文化自信。在中华民族的伟大复兴之路上，要主动地、创造性地用民族的艺术形象去感动世界，而戏曲在其中必定承载着不可替代的文化使命。

今天与大家分享的，对于博大精深的传统戏曲文化与传统文化而言，只是沧海一粟。事实上，中国戏曲的生命在于舞台，在于演员精彩绝伦的艺术呈现。因此，我在这里郑重呼吁，我们大学生不仅要去阅读戏曲的经典文本，更希望大家抽点时间走进剧场，欣赏戏曲表演，或者是走进田间，关注民间戏曲的生存现状。你每看一场演出，每调研一个戏班，都是对中国戏曲的莫大支持！谢谢大家！

参考文献

[1] 廖奔. 中华戏曲文化美学及其现代转型 [J]. 文化艺术研究，2010，3（02）：129-154.

[2] 施旭升. 论传统戏曲的文化智慧 [J]. 中国戏曲学院学报，2018，1（003）.

[3] 郑传寅. 传统文化与古典戏曲 [M]. 长沙：湖南人民出版社，2004.

[4] 黄仕忠. 中国戏曲史研究 [M]. 广州：中山大学出版社，1997.

《论语》与中华传统文化之美

成海鹰

主讲人简介

成海鹰,汕头大学马克思主义学院教授,伦理学专业硕士生导师,中国社会科学院哲学所访问学者,台湾大学中文系访问学者,中国伦理学会会员。近年来主持国家社科基金后期资助、湖南省社会科学基金等各类课题十余项,出版专著三本,在《哲学动态》《伦理学研究》《思想战线》等刊物发表学术论文40多篇。主要研究方向为伦理学和美学。

大家好！

我是来自马克思主义学院的成海鹰。今天主要和大家分享我学习《论语》的一些体会，探究以《论语》为精神源头，儒家思想如何深刻影响了中华文化的发展，并塑造和形成中华文化的特殊美感与美态。

北宋大文学家欧阳修有一首词《踏莎行·候馆梅残》：候馆梅残，溪桥柳细，草薰风暖摇征辔。离愁渐远渐无穷，迢迢不断如春水。寸寸柔肠，盈盈粉泪，楼高莫近危阑倚。平芜尽处是春山，行人更在春山外。

这是一首有名的离别词。在宋代，文人常常会被外放，特别是做官的，宋代的文官制度是每任三年左右。到不同的地方做官，认识不同的人，常常会有告别，对于欧阳修来说，人生的这种漂泊他能够用很深情的方式来加以抒写。这首词从视觉和嗅觉两个方面，通过候馆（能望远的楼，也是词人与朋友的告别之处）、梅、桥、柳，写春光的无处不在，也写思念的无处不在。特别是其中的"草薰风暖"，里面有个很重要的意象，就是"青草""绿草""芳草"。从《古诗十九首》开始，所谓的"青青河边草，绵绵思远道"，到牛希济的"记得绿罗裙，处处怜芳草"，再到现代李叔同先生在歌中所写"长亭外，古道边，芳草碧连天"，都是写无边草色在人心中引发的情感。春来了人走了，在人生的迎来送往中，我们把时光度过，自然会有留恋，也有不舍。现代人与传统文化之间的关系，只有细细品读这首词才能体会出来其中的意味。

今天，我们站在现代生活的峰顶，回望来时路，每天都是告别，传统何尝不是与我们渐行渐远，甚至与现代之间形成了巨大的鸿沟？但是我们可以通过回望传统，在传统与现代之间架起相互理解与沟通的桥梁，为我们在今天这个时代安身立命提供足够的精神庇护。就像词的最后所写"平芜尽处是春山，行人更在春山外"，作者情意深远，在这里写出了一种新的空间感，一个看不见的、更大的空间的存在，以此释放执着与深情。词为什么会成为宋代最有成就的艺术形式，就是因为当时第一流的文人，像范仲淹、晏殊、欧阳修、苏轼、王安石等都加入了词的写作队伍当中来，使词大放光彩，熠熠生辉。在中华文化浩瀚无垠的广阔空间里，星光点点，不也寄托着我们的深情并照亮我们前行的路？

这就是我选择这个主题的原因。它包含了两个方面的线索，一是《论语》中的传统文化之美，二是以《论语》为精神源头，如何影响并形成了中国文化的美感和美态。有感于此，我想从三个方面进行讲述。

一是生活情趣之美。二是生命和乐之美。三是心灵恬静之美。

《论语》是中华文化的经典，傲视古今，其中蕴藏了深厚的文化内涵与人性内涵，也可以说是世界性的文明遗产。虽然表面上我们不知道自己就生活在这一经典的影响之下，但是犹如孟子所说"所过者化，所存者神"，过去的经历已经化掉了，看不到了，它留下的奇妙力量却影响了后来的世界，所以事实上过去仍然是永恒地存在着。每一个人、每一个社会都有过去、现在和未来，我们现在的奋斗是为了未来而努力，但是凭借的是许多过去已经进入思想意识里、看不见却真实存在的文化根基，更不用说那些脍炙人口、触动人心的动人辞章。我想，各位都能回忆起2008年北京奥运会的开幕式上，当演员们齐诵"有朋自远方来，不亦乐乎"的感人场面，中国在向世界传递善意与温暖。就像宋代李之仪在《卜算子》这首词里所说的"我住长江头，君住长江尾。日日思君不见君，共饮长江水"，虽然看不见，但是我们都品尝着一样的生命之泉，被一样丰沛深刻的文化所滋养。身在长江尾的我们可以遥望长江头的无数先人，更可以在溯流而上的过程中，感受到身心的洗礼。在中华文化的长江大河里，涓滴都是智慧的宝藏。

今晚，就让我暂且做一个领航人，带着大家，像李宗盛《山丘》这首歌中所唱："望着大河弯弯，终于敢放胆，嬉皮笑脸面对，人生的难。"

一、生活的情趣之美

情趣也叫意趣，指性情志趣。人每天都在历练不同的情，有起伏变化，情是很值得深思的。生活情趣在传统文人的生活中，最集中最雅致的表现方式是"诗言志"，人在生活中体会经历的各种情感、情绪都可以用诗来表达。《论语》中有两个著名的片段，一是《八佾篇》中的"子曰：'《关雎》乐而不淫，哀而不伤'"，二是《阳货》中的"子曰：'小子，何莫学夫《诗》？《诗》，可以兴，可以观，可以群，可以怨。迩之事父，远之事君。多识于鸟兽草木之名'"。

这两个片段都与《诗经》有关。大家知道，《诗经》由孔子删定，是将古代流传下来的几千首诗篇，保留305首，称《诗三百》或《诗》，是中国古代文学中最早的诗歌总集。由于儒家将它列为经典之一，也称《诗经》。《关雎》是《诗经》中的第一篇，孔子说这首诗，快乐而不过分，哀愁但不忧伤。儒家追求感情的克制与平和，诗教特别强调不要过分。人会有各种喜怒哀乐，你承认、保有它的存在，但是不要过分放大它，更不要沉溺其中，因为过度很容易造成伤害，伤害你自己或他人。我们简单地比较一下，比如爱情的表达，《古诗十九首》说，"思君令人老，岁月忽已晚""同心而离居，忧伤以终老""弃捐勿复道，努力加餐饭"；唐代诗人元稹说，"曾经沧海难为水，除却巫山不是云"；北宋词人柳永说，"衣带渐宽终不悔，为伊消得人憔悴"；李清照则有："此情无计可消除，才下眉头，却上心头。"（说到李清照这首《一剪梅》，我想起范仲淹的词句。我们对范仲淹的印象一般来自于《岳阳楼记》中的"先天下之忧而忧，后天下之乐而乐"，还有著名的《渔家傲》"塞下秋来风景异，衡阳雁去无留意"，都是铿锵有力的句子，他不仅文韬武略，而且人格上很受推崇。当年苏轼在四川老家，想到如果有一天他去开封赶考，最期待的就是能拜见范仲淹，遗憾的是他去京城时，范仲淹已去世多年。南宋理学家朱熹评历史上"五君子"，分别是诸葛亮、杜甫、颜真卿、韩愈、范仲淹。可是范仲淹写思念之情，笔端缠绵，情之深与词之美，一点不输给李清照，他有一个类似的句子"愁肠已断无由醉，酒未到，先成泪。残灯明来枕头欹，谙尽孤眠滋味。都来此事，眉间心上，无计相回避"。范仲淹比李清照差不多大100岁，你很难说李清照没有从他的作品中得到启发与灵感，钱锺书先生认为范仲淹的辞章更美。）这是古人的情感表达，含蓄，温婉动人。比较之下，现代人表达爱情，往往太过于粗俗，比如"我爱你，就像老鼠爱大米""我爱你，就像爱吃水煮鱼"，更有甚者，标题就俗不可耐，像"爱情买卖""爱上一个不回家的人"，而且，感情太过于狂热，有失中正平和之美，比如"死了都要爱"。还有的虽然颇有古典之美，比如"爱你一万年，爱你经得起考验"，但是问题也很多。首先，太抽象不生动，一万年是多久？我们活不了那么久，古人说"生年不满百"，"爱你一万年"在人的经验之外。何况毛主席说了"一万年太久，只争朝夕"。其次，爱情是不能考验的。在古希腊时代，有一个这样的故事，有个叫普罗克里斯的绝色女子，是雅典王的女儿，她的丈夫叫克法洛斯。为了考验妻子是否忠贞，丈夫诡称外出，却乔装成外乡人返回，以厚礼引诱普罗克里斯，普罗克里斯为其所动，最终被丈夫指责不忠。普罗克里斯羞愧地逃到克里特岛，神赠她每投必中的长矛，她也乔装回来考验丈夫，答应以长矛相赠，感动丈夫。之后夫妻和好。再后来，普罗克里斯怀疑丈夫变心，在克法洛斯狩猎时掷出长矛，杀死了丈夫。看，两个人，你考验我，我考验你，代价是离散和死亡。

儒家的婚恋观是：疑人不嫁，嫁人不疑。孔子在《诗经》中把《关雎》这首诗放在第一篇，大有深意，因为它寄托了儒家的理想，"关关雎鸠，在河之洲。窈窕淑女，君子好逑"。国学大师马一浮先生说："《论语》者，所以教人学为君子也。"人要做君子，一定要学好《论语》。一般说来，君子的好的伴侣是窈窕淑女，重点给大家解释一下什么是"窈窕淑女"（因为有同学把她理解为"苗条美女"）。"窈"是幽远、深远、深奥的意思；"窕"是多余的，不充满，也有"挑"的意思，古人说"目窕心与"，就是目光相遇，心意相通的意思。"窈窕"是指女子文静而美好。这其中，容貌之美固然是一部分，更重要的是精神气质的美，不仅是容貌之美，更是心灵意志之美。儒家在《论语》第一篇《学而》中有这样的片段，子夏曰"贤贤易色"，第一个"贤"是动词，尊敬，第二个"贤"是名词，表示贤德。"易"是改变，"色"是美色。"贤贤易色"就是指尊敬贤德而改变重视美色的姿态。

有这样的典故，三国名士许允，娶了河内太守阮侃的妹妹阮家女（古代四大丑女之一），洞房花烛之夜，发现阮家女奇丑无比，匆忙跑出新房，再不肯进来。后来，他朋友桓范来看他，劝他说："阮家既然嫁丑女于你，必有原因，你得考察考察她。"许允听了桓范的话，果真跨进新房。但他一见妻子的样子拔腿又要往外跑，果然，新妇很勇敢，一把拽住他。许允边挣扎边跟新妇说："妇有'四德'（同学们知道古代女子四德的具体内容是什么吗？封建礼教要求妇女具备的妇德、妇言、妇容、妇功四种德行），你符合几条？"新妇说："我所缺的，仅仅是美丽的容貌。而读书人有'百行'，您又符合几条呢？"许允说："我百行俱备。"新妇说："百行德为首，您好色不好德（你看重容貌而不看重品德），怎能说俱备呢？"许允哑口无言，就不跑了。从此夫妻相敬相爱，过着幸福的生活。都说爱美之心人皆有之，如果能既美且贤，当然最为理想，不过比较而言，美德重于美色，而且，男女各自的修养要达到一定境界，才能构建和谐的婚姻和家庭。

古代还有一个"张敞画眉"的典故，说的是西汉时候长安的京兆尹张敞，和太太的感情很好，每天都要替太太画好眉毛以后才去上班。有人将这件事告诉汉宣帝，皇帝很不高兴，有一天当着很多大臣的面问及此事，张敞就"怼怼"皇上："闺房之乐，有甚于画眉者。"意思是，皇上，您只要问我国家大事做好没有，我们两口子的事，您管得着吗？后世以此为典，津津乐道。"画眉"的典故在唐代还有一个新的版本，与一个叫朱庆馀的读书人有关，他写了一首诗："洞房昨夜停红烛，待晓堂前拜舅姑。妆罢低声问夫婿，画眉深浅入时无？"诗的题目是《近试上张水部》，原来他是以美人自比，问考官自己的文章好不好。考官张水部就是唐代大诗人张籍，回答得也很旖旎："越女新妆出镜心，自知明艳更沉吟。齐纨未足时人贵，一曲菱歌敌万金。"意思是你的文章好得很，考试不用担心。朱庆馀因此声名大振，也考中了进士。他们之间的诗文雅唱也传为千古佳话。

就婚恋而言，在儒家看来，人美不美，不是爱情的决定因素，心美不美，情美不美，更重要。一篇《关雎》，孔子把它列为《诗经》之首，传导的就是儒家的修身齐家治国平天下的价值观。但是这么严肃的人生命题，说来如此曲意幽深，而且极富有美育的功能。孔子是把这样的价值观与生活内容结合得优雅从容的人。我们来看《论语》中"言志"的《先进篇》中的一段。

《先进第十一》第 25 章。子路、曾晳、冉有、公西华侍坐。子曰："以吾一日长乎尔，毋吾以也！居则曰：'不吾知也！'如或知尔，则何以哉？"子路率尔而对曰："千乘之国，摄乎大国之间，加之以师旅，因之以饥馑，由也为之，比及三年，可使有勇，且知方也。"夫子哂之。"求！尔何如？"对曰："方六七十，如五六十，求也为之，比及三年，可使足民。如其礼乐，以俟君子。""赤！尔何如？"对曰："非曰能之，愿学焉！宗庙之事，如会同，端章甫，愿为小相焉。""点！尔何如？"鼓瑟希，铿尔，舍瑟而作。对曰："异乎三子者之撰！"子曰："何伤乎？亦各言其志也。"曰："莫春者，春服既成。冠者五六人，童子六七人，浴乎沂，风乎舞雩，咏而归。"夫子喟然叹曰："吾与点也。"三子者出，曾皙后。曾皙曰："夫三子者之言何如？"子曰："亦各言其志也已矣。"曰："夫子何哂由也？"曰："为国以礼，其言不让，是故哂之。""唯求则非邦也与？""安见方六七十如五六十而非邦也者？""唯赤则非邦也与？""宗庙会同，非诸侯而何？赤也为之小，孰能为之大？"

这是《论语》一书中最长的一章，共315个字，特别重要。

子路、曾点、冉有、公西华陪孔子，孔子和学生们聊天，就让他们说说自己的志向、愿望。子路说的是：如果有一个千乘之国夹在大的诸侯国之间，时常受别国侵略，又遇到灾荒，治理这样的国家，只要三年，我就可以使百姓勇敢善战，并懂得遵守礼仪。（注意"率"字，是轻率的意思，反映了子路的性格特点）孔子听了不置可否，只是笑了一下。"哂"是微笑的意思。孔子又问冉有（冉求，字子有，他小孔子29岁，为季氏宰），冉有说他只能治理一个五六十里见方的小国家，用三年时间使老百姓富足，但是礼乐之事，只能等君子来实行。孔子没表态，就问公西华：你怎么样啊？公西华更谦虚，他说：我不敢说我能够怎么样，但是我愿意去学习，像宗庙祭祀、外交活动等（"会同"是指外交，"端"古代指礼服，"章甫"古代指礼帽，"相"是指赞礼的人）。公西华就是说在这些场合，自己可以做个赞礼的人。对此，孔子也没有表态。他们说话的时候，曾点一个人在弹琴，孔子就问他：曾点，你要怎么样？琴声逐渐静下来并停止了，曾点把琴放到一边，站起来回答说：我和他们三个都不一样（"撰"是述）。孔子鼓励他：没关系，大家都是说说自己的志向罢了。曾点就说他的志向是到暮春时节，带上五六个朋友，六七个小孩，大家一起到沂水去洗澡。据古代地志记载，沂水附近是有温泉的。泡了温泉后，大家到舞雩（古代祭祀、求雨的地方）台下去吹吹风。"归"读kui，是洒扫应对进退之事，即礼乐之道。孔子听了之后，万分感叹，说：我赞同曾点的志向啊。过了一会儿，其他三个学生走了，曾点在最后，他就问老师，那三个人说得怎么样啊。孔子意思是没什么好不好，人各有志罢了。曾点就问老师了，那你为什么笑子路啊。孔子就说了：治理国家要以礼，子路这个人一点都不谦虚，一让他们谈志向，也不加谦让就说，所以我笑他。孔子不是说子路的志向不对，而是针对他的态度。对冉有治理小国的志向，孔子没有评价，他只是说小国也是国家，也需要治国之才。但是对公西华，孔子就说了，公西华要做个小相，如果他只想做个小相，怎么可以做大相呢，这个人太过谦虚，也不足取。孔子之所以赞赏曾点，是因为天下大治才有师徒游学山水的景象，这正是孔子所说"老者安之，朋友信之，少者怀之"理想的体现。

二、生命的和乐之美

早在远古时代，人们就相信，人出现于天地之间，是天地的灵气凝聚而生成，所以中国古书《周易》称天地人为三才。但是，人要通过学习才配得上这种光荣，人要安身立命，立于天地之间，首先在于"学"，学，就是学习。这里包含两个问题，一是学什么？二是向谁学？

"子曰：'学而时习之，不亦说乎？有朋自远方来，不亦乐乎？人不知而不愠，不亦君子乎？'"（《学而第一》）

《论语》开篇这句话讲的就是"学"，是除迷、解惑，孔子所说的"学"指学人生大道，安身立命之道，并不是具体的知识技能，另外还有向什么人学的问题，向圣人学，先觉者学。孔子认为人性皆善，而觉有先后，后觉者，效先觉之所为，可明善而复其初也。"时"是时时刻刻。"习"本意是指鸟，鸟儿在晴天学飞，反复飞，飞着飞着就上天了，引申为实践的意思，就是说学习人生大道要时时刻刻去实践它，对于我们明白的道理，在生活中要身体力行，开始不一定做得好，但我们反复去做，就会把它做好了。"说"通"悦"，喜悦在心里，没有流露出来。这句话意思是说：我学了人生的大道，在反复实践中，我自己受用了，得到成长和进步，这只有我内心知道，这种喜悦是他人无法理解的。《论语》第一句就是人要学习，学了以后还要反复实践，真正的受用，才有内心的喜悦。

"有朋自远方来，不亦乐乎"，"朋"的古字是凤凰的"凤"，因为凤凰飞翔时有百鸟跟从，只要凤凰飞，所有的鸟都跟从它，百鸟之间相互就会产生感情，像朋友一样。我们今天的人可能都肤浅地理解了朋友，特别是在"朋友圈"盛行的时代，大家一面之缘，加个微信好友，似乎就成为朋友了。在古代，"朋友"是指"同师为朋""同志为友"，同一个老师教出来的叫"朋"，有共同志向的叫"友"。古时候交通不便，没有飞机、轮船、火车，也没有私家车，从远方来多么不容易，说明这个人不同寻常，有道德有学问，才会让别人如此牵挂，跋山涉水，不辞辛苦要到千里之外去看他，这当然是一件快乐的事，也是一件喜悦的事。

一个人，你有道德，有学问，有境界，有崇高的人生理想，别人都知道你，你就很高兴，但是如果没人知道你，没人理解你，或是知道了，也不睬你，不用你，更有甚者，还要整你，嫉妒你，这种时候，你还能不"愠"，愠就是恼怒，你一点不生气，不发怒，这才是真正的君子。所谓"称、讥、毁、誉寻常有"，你以寻常心看待别人对你的态度，这样才不会影响到你的本心，才配称为君子。真正的君子能够乐天知命，安常处顺，在任何情况下都能保持一颗平和的心，不轻易为外物所动，而且喜怒哀乐不影响自己的本心。

以下三句话是《论语》的纲领。(1)"不亦说乎"的"说",是内心世界的感受,讲人与心的关系。一个人能真正不忧,要看他的心是不是真正的通达、仁德。人很容易感觉到痛苦,多是因为处理不好人与心的关系。(2)"有朋自远方来",是讲人与人之间的关系,你怎样处理人与人之间的关系,来早了,你不舒服,来多了,你厌烦,不来了你埋怨。这都是如何处理人与人之间关系的问题。(3)"人不知而不愠",是讲人与天的关系,你能不能为世人所理解,能不能在自己的一生中有所作为,那不是人命,是天命,所谓:谋事在人,成事在天。

儒家文化主要就是解决这三个问题:人与心,人与人,人与天。给大家介绍这些基本的价值观念,是因为你只有了解了儒家基本的思想,才能够了解《论语》中表达出来的基本价值,明白生活中最重要和最值得拥有的有哪些。

学习了圣人之道,要化用在生活当中,孔子从来不离开现实生活和人生谈道,《论语》的《乡党篇》就是讲孔子的圣人之道在日常生活中的具体体现。"孔子于乡党,恂恂如也,似不能言者。其在宗庙、朝廷,便便言,唯谨尔。"乡党就是家族亲戚所聚集的地方。古代人聚族而居,一个家族生活在一个地方。孔子在自己家里族人之间,是一种什么样的精神状态呢?"恂恂如也",恂恂就是诚实笃信、很谦恭的样子,好像话都说不出来。

《论语》中很多处讲人际关系,讲人与人如何相处。生命的欢乐和意义往往由此而生,青年人尤其如此,每个人都要替自己开辟出一条生活的道路,缔造出一个现实世界,并把它保持住。所以友情是生命中非常重要的内容。像亚里士多德在《尼各马可伦理学》中也认为,友情本身意味着双方趣味相投、相互愉悦、有共同兴趣。

大家喜欢说"在一起"。传统社会里,"在一起"最常见的方式是家庭。我们中国的封建社会农业文明历史最为悠久,所以这种模式最为典型。农耕文明中以家庭为单位的相处方式,人与人之间的关系简单朴素。孟子曾经把人伦关系概括为五种,即"五伦",君臣、父子、夫妇、兄弟、朋友。不同的人伦关系有不同的道德规范,所谓"父子有亲,君臣有义,夫妇有别,朋友有信,长幼有序"。孟子用"五伦"就概括了传统社会的人伦关系,父子、夫妇、兄弟本来都是家庭衍生出来的关系,君臣与朋友也是从家庭关系而来,因为中国古代社会的结构和特征,叫家国同构,就是说家是国的缩小,国是家的扩大,君臣关系是父子关系的延伸。朋友关系则是兄弟关系的延伸,所谓"四海一家""四海之内皆兄弟"。这种社会关系的特点培育了我们民族安土重迁的民族特性,一般来说,人们都安居故土,不随便迁往别处,统治者为政的最高理想,也就是让老百姓安居乐业。

家庭最温馨的特点,在于它深刻体现了"互助与合作"的主题。像黄梅戏《天仙配》里的唱词"你耕田来我织布""你挑水来我浇园",人们朴素地认识到分工合作的重要性。这种分工合作大大提高了家庭生活的效率，并使男女的性别优势在合作中得到最大体现，有效地促进了家庭利益的最大化。经济的、社会的、心理的、相处的、情感的因素铸就了农耕文明中人们相处的特征和方式：爱相随，恨别离。人们对故土、亲人都有很深的、依恋的情怀，不轻易离别。但是，在古代社会，人们还是会有些迫不得已的原因离开故乡家园和亲人，如读书，做官，经商，等等，不一而足。中国古典文学中的很多作品就是抒发人们的离怀别绪，细腻生动，传唱千古。中国诗词的极高造诣，就在于对这些情感的抒写具有极强的表现力和极美的文辞，我们看一首简单的作品，王维的《杂诗》："君自故乡来，应知故乡事。来日绮窗前，寒梅著花末？"王维从十五岁离家到长安寻求出路，到他二十一岁考中进士，有六年的时光漂泊在外。后来考上进士也不等于宦途顺遂，总会有一些事难平心意，对故乡亲人不免更加思念。一个人离家已久，好不容易遇到故乡来人时，应该最迫切想知道的是父母、家人是否平安，家里是否安好无恙。然而奇怪的是，王维问的都不是父母家人，竟然是："雕饰精美的窗前，那棵梅花开放没有？"后人评价王维这一问，"问得淡绝、妙绝"，"亦以微物悬念，传出件件关心，思家之切。此等用意，今人哪得知？"这种写法叫"微物关情"。连一个微不足道的小东西都关心了，那其他更重要更多的事情也就一定更关心，但是他不敢问，因为情怯。初唐诗人宋之问的《渡汉江》写出了这样的情感："岭外音书断，经冬复历春，近乡情更怯，不敢问来人。"所以说王维的这种写法叫"问花情怯"。日本文学史上有个淡笔深情写俳句很感人的女作家叫山川登美子，她有一首小诗："对故乡来人，我只敢问，邻家宅地上，紫藤白花，开得如何。"大家看，离情别绪写得多轻，但非常深厚。这种恨离别的情感，西方社会也有，甚至于更沉痛。比如荷马史诗中的《奥德赛》，意思是"关于奥德修斯的故事"，就是讲奥德修斯征战特洛伊在外十年之久，战争结束后，他因为得罪了黑暗之神波塞冬，在海上又漂泊十年，回不了家乡。在漂流的过程中，他曾经滞留奥古吉埃岛八年，神界的女性卡吕普索是至尊的女神，她对奥德修斯一往情深，照顾他的饮食起居，答应他长生不死而且不衰不朽，可是奥德修斯总是在辽阔的海边泪流不断，他只一心求归返。当奥德修斯用泪水、叹息和痛苦折磨自己的心灵时，卡吕普索也深为痛苦。及至后来，卡吕普索愿意为奥德修斯归返助一臂之力，一方面是畏怯宙斯的巨大威严，另一方面则是出于正义和仁慈。在卡吕普索的应允下，奥德修斯开始自造小船，从砍树到造好船，一共用了四天时间，第五天，他们相互告别，奥德修斯开始踏上归返之程。荷马史诗中有这样的诗句"对于世人，没有什么比飘零更不幸。但为了可恶的肚皮，人们不得不经受各种艰辛，忍受游荡、磨难和痛苦"。

我们再看一首唐诗，贾岛的《渡桑干》，"客舍并州已十霜，归心日夜忆咸阳。

无端更渡桑干水，却望并州是故乡。"离别故土亲人，已是伤心，在思念的日日夜夜，却未曾料到再也回不去的今日。全诗包含一种回不去的绝望，28个字表达了这么丰富的感情，具有震撼人心的力量。

家庭是以亲情来维系的，哪怕你地位再高、财富再多、学问再大，永远只是家庭中的一个成员。在外面你可能很了不起，但是在家庭里，你只是其中一个成员，所以孔子讲"言似不能"。这个"似"字很重要，不是说孔子真的不会说话，而是说他好像连话也说不出来，是保持一种谦恭的态度。然而当时空转换了，不在乡党，而是在宗庙，在朝廷，孔子就不一样了，"便便"就是辩，辩明是非，因为这里是大义所在之地，这个时候就要辩明。和亲人朋友，生活在故乡的土地上，和睦安宁，这是中国也是西方传统社会很推崇的一种价值，里面有快乐。孔子在《述而第七》中还讲了这样一种快乐——子曰："饭疏食，饮水，曲肱而枕之，乐亦在其中矣！不义而富且贵，于我如浮云。"这一句要和《雍也》篇里的"一箪食，一瓢饮，在陋巷。人不堪其忧，回也不改其乐"联系起来看。乐是一种人生境界，孔子说：吃着粗茶淡饭，喝着水，枕在手臂上睡觉，乐也在其中啊。乐天知命，知足常乐，安闲自在，这是很高的生命境界。

在中国历史上最得孔子之道的人，是陶渊明。陶渊明在中国文化史上，地位非常高，他的诗文其实不算多，文章只有十多篇，诗赋百余篇，可是他的地位与司马相如、李白、杜甫、苏东坡、曹雪芹不相上下，甚至比他们还要高，这是为什么呢？因为他是真正得了孔子之道的人。一篇《归园田居》，他说，"少无适俗韵，性本爱丘山。误落尘网中，一去三十年。羁鸟恋旧林，池鱼思故渊。开荒南野际，守拙归园田。方宅十余亩，草屋八九间。榆柳荫后檐，桃李罗堂前。暖暖远人村，依依墟里烟。狗吠深巷中，鸡鸣桑树颠。户庭无尘杂，虚室有余闲。久在樊笼里，复得返自然。"中国古代"隐士"的文化很盛行，但是古代隐士多是行在江湖，心存魏阙，陶渊明是真正乐于田园生活，乐孔子之乐的，《归园田居》就是讲这种乐，人亲近自然，接近自然之乐。苏轼晚年被贬到海南岛，他随身只带了两本书，其中一本就是《陶渊明集》，他把陶渊明的诗都和过了，就是陶渊明写什么题目，他也写什么题目。他不仅欣赏陶渊明的诗，更欣赏他的为人，还由此发展出了自己"达人大观"的人生态度。当他被从海南岛召回的时候，写下了这样的诗句："参横斗转欲三更，苦雨终风也解晴。云散月明谁点缀？天容海色本澄清。"他能够在自己的生命中从容不迫，安闲镇定，就是因为他相信，雨一定会住，风一定会停，天下没有不更替的阴晴，世间没有不代谢的衰荣，这正是陶渊明《饮酒诗》中所说的"衰荣无定在，彼此更共之"。

三、心灵的恬静之美

我们前面讲的很多片段，都表现了孔子的安详、自在与从容，以及以此为源头对后世的影响。探究中华文明的起源，自诸子百家兴起后，儒家一直是中国传统文化最重要的构成部分。据胡适先生《说儒》的考证，早期的儒家是商朝的没落贵族，他们虽然丧失了爵位，但是精通古代典籍学问，以教授古代文化为生。《说文解字》中的"儒"这样解释："儒"，柔也，术士之称。"儒"是指性格柔和而有学问的人，孔子就是这样的人。在孔子的学生中，子路和老师的感情很好。孔老师偶尔也会有情绪失控的时候，有一次和学生聊天他就说了："道不行，乘桴浮于海。从我者，其由与？"就是说，如果大道不能实现的话，我就乘着小船到海上去漂浮，如果这样的话，跟从我的人或许是由吧。"由"是仲由，就是子路。子路很高兴。（"乘桴浮于海"因此成为一个典故。苏轼被贬黄州期间，有一天晚上和朋友喝酒回家晚了，叫了半天门不开，他就写了这样一首《临江仙》的词："夜饮东坡醒复醉，归来仿佛三更。家童鼻息已雷鸣。敲门都不应，倚杖听江声。长恨此身非我有，何时忘却营营。夜阑风静縠纹平。小舟从此逝，江海寄余生。"这首词表达的情怀和陶渊明的"纵浪大化中，不喜亦不惧"也很相似。词写完后，东坡去补觉，结果黄州城谣言四起，因为苏轼当时以戴罪之身居黄州，如果他真的跑了，地方官是脱不了干系的。当时的黄州知州徐君猷和他是好朋友，听说了以后赶紧跑到他家里来，一看，东坡先生在家里好好躺着呢。）我们讲到子路和孔老师感情很好，因此就有人问他：你们孔老师是个什么人呢？这是《述而第七》当中很有意思的一个片段，"叶公问孔子于子路，子路不对。子曰：'女奚不曰：其为人也，发愤忘食，乐以忘忧，不知老之将至云尔。'"叶公是楚国人，孔子是鲁国人，可见孔子当时声名远播。子路对于这样一个问题居然回答不出来，老师就告诉他了，意思是下次再有人问你，你就这么说：我们老师，发愤读书忘记了吃饭，快乐而忘记了忧愁，甚至连自己衰老了都已忘记。这就是得道后超然忘我的境界。

孔子还有一个对他感情非常深厚的学生子贡，他这样评价自己的老师，他说："夫子温、良、恭、俭、让。"温、良、恭、俭、让是子贡对孔子的最高评价，也是对孔子品格的概括，这也是儒家所希望建构的人格品质。儒家期望的人格，首先是温和，温柔敦厚的。跟真正的儒家贤人相处，感觉如沐春风。一个人有人格魅力就会对他人形成一种吸引力，走到哪里，人们都愿意亲近他。在春秋时，凡官在大夫以上的才能够称为夫子，孔子做过鲁国的大夫，所以称他为夫子，后来这个词由泛指变为特指，夫子就是指孔子，孔夫子。儒家做什么事，靠的都是自己的人格魅力。从汉字构成来看，"儒"是单人旁，旁边一个"需"。中国哲学家冯友兰先生说，

"儒"就是人所需要的。人们需要什么呢？

我们需要与人相处、生活，需要心情愉快，总的说来，就是需要美好的人生。关于美好人生的内容，老子说得很具体，"甘其食，美其服，安其居，乐其俗"，就是说饮食香甜，服饰美好，居处安适，习俗欢乐。你们说这些谁会不喜欢呢。可是人的一生，也可以用16个字做一个描述，叫作"生老病死喜怒哀乐，恩怨情仇悲欢离合"，具体的人生处境都可以化为情绪和情感上的体验，有欢笑也会有哀愁，如何面对？孔子以他的人生树立了一个典范，表现了心灵的恬静之美。

我们每个人在自己的人生中都有一个重要的体验，关于时间。哲学上讲时间是事物存在的持续性，生活中我们经历的时间则如一江春水向东流。《论语·子罕第九》中有："子在川上曰：'逝者如斯夫！不舍昼夜。'"这一段话里有淡淡的悲伤，是圣人以有情人生，经历无情岁月的惆怅，所以孔子特别强调"温故而知新"，这不仅仅是一种学习的态度，也是我们对人生、对生活的态度，你遇到的人，经历的事，不断拿来温习、重温，这样你就会有新的认识和新的体会，李商隐的诗说：此情可待成追忆，只是当时已惘然。

我们很多人把"可待"理解为"可以等到"，其实在这句诗里是"不必等到"，"此情可待成追忆"意味着：人生中悲欢离合的种种经历和感受，不必等到日后追忆的时候，才能了解它们对自己的意义和重要性。换句话说，就在那些事件正在发生、正在体验的当下时刻，诗人就已经深深体会到其中的无限情思，和对他而言的珍贵价值。顺着这样的思路理解下去，接下来的"只是当时已惘然"这个"只是"就绝对不可能是我们现在当作转折语气的用法。我们的转折语气的用法是把"只是"解释为"只不过是"，但是在唐代，"只是"等于"就在、就是"的意思。这个用法在唐诗里面很多，大家最熟悉的例子就是贾岛的《寻隐者不遇》，"松下问童子，言师采药去。只在此山中，云深不知处"。什么叫作"只在此山中"？意思是，童子回答说：老师采药去了，人就在此山中，虽然没有离开太远，但是由于山中云雾弥漫，还是不确定他的踪迹所在。因此来拜访他的诗人只能够扑空了，诗题也才会说是"寻隐者不遇"。李商隐有一首《乐游原》，"向晚意不适，驱车登古原。夕阳无限好，只是近黄昏"。意思是说：傍晚时分啊，心中涌现了一种不适意的郁闷的情绪，于是驱车登上乐游原，这是长安城中最高的地方。心态上想要登高望远，来疏解心情。果然，就在这个接近黄昏的时刻，在乐游原上眺望远天的夕阳、彩霞，无比壮阔美丽。我们现在一般以为的"只是近黄昏"是"只可惜、不过"，带有惋惜不舍的感慨，说"夕阳无限好，只可惜已经黄昏了，快要结束了"，这样的解释其实是望文生义的，真正的意思是"只有黄昏时，你才能欣赏到这样壮阔美丽的景致"。所以回到"只是当时已惘然"，是说这些情感何必等到事过境迁以后才成为珍贵记忆？就在当时已经真心爱惜，刻骨铭心的历历往事，都是值得追忆的珍贵回忆，是华年的一部分。

法国有个著名的作家叫普鲁斯特，他写了一本书，就叫《追忆逝水年华》，追忆和回忆是可以净化一个人的灵魂和情感的。人之所以有回忆，是因为时间过去了就不再回头，可是你的生命是在时间里面经历的。词人蒋捷感叹：流光容易把人抛，红了樱桃，绿了芭蕉。在古代有个叫桓谭的武将，有一次来到汉江边，看见一棵柳树，长得有合抱之粗，突然掉下泪来，讲了一句话：木犹如此，人何以堪？原来这树是他十年前种下的，树都经不住岁月的流逝，何况人呢？正是看到了人的这种脆弱和无助，孔子总是用一种积极入世的态度面对人生，又能表现出心灵的恬静。

孔子生逢乱世，在礼崩乐坏的春秋末年，他虽然有治国良才，也希望有明君能重用自己，他特别推崇"学而优则仕"，可是奔走列国十四年无所获，最后他办学兴教。他以自己的人生经历让我们知道，一个人在自己无法把握的时代中，可以通过内心生活的丰富和美求取人生的意义。

孔子对人生、对人间事，充满关爱，庄子评价他说：六合之外，圣人存而不论。六合指天地东西南北，指代世间，人间之外的事，孔子是不谈的。《论语》当中也讲了：子不语怪、力、乱、神。他从来不关心那些神神怪怪的事，他只思考人怎样过好一生，他相信人的一生有意义地度过，就没有什么可怕的了。

子曰："朝闻道，夕死可矣。"

这句话在《论语》中大有深意，从表面来看，是早晨听闻了大道，晚上就可以死了。其实这句话是讲儒家的生死观。世界上大的宗教都谈生，也谈死，因为人生有死，宗教在很大程度上就是讲生死的，甚至谈死更多。中国人从来都忌讳谈死，以至于"4"这个数字也受到牵连，一般人都不喜欢。但是一种哲学，特别是与人生有关的哲学，如果只谈生不谈死，它就有局限性。你想，人的一生再长寿，也是短暂的，所谓"生年不满百"。生短短几十年，死却是无穷无尽的岁月，那么多人信佛教信基督教，是因为他们把死理解为永生，这可以很大程度上解决人类对死的恐惧。在生活中，人们由于怕死，试图防范他人，求得安全，对安全的追求又导致人们追逐权力、财富和荣誉，并使得人们时刻害怕失去它们，这就是人之所以痛苦的原因，人类这些行为和情感的背后，都是对死的恐惧，所以说认识生死实在是人生大事。

孔子这句话里有宗教情怀，他所说的"朝"和"夕"，指时间短，但它意味着人生的转向，你只要去恶向善，你就懂得了道。中国人的生死观一向是好死不如赖活着，孔子强调生命的质而不重视量，他通过这句话想说的是：一个人，他闻道以后，对生死就会非常从容，可以生顺死安，活着的时候好好地活着，死亡来临时也可以从容面对，这样我们就可以保持住人的尊严。法国大革命期间，资产阶级革命的烈火从巴士底狱开始熊熊燃烧，路易十六在即将身首异处时，居然还保持着几分尊严，他的夫人玛丽·安托瓦内特王后，在走向断头台的时候，不小心踩到刽子手的脚，立即轻声向他道歉："对不起，先生，我不是故意的。"英国国王查理一世在临刑的时候特意要多穿一件衣服，当时是冬天，他不想冻得发抖，以致被误解为恐惧。这就是我们说的视死如归。那些闻了道的人，他就看破生死，即使晚上就要死去，他也可以从容平和面对，这是对生死的态度，是儒家的生死观。前面讲到的乐天知命，知足常乐，人们在世俗生活中往往把它理解为不思进取，其实是说我们不会终日忧戚，担心生病，恐惧死亡，一会儿忧生，一会儿惧死。

孔子通过《论语》向我们传递生活的信念，用六个字可以概括，叫"尽人事听天命"，生活中存在各种各样的关系，人都是在人际关系中成长，相互深深地影响。所以君子要做到：己欲立而立人，己欲达而达人。孔子告诉我们的是，我们要有成人之美，在人与人的相处中，在具体的生活中，我们也因此可以感受到生命之美。

《论语》就是这样一本书，它承载着我们这个民族的精神和灵魂，里面有我们这个民族对宇宙、世界、社会、人生及其价值的深刻理解，孔子告诉我们：有道德的人生方值得一过。人为什么不能没有道德？为什么要做一个有道德的人？俄国有个作家很严肃地探讨过这个问题，陀思妥耶夫斯基在他的《卡拉马佐夫兄弟》中有一个片段：米卡因为犯罪的嫌疑被抓了，在受审前一夜，他热切地和前来探视他的弟弟讨论"人为什么要有道德"，最后他明白了，不仅做一个卑鄙的人活着不行，连作为一个卑鄙的人而死也是不行的。他害怕来自不可知的世界的惩罚。书中讲了一个故事《农妇和葱》，说明人应当有道德地生活，有道德地生活比没有道德地生活更值得人类追求。在对《论语》的讲述中，我们可以看到，两千多年前，孔子就认识到了这一点。孔子一生推崇"智仁勇"三种品德，这样才能"不惑不忧不惧"，从而心灵恬静。我们或者可以用另外一个概念来表述，"求放心""安心"。孟子说过"学问之道无他，求其放心而已矣"，人生之道何尝不是如此，求放心而已。白居易诗中有这样的句子"我生本无乡，心安是归处"。后来苏轼历经流放写了两首《定风波》，其中一首，同学们在中学语文课本中学过，很熟悉，"莫听穿林打叶声，何妨吟啸且徐行。竹杖芒鞋轻胜马，谁怕？一蓑烟雨任平生。料峭春风吹酒醒，微冷，山头斜照却相迎。回首向来萧瑟处，归去，也无风雨也无晴。"这首词中的苏东坡是有一种觉醒，但还不是那个真正旷达的苏东坡，直到他写出第二首《定风波》，历史的长河中才走出了一个大美人生的苏东坡，一个大才如天风海涛的苏东坡。词中写道："常羡人间琢玉郎，天应乞与点酥娘。自作清歌传皓齿，风起，雪飞炎海变清凉。万里归来年愈少，微笑，笑时犹带岭梅香。试问岭南应不好，却道，此心安处是吾乡。"人是可以在苦难中成长的，人能够思考和学习，在什么样的人生处境中都可以得到成长。同学们不管学什么专业，身在何处，关键是心安不安。能够心安，甘之如饴，去到哪里都有快乐，就不会有抱怨，甘心去领受。

南宋理学家朱熹说："天不生仲尼，万古长如夜。"就是说如果没有孔子的话，万古都像长夜一样。孔子在黑暗的历史长夜里为中国人指引了光明，这就是孔子的伟大。后世的人们充满感激地尊孔子为万世师表，他作为导师的意义在于他为我们开启了好的生活的可能性：人可以追求道德上的完善。我们人类，生来是软弱的，所以需要力量；生来是一无所有的，所以需要帮助；生来是愚昧的，所以需要判断力。我们出生时所没有的东西，长大时所需要的东西，都要由教育赐给我们，教育的作用是使一个人欣赏他的社会文化，介入社会的事务，从而给每一个人提供一种对自我价值的肯定。认识到教育对于人生的重要意义，在中国也是从孔子开始的，在《论语》中，有很多处，孔子强调了这样的观念，不学《诗》，无以言；不学礼，无以立。同学们今天在学校，通过教育学习领略以《论语》为代表的中华传统文化之美，我要祝同学们人生美好、青春美好。

我想在讲座的最后，用南美诗人聂鲁达的诗《你的微笑》致意这种美好：

你需要的话，可以拿走我的面包，
可以拿走我的空气，可是
别把你的微笑拿掉。

这朵玫瑰你别动它，
这是你的喷泉，
甘霖从你的欢乐当中
一下就会喷发，
你的欢愉会冒出
突如其来的银色浪花。

…… ……

你可以不给我面包、空气
光亮和春天
但是，你必须给我微笑
不然，我只能立即长眠。

当代国际格局中的中国共产党

张可荣

主讲人简介

张可荣，教授，硕士生导师。35 年来，一直从事党史党建、思想教育和马克思主义中国化等方面的研究与教学工作，长期从事高校党务管理工作。先后主持和参与省级及以上课题 20 余项，包括主持国家社科基金课题《文化自信视阈下中华民族共同体意识培育研究》、中宣部"马工程"课题《民族复兴中国梦的生长历程研究》等；先后在《人民日报》《光明日报》《中国当代史研究》《中国高教研究》和其他报刊发表论文 100 余篇；出版著作（含合著）三部。这个讲座的内容，就是《文化自信视阈下中华民族共同体意识培育研究》（项目批准号 18BKS063）的阶段性成果。

今天的时代是一个政党政治的时代。政党是国家政治生活中的基本组织和重要力量，也是国际政治舞台上最活跃的力量。中国共产党是中国的领导党和执政党，是不忘初心牢记使命的革命党。中国共产党与中国就像一枚硬币的两面不可分割、融为一体。作为马克思主义执政党，中国共产党又与人类命运紧密相连。

中国共产党正前所未有地走近世界政治舞台的中央。特别是党的十八大以来，中国共产党的理念倡议和思想主张，包括"一带一路"倡议、人类命运共同体理念等，正强劲地走向世界、影响世界。中国共产党及其领导的中国特色社会主义成为21世纪世界社会主义走向振兴的中流砥柱。

我跟同学们讲这样一个话题，主要是基于这样几个原因：

第一是两个美国人给我的启发。美国著名学者福山在20世纪80年代末提出了"历史终结论"，这是大家熟知的，但同学们是否知道，20多年后，福山通过继续思考，包括研究中国发展趋势和中国共产党，已经对自己的观点进行了修正，不再坚持人类文明终结于西方文明的观点；另一个美国人是著名社交网站脸书（Facebook）的创始人兼首席执行官马克·扎克伯格。据媒体报道，他把《习近平谈治国理政》置于案头，经常阅读。这说明什么呢？这说明即使是世界上最强大的国家的重要人物，也不能忽视中国和中国共产党越来越大的影响。

第二是我们党对世界的影响日益凸显，我深深感到党值得我们深入研究。2017年党的十九大的召开，受到世界舆论前所未有的关注；同年11月30日至12月3日，中国共产党与世界政党高层对话会在北京举行；2018年5月，中国共产党与世界政党高层对话会专题会议在深圳举行。在半年左右时间内召开的三大盛会，以及它们带来的世界"冲击波"是非常大的，外部世界似乎开始明白了一个道理，这就是——认清中国必先认清中国共产党。这样的世界级现象与舆论，表明了一个事实，就是中国共产党正前所未有地走近世界政治舞台的中央。习近平总书记在这方面也有很多论述，学习习近平新时代中国特色社会主义思想，我们同样有这样的认识。但是，身在其中的我们，包括很多老师和同学不一定有这样的体会。

第三是我们大家对党的认识都需要加强。现在的中国青年尤其是我们大学生，加入中国共产党是一个普遍的向往和追求，这方面有统计数据可以证明。但是，我作为一名长期从事党的建设研究和党务管理工作的老师，发现同学们尤其是一些入党积极分子、发展对象和预备党员，对党的认识似乎还停留在表面。大家对中国共产党的认识有多少呢？大家是否主动关心和自觉认识不断发展进步的中国共产党呢？比方说，中国共产党是领导党、执政党，那么还是革命党吗？中国共产党与西方政党是大同小异还是大异小同？等等。回答这些疑问或问题，都需要我们一起主动地学习研讨。

下面，我主要从四个方面介绍一些基本知识，回答一些常识性问题，希望对同学们有所帮助。一是世界政党政治与中国政党制度，二是领导党、执政党和革命党相统一的中国共产党，三是前所未有地走近世界舞台中央的中国共产党，四是最大政党迈向最强政党的挑战与考验。

一、世界政党政治与中国政党制度

（一）当今世界的政党概况

近现代政党产生于 17 世纪的英国，那是资产阶级的政党。无产阶级的政党产生于 19 世纪中叶，1847 年成立的"共产主义者同盟"是第一个马克思主义的政党，马克思、恩格斯是无产阶级政党的创始人。

今天的时代是一个政党政治的时代。政党是当代国家政治生活中的基本组织和重要力量，也是当代国际政治舞台上最活跃的力量。在当今世界的 200 多个国家和地区中，就有 180 多个国家和地区存在政党或者搞政党政治，但同时也有一些国家和地区是没有政党、也不搞政党政治的。

那么，当今世界有多少个政党呢？我长期关注这个问题，但也难以给出准确数字。因为世界各国的政党，它们的分分合合与起起落落十分频繁，经常有新政党产生，也经常出现政党合并重组现象，而且世界各国成立政党组织的目的各不一样，因而衡量的标准也不一样。

据有关学者说，现在全世界约有 5000 多个政党。这个数字仅供大家参考，要知道它是不断变化的。我们再来看看几个具体的数字：印度独立时有近 200 个政党，后来一度有近 800 个，因为印度成立政党的手续是比较简单的；现在巴基斯坦的政党有 200 个左右；俄罗斯注册政党有 73 个；新加坡有 28 个，这是在新加坡访学的老师最近告诉我的。

在我们社会主义的中国，共产党是执政党，还有八大民主党派是参政党。我国的台湾地区从开放"党禁"以来，出现了许多所谓的政党，数量不断增加，现在已有 200 多个，使用"共产党"命名的就有好几个。我国的澳门特别行政区没有严格意义上的现代政党，澳门选举时，只有临时性质的"参选组别"，平时只有带政治性质的社团组织开展活动，包括澳门街坊会联合总会、澳门工会联合总会、新澳门学社、澳门繁荣促进会等，所以澳门社会最突出的政治文化就是社团文化。我国的香港特别行政区因为没有"政党法"，所谓的"政党"其实都是根据香港的《公司条例》或《社团条例》登记的，所以香港的"政党"在法律上的地位就是"公司"或"社团"。同学们可能知道，2016 年 3 月成立的所谓的香港"民族党"，在 2018 年 7 月被取缔，因为它制造"港独"搞分裂，违背国家的法律，不得人心。

世界上这么多的政党，但是真正在他们的国内，或者在国际上有地位有影响力的并不多。这是世界政党的一个总体情况。下面介绍一下现在世界上的共产党的概况。

（二）当今世界的共产党概况

目前世界上共产党组织的数量由最多时的 180 多个减少到 130 多个，这是因为苏联东欧剧变，导致世界社会主义运动进入低潮。现在世界的社会主义运动正处于走出低谷、走向振兴的时期，在这期间，中国共产党的发展壮大和中国特色社会主义事业的顽强发展，起到了中流砥柱的作用。

现在世界上的共产党在国家政治生活中执政或参政的有近 30 个。其中，共产党组织执掌全国政权、坚持社会主义发展方向的国家有中国、越南、朝鲜、老挝和古巴。还有 20 多个国家的共产党是参政党，譬如印度共产党（马）是非社会主义国家中最大的左翼政党，该党在西孟加拉邦连续执政了 40 年。同时尼泊尔共产党的发展引人注目。东欧地区的俄罗斯、乌克兰、白俄罗斯等国家的共产党发展较好。南非共产党是非洲大陆最大的共产党组织。在发达国家中，日本共产党发展状况比较好，是有一定影响力的参政党。

（三）近代以来中国政党政治的演变发展

中国政党政治的产生和发展，大致可以分为三个时期。

第一个时期是中国近代政党兴起的时期，就是辛亥革命时期。中华民国成立后，政党兴起，当时人用"社团之多，真如过江之鲫""集会结社，犹如疯狂，而政党之名，如春草怒生"来描述这种状况。研究民国初年政党政治最有成就的台湾学者张玉法认为："武昌起义爆发后，迄于 1913 年底，新兴的公开党会，据初步统计，凡 682 个，计政治类 312 个。"但这些政党或带有政党性质的组织绝大多数很快就烟消云散了，中国人试图搞竞选政治的做法也随之失败了。

第二个时期就是中国新民主主义革命时期，这个时期是中国现代政党政治孕育与产生的时期。除国民党、共产党外，还有 10 余个活跃的民主党派，以及依附于国民党的政党，譬如 1923 年成立的青年党，1931 年成立的国家社会党，后来国家社会党又与其他党派合并为民主社会党。这些依附于国民党的政党，后来也随国民党到了台湾，他们虽然在台湾长期存在，但是基本上没有产生多少作用和影响。

第三个时期就是新中国诞生以来，新型政党制度的确立与发展时期。这个逐步确立和不断完善的新型政党制度，就是中国共产党领导的多党合作和政治协商制度。这个政党制度是在新民主主义革命时期孕育的，八大民主党派与共产党合作直至跟共产党走，都是自觉自愿的。今天，在这个新型政党制度中，中国共产党是执政党，各民主党派是参政党（中国国民党革命委员会、中国民主同盟、中国民主建国会、中国民主促进会、中国农工民主党、中国致公党、九三学社和台湾民主自治同盟)。

在中国新型政党制度发展的过程中,中国共产党确立和不断完善的党派合作方针是:长期共存、互相监督、肝胆相照、荣辱与共。中国共产党在走向世界的过程中确立的国际舞台上党际交往原则是:独立自主、完全平等、互相尊重、互不干涉内部事务。这是 1992 年党的十四大党章形成的共识。

中国共产党诞生时,党员数量只有 50 多人。现在,我们党是世界上最大的政党。截至 2017 年底,中国共产党党员总数为 8956.4 万名,比上年净增 11.7 万名;党的基层组织有 457.2 万个,比上年增加 5.3 万个。

顺便说一个关于党史的最新研究成果。我们党成立的日期早已确定,是 1921 年 7 月 23 日,但是作为党成立大会的南湖会议是什么时候召开的?我们对此一直是模糊不清的。2013 年初,浙江省嘉兴市委组成《中共一大嘉兴南湖会议研究》课题组,经过 5 年多合力攻关取得突破。2018 年 6 月 22 日,《光明日报》发布了他们的研究成果:中国共产党嘉兴南湖会议召开的日期为 1921 年 8 月 3 日。

以上是我对中国和世界政党情况的简单介绍,目的是希望同学们对中国和世界的政党政治有一个基本了解。有兴趣的同学可以根据这些内容去进一步学习。下面讲第二大点。

二、领导党、执政党和革命党相统一的中国共产党

我讲这一点,是想说明一个基本事实,那就是中国共产党和我们比较熟悉的西方政党是不同的。如果我们用西方的政党或政党制度来认识中国共产党或现在中国的制度,是不可能找到正确答案的。

十年前,学者王小东出版了一本很有影响力的书,书名叫作《天命所归是大国》,专门讲中国的崛起或曰中华民族复兴。我借用这个说法,认为中国共产党"天命所归是大党",他的身份与责任、"初心和使命"不是一般的政党可以比拟的。具体地说,中国共产党是一个领导党、执政党和革命党相统一的伟大政党;是一个为人民谋幸福、为民族谋复兴、为人类谋大同的政党。中国共产党不仅与中国和中华民族的命运紧紧联系在一起,更与人类的命运紧紧联系在了一起。为了说明这些,我讲这样几个观点:

(一)中国共产党与西方政党不是大同小异,而是大异小同

我们知道,英文中政党的单词是"party",如果把"y"去掉就是"部分"的意思。西方政党就是典型的代表不同群体、不同阶层乃至不同利益集团的政党。为了获得议会席位或执政地位,它们是"部分反对部分"的政党。中文里的"党"字,过去的繁体字是"尚"加"黑",基本上是贬义词,简化后为"尚"加"儿",转变

为中性词或褒义词。

著名学者张维为的"中国三部曲"具有很大影响，他在《中国震撼》中这样分析中西政党的不同。他说，中国政党"不是西方意义上的政党，中国执政党本质上是中国历史上统一的儒家执政集团传统的延续，而不是代表不同利益群体进行互相竞争的西方政党"。张维为还打了一个比方：100 个最富有的中国人不可能左右中共中央政治局的决策，但在美国，50 个最富有的人就可以左右白宫了。在 2017 年出版的《文明型国家》一书中，张维为又强调，中国共产党不是"利益集团"的党，而是"国家型政党"或"整体利益党"，是"天命党"，它"对中华文明的兴衰负终极责任"；而西方政党则是"部分利益党"乃至"游戏党"。

另一位旅居法国的学者宋鲁郑，他在《中国能赢：只有去中国才能看到未来》中的分析很有意思："西方是定期地换人换党，中国是定期地换人但不换党，阿拉伯社会既不换人也不换党。从目前看，中国的模式表现最佳。原因在于，一个制度要想良好运转，不仅要有灵活性，还要有延续性。西方的制度模式有灵活性，但缺乏延续性。阿拉伯世界有延续性，但缺乏灵活性，最后制度走向僵化。如果说中国的政改是未雨绸缪，西方和阿拉伯世界则是迫在眉睫，刻不容缓。"

这几年很火的一本书叫《大道之行：中国共产党与中国社会主义》，是北大、清华、人大、复旦的几位青年学者，包括鄢一龙、白钢、章永乐、欧树军、何建宇等人的集体创作。书中有一段话讲到我们党的特点："中国共产党是一个'类宗教'组织（既具有巨大的道德感召力、远大的理想、坚定的信念，又具有高度的组织性和纪律性）。"

综上所述，我们可以认为，中西方政党在产生背景、政党责任、价值观念、阶级性质等方面均有显著不同，这就从根本上决定了中西方不同类型的政党和政党制度的形成，决定了中国与西方必然会走向不同的政治发展轨道。

中国共产党既是中国的领导党和执政党，又是始终保持革命精神的马克思主义的革命党。

（二）中国共产党是中国的领导党和执政党，中国共产党与中国就像一枚硬币的两面不可分割、融为一体

我们应该怎样认识中国共产党与中国的关系呢？有人说过这样一句很有道理的话：中国共产党与中国荣辱与共，对国家民族承担没有上限的责任，自带强烈的使命感。习近平总书记指出：在当代中国，中国共产党是"众星捧月"中的"月"；在国家治理体系的大棋局中，中国共产党总揽全局、协调各方；党中央就是坐镇中军帐的"帅"，车马炮各展其长，一盘棋大局分明；中国共产党是"中国社会稳定的最大压舱石"，等等。党的十九大报告指出："中国特色社会主义最本质的特征是中国

共产党领导，中国特色社会主义制度的最大优势是中国共产党领导"。最近，习近平总书记又指出，党中央是中国的大脑和中枢，党中央必须有定于一尊、一锤定音的权威。

总之，在当代中国，如果没有中国共产党的领导，"六合同风，九州共贯"是不可能做到的。所以，我们的歌曲唱道"没有共产党就没有新中国"，这不是随便唱唱的。我们常说，"办好中国的事情关键在党"，这也不是随便说说的。中国共产党的利益和国家利益的一致性，这就决定，我们爱国与爱党的一致性，中国共产党的利益和中国人民利益的一致性，这也决定了党性和人民性的一致性。

（三）中国共产党是不忘初心、牢记使命的革命党

今天，我们为什么还要强调党具有的革命党的性质呢？因为，曾经"告别革命"言论的负面影响依然存在，一些共产党人有丧失革命精神的危险。更为根本的原因是，我们党的理论基础或曰理论武器是马克思主义，马克思主义的本质是革命的、批判的；我们党在革命斗争中涵养起来的红色基因或曰革命传统，是初心和使命所在，不能丢；我们党具有"自我革命"的鲜明品质，正在领导当今中国最伟大的社会革命，这一切，都需要我们党继续保持革命品质。

保持党的革命性质和革命精神，是党的先进性的重要体现。我们党正是因为革命性和先进性而实现了对中国革命的领导，取得了执政地位。所以，继续保持革命品质是我们党发挥领导作用和巩固执政地位的基础与保障。

在 2018 年"全国两会"期间，习近平总书记对中国新型政党制度进行了科学阐述，他说，新型政党制度，新就新在它是马克思主义政党理论同中国实际相结合的产物，能够真实、广泛、持久代表和实现最广大人民根本利益、全国各族各界根本利益，有效避免了旧式政党制度代表少数人、少数利益集团的弊端；新就新在它把各个政党和无党派人士紧密团结起来、为着共同目标而奋斗，有效避免了一党缺乏监督或者多党轮流坐庄、恶性竞争的弊端；新就新在它通过制度化、程序化、规范化的安排集中各种意见和建议、推动决策科学化民主化，有效避免了旧式政党制度囿于党派利益、阶级利益、区域和集团利益决策施政导致社会撕裂的弊端。总书记的这段论述，值得我们认真学习。

（四）作为马克思主义执政党，中国共产党与人类命运紧密相连

中国共产党是一个面向世界、面向未来、面向现代化的政党；是一个有着世界眼光和天下情怀的政党；是一个有着为整个人类发展做贡献抱负的政党。这是我们党的又一大本色特征。

早在新中国成立之初，毛泽东同志就指出："中国应当对于人类有较大的贡献。"这个重要思想为历代中国共产党人所继承和发展，也为中国人民所熟悉。2018 年 4

月，习近平总书记在会见联合国秘书长古特雷斯时说："我们所做的一切都是为人民谋幸福，为民族谋复兴，为世界谋大同。"

三、前所未有地走近世界舞台中央的中国共产党

中国共产党日益走近世界舞台中央，有一个逐渐展开的历史过程。我简单地把这个过程分为四大时期或四个历史节点。

1922 年，中国共产党加入共产国际，成为国际共产主义运动的一员，是我们党走向"国际共运"舞台的开端，也是我们党走向世界的开端。开始阶段的艰辛与曲折，我就省略不讲了。

第二个重要时期是 1931—1945 年的抗战时期，中国共产党成为国际反法西斯统一战线的一个极为重要的力量。党在抗日战争和国际反法西斯统一战线中表现出来的卓越领导力、国际影响力和实际贡献，获得了当时国际社会的公认。只是后来由于意识形态偏见等多重影响，而被遗忘、被埋没。

第三个阶段是中国共产党成为中国执政党的头三十年，这个时期被学界一些人称为毛泽东时代。在这个时期，主要因为西方的封锁等人为因素的阻挡，中国和中国共产党被以美国为首的许多西方国家挡在门外，中西关系在"冷战"的背景下，基本上处在一种隔绝甚至敌对状态，这种状态被人称之为"恐怖的和平"。中国和中国共产党只能走进世界的另一半，即第三世界国家，中国共产党成为第三世界的旗帜。当时的第三世界国家对毛泽东思想是非常感兴趣的，比方说，新加坡人民行动党早年就学习过中国共产党和毛泽东思想中的群众路线。

第四个阶段从 1978 年改革开放至今。中国共产党实施改革开放政策，改善与西方关系，中国和中国共产党与西方世界的关系由对抗甚至敌对转为合作与竞争关系，中国和中国共产党在主动掀起的改革开放大潮中，渐次走近世界舞台中央。

下面我重点讲一讲党的十八大以来，中国共产党日益走近世界舞台中央的重大事件与成果。

（一）世界聚焦党的十九大

党的十九大是 2017 年 10 月召开的。党的十九大对中国和世界都具有重大的意义，受到世界的高度关注。当时，来采访的海外记者可以说是规模空前：在 3068 名中外记者中，海外记者达到 1818 人，其中外国记者来自 134 个国家，遍布世界五大洲，这个数字比过去增长了近 20%。我们环顾世界，从欧美到拉美，从亚洲到非洲，外媒报道党的十九大的基调之积极，外国民众对党的十九大的关注程度之高，都超过了以往。党的十九大召开期间和结束后的一段时间，外国政党政要或政治组织给我们党和党的领导人发来贺电（函）的数量，超过以往 80%。截至 2017 年 10

月 30 日，共有 165 个国家 454 个主要政党发来 1340 多份贺电（函）。

对这些数据的意义，中央对外联络部部长宋涛在党的十九大后的"答记者问"中，专门进行了分析。他认为，国际社会致党的十九大贺电（函）创下六个"前所未有"：一是前所未有地高度评价习近平总书记作为我们党的领袖的国际威望；二是前所未有地充分肯定过去 5 年来在习近平总书记领导下中国取得的历史性成就；三是前所未有地普遍认同习近平总书记全面从严治党、发挥党领导一切的政治优势；四是前所未有地期待了解习近平总书记治国治党理念；五是前所未有地渴望学习借鉴中国经验；六是前所未有地期待中国在国际舞台发挥引领作用。

（二）中国共产党举办世界政党史上规模最大聚会

2017 年 12 月，"中国共产党与世界政党高层对话会"首次在北京举办，120 多个国家近 300 个政党和政治组织领导人参会，这是世界政党历史上的第一次。今天，我们党与世界上 180 多个国家的 600 多个政党或政治组织建立了关系，比较起来，世界上许多老党大党和执政党都望尘莫及！所以，我们有充分的理由说，这次"对话会"开创了世界政党外交的新纪元，彰显了我们党以天下为己任的高度自信与责任担当，是新时代党的国际影响力与国际地位空前提升的一个最为精彩的注脚。

2018 年 5 月 26 日至 28 日，中国共产党与世界政党高层对话会专题会议在广东深圳举行，来自 100 多个国家 200 多个政党的 500 多名政党代表齐聚鹏城，交流各自经验，共商合作大计，继续为构建人类命运共同体注入强大的政党力量。其中，首次举办的中国共产党与世界各国共产党及左翼政党专题研讨会——纪念马克思诞辰 200 周年专题研讨会，共有来自 50 个国家 75 个共产党的 100 余位领导人和代表参会。

上述政党史上的系列首次在中国共产党的主持下成功开启，见证了我们党走近世界政治舞台中央的铿锵脚步。

同学们要知道，在今天的世界政治舞台上，各国政党之间的门户之见或意识形态偏见是相当严重的，要把不同国家不同派别的各式各样政党聚合起来，共同商量世界的事情，是一件很不容易的事情。同时，也正是因为世界上的政党交流不充分，才更需要构建一定的机制加强交流。

（三）习近平总书记著作畅销世界，同时世界高度评价习近平

2014 年出版的《习近平谈治国理政》第一卷，现在已经在全球发行超过了 660 万册，成为中国改革开放以来在海外最受关注、最具影响力的中国领导人的著作。2017 年 11 月出版的《习近平谈治国理政》第二卷，到 2018 年 3 月已经在全球发行 1300 多万册。习近平的另一本著作《摆脱贫困》也畅销非洲和拉美国家。

与此同时，世界也高度评价中国人民的领袖习近平。新加坡政治家李光耀说，"我会把习近平归类于纳尔逊·曼德拉这一级的人物，他们有强大的情感自制力，不会让个人的不幸和苦难影响其判断""习近平性格内敛……他更有钢铁般的意志"。美国政治家基辛格评价说，习近平是一个很有决断力的人，他有着丰富的人生经验，是杰出的中国领导人之一；中国处于复兴阶段，习近平角色最为重要。美国学者罗斯·特里尔主编的《习近平复兴中国：历史使命与大国战略》和《大国领袖习近平：国际视野中的杰出政治家与战略家》书中认为：习近平将领导中国完成三大治理——执政党治理、国家治理和全球治理，规避两大陷阱——中等收入陷阱与修昔底德陷阱，实现一大跨越——从发展中国家向发达国家的跨越。纽约大学政治系终身教授熊玠以《习近平时代》命名他的新书。2017 年 10 月，美国探索频道播出三集电视纪录片"China：Time of Xi"（《中国：习近平时代》），覆盖西方 37 个国家，是国际主流电视媒体首次系统解读习近平治国理政思想。俄罗斯学者尤里·塔夫罗夫斯基在其著作《习近平：正圆中国梦》中说，习近平是"地缘政治大师"。

（四）习近平总书记系列倡议引起世界共鸣，中国共产党的思想走向世界

近代以来，中国与西方思想文化交流的一个显著特征就是"西学东渐"，这种趋势一直延续到新中国成立以来的改革开放时代。随着中华民族从"站起来""富起来"走向"强起来"，国际社会越来越关注中国共产党的思想主张。特别是党的十八大以来，中国共产党的思想影响世界渐成潮流与趋势，它不仅影响着发展中国家，而且也越来越影响发达国家。中西思想文化交流开始出现一种"中学西渐"的趋势。

著名学者张首映在 2018 年 1 月 18 日的《人民日报》上发表《中国思想理论进入世界的鲜亮标志》一文，这位学者的观点我很赞同。他说，2017 年 1 月 17 日和 18 日，习近平总书记在达沃斯和日内瓦总部的两篇演讲，是中国当代思想理论直接走进世界的扛鼎之作，开启了中国当代思想理论全面影响世界的新时代，必将彪炳中外思想理论交流的史册，值得大书特书。

我们还可以看看"一带一路"倡议和"构建人类命运共同体"理念是怎样被世界广泛接受的。2016 年 11 月 17 日，"一带一路"倡议首次被载入第 71 届联合国大会决议；2017 年世界银行与国际货币基金组织的秋季年会，首次举办"一带一路"专场研讨会；2017 年 5 月 14 日至 15 日，"一带一路"国际合作高峰论坛在北京举行……"共商共建共享"迅速成为全球治理的原则共识。

与此同时，"构建人类命运共同体"理念也走向了世界。2017 年 3 月 17 日，构建人类命运共同体首次被载入联合国安理会通过的第 2344 号决议；2017 年 3 月 23 日，这一理念又被载入联合国人权理事会决议……"构建人类命运共同体"成为 2017 年以来世界舆论中的"热词"。

（五）中国经验受到发展中国家普遍欢迎，西方世界同样充满着"中国经验的影子"

中国经验受到发展中国家普遍欢迎，这是一个没有争议的结论。同学们通过网络媒体就能够感受到他们对中国成就与中国经验的向往。而西方世界从整体上看，虽然还不愿意承认中国的成功经验，但实际上，他们对中国经验也是极为重视的。譬如在 2017 年法国报刊讨论政治体制改革的时候提出这样两条建议：一是把政治人物的任期改为只有一个，不得连任，认为这样可以让政治人物不要总想着选举，可以让他们把精力放到治国上来；二是把任期延长为七年，这样可以制定长远规划。这个改革方案虽然没有一个字提到中国，但却充满了中国经验的影子。同学们知道吧，中国党和政府的各级领导人，就是可以把精力集中到治国理政上的典型代表；中国党和政府也是以最善于制定长远发展规划而享誉世界的。

不过，欧洲的西班牙执政党人民党对中国经验的重视则没有遮遮掩掩。2017 年 2 月，西班牙执政党人民党在第十八次全国代表大会上决定，借鉴中国共产党反腐败经验，设立类似于中国共产党"纪检委"的党内监督机构——人民监督办公室，希望以此加强党内治理，提高执政能力。

（六）中国共产党及其领导的中国特色社会主义成为 21 世纪世界社会主义走向振兴的中流砥柱

中国共产党领导的中国特色社会主义的影响力越来越大，成为世界社会主义走向振兴的中流砥柱，代表着世界社会主义的未来。著名学者姜辉于 2018 年 5 月 22 日在《人民日报》上发表文章《新时代中国特色社会主义对世界社会主义的重大贡献》，他认为，21 世纪以来，西方世界出现民粹主义和逆全球化潮流，这实际上反映了一个历史趋势，即"资本主义对世界的驾驭能力显著下降，开始变得力不从心"。与此相反，中国共产党领导的中国特色社会主义事业对世界的影响力呈现越来越大的势头。从一定意义上说，中国特色社会主义"成为世界社会主义上空高扬的一面旗帜""代表着世界社会主义的未来"。这个观点符合事实和逻辑，我很赞同。

美国未来学家约翰·奈斯比特，主持撰写了许多预测未来的著作，如《大趋势》《亚洲大趋势》《中国大趋势》，2017 年又出版了《掌控大趋势》和《定见未来》等。奈斯比特认为，当代国际政治格局演变的趋势就是从西方为中心转变到一个多中心的世界，而且世界政治力量格局"有利于非西方"而"向东看"已经成为趋势。"向东看"主要就是向中国看。

四、最大政党迈向最强政党的挑战与考验

习近平总书记指出："中国共产党是世界上最大的政党。大就要有大的样子。"

"我们党要搞好自身建设，真正成为世界上最强大的一个政党"。大家知道，我们党孜孜以求的建设目标就是：成为始终走在时代前列、人民衷心拥护、勇于自我革命、经得起各种风浪考验、朝气蓬勃的马克思主义执政党，成为时代先锋、民族脊梁和中国特色社会主义事业的中流砥柱。

中国共产党在前进路上，面临着一系列风险和挑战，包括国际政治格局演变中不确定性的增加；西方世界对中国共产党的偏见难消，资本主义与社会主义在本质上的对立；西制崇拜在中国仍有市场；我们党自己提出的"四大考验"和"四种危险"等。

（一）国际政治格局演变中不确定性的增加

前面提到的奈斯比特认为，当今世界多极化发展的趋势是一个系统的、整体的、全球性的变革，这种变革是充满风险的：欧洲人一直以全球道德权威自居，但是，欧洲很可能会衰落下去；美国呢？正在走下坡路，但是，美国作为世界上最强大的国家，它绝不会退避一边，让中国和其他新兴经济体自由通行。同学们看看现在美国挑起来的中美贸易摩擦，就是奈斯比特"预测"的这种"变革"的反映。

在2018年6月召开的中央外事工作会议上，习近平总书记发表讲话时，提出了一个重大形势与趋势判断："当前，我国处于近代以来最好的发展时期，世界处于百年未有之大变局，两者同步交织、相互激荡。"这段话值得我们好好琢磨。

（二）西方世界对中国共产党的偏见难消

现在谈谈外部世界尤其是西方世界对中国和中国共产党的认识。一方面，他们意识到想要认识中国，读懂中国，就必须先认识和读懂中国共产党。这样的声音在西方变得多了起来。但是另一方面，西方世界整体上始终把中国共产党当作另类看待，始终不愿意对我们党做出客观评价。西方世界围堵中国的人，大多都是冲着中国共产党来的；西方世界对中国说三道四的，也大都是指向中国共产党的。

今天，尽管我们中国不断改善与西方的关系，由对抗甚至敌对转为了合作与竞争、合作与共存的关系，但是，资本主义与社会主义在本质上是对立的，中西之间这种根本性的矛盾将会长期存在，我们切莫以为资本主义的相对衰弱会使这种矛盾缓解。

今天的中国和中国共产党走向世界、融入世界的障碍，表面上看是中美贸易经济冲突，实质上是世界上最强大的霸权国家已经公开把中国当成了最主要的对手，它在和平时期利用经济战的手段发起了对中国的全面遏制和攻击，同时长期利用他们的超强的全球军事实力，对中国进行各种各样的威慑，制造各种各样的矛盾乃至冲突和危机，以此来干扰我们的和平发展进程。这是我们要密切注意的重大问题。

（三）中国共产党面临的"四大考验"和"四种危险"

我们党面临的改革发展稳定任务之重，矛盾风险挑战之多，治国理政考验之大，都是前所未有的。中国共产党面临的"四大考验"是：执政考验、改革开放考验、市场经济考验、外部环境考验。中国共产党面临的"四种危险"是：精神懈怠的危险、能力不足的危险、脱离群众的危险、消极腐败的危险。

此外，"西制崇拜"在中国仍有市场。全球化和互联网时代带来的思想交锋与价值多元等，都会长期且强烈地对我们党造成影响。

作始也简，将毕也钜。用这八个字来形容我们党的历程非常贴切。我们坚信，中国共产党必将因其使命非凡而不断壮大，也必将因其能力高强而不断化解风险、克服危险、战胜挑战，走向更加光明的未来！

我要讲的就是这些。

最后还要强调几句话：这几年，我们常讲，行百里者半九十。意思是说，中华民族的伟大复兴，绝不是轻轻松松、敲锣打鼓就能实现的。我们距离梦想越近，遭遇的挑战也会越大；我们的国家越强大，外部阻力和冲击也会随之增加。建设最强政党是我们党的初心与使命，是实现民族复兴、维护世界和平、构建人类命运共同体的需要。大党大国注定要创造伟大和永恒，同时又要承担责任与痛苦。所以，作为国家、作为政党，保持战略定力非常重要，切莫自乱阵脚，必须坚决防止犯颠覆性错误；作为个人，我们中国青年，我们大学生，一定要坚定对党和国家的信心，也就是一定要坚定"四个自信"。

对我们大学生来说，未来带有某种"不确定性"，但是，这不能成为我们不规划人生、不确立理想的理由。我们不能确定未来，可是我们完全可以确定自己、确定现在。我们应当以确定的人生观和价值观，以切切实实的努力来面对不确定的未来！

参考文献

[1] 习近平. 习近平谈治国理政（第一卷、第二卷）[M]. 北京：外文出版社，2017.

[2] 张维为. 中国震撼 [M]. 上海：上海人民出版社，2015.

[3] 张维为. 中国触动 [M]. 上海：上海人民出版社，2015.

[4] 张维为. 中国超越 [M]. 上海：上海人民出版社，2015.

[5] 张维为. 文明型国家 [M]. 上海：上海人民出版社，2017.

[6] 潘维. 信仰人民：中国共产党与中国政治传统 [M]. 北京：中国人民大学出版社，2017.

［7］黄相怀，等. 不忘初心：中国共产党为什么能永葆朝气［M］. 北京：中国人民大学出版社，2016.

［8］鄢一龙，等. 大道之行：中国共产党与中国社会主义［M］. 北京：中国人民大学出版社，2015.

［9］宋鲁郑. 中国能赢：只有去中国才能看到未来［M］. 北京：红旗出版社，2014.

［10］周鑫宇. 中国，如何自我表达［M］. 北京：人民出版社，2014.

［11］张首映. 中国思想理论进入世界的鲜亮标志［N］. 人民日报，2018-01-18（07）.

［12］姜辉. 新时代中国特色社会主义对世界社会主义的重大贡献［N］. 人民日报，2018-05-22（09）.

［13］戴焰军. 中国共产党一如既往的担当［N］. 人民日报，2018-05-08（07）.

［14］钱峰. 印度怎一个"乱"字了得［N］. 环球时报，2017-09-11.

中美贸易摩擦的前世今生

刘建江

主讲人简介

刘建江，长沙理工大学经管学院教授，二级教授，博士生导师，中国世界经济学会理事，密歇根大学访问学者，长沙理工大学国际贸易研究所所长，湖南省美国问题研究中心长沙理工大学研究基地主任，教育部重大课题攻关项目首席专家。主持国家社科基金 3 项，主持中国博士后基金、工业和信息化部政策研究课题、湖南省自然科学基金、湖南省社会科学基金的重大项目、重点项目与一般项目等省部级项目 15 项，在《世界经济》《世界经济与政治》《国际贸易问题》等期刊公开发表论文 100 余篇，在中国经济出版社、经济科学出版社、北京大学出版社等出版个人学术专著四部，主持成果获湖南省社科成果奖二等奖。

一、中美贸易摩擦的历史与现状

(一) 历史回顾

1979 年中美建交，中美开启了 20 世纪 80 年代的"蜜月"期，在此期间，中国还从美国进口了"黑鹰"直升机。

20 世纪 90 年代，美国曾对中国进行了 4 次"301 调查"，分别是 1991 年 4 月、1991 年 10 月、1994 年 6 月、1996 年 4 月。在中国加入世界贸易组织（WTO）之前，美国每年都要讨论一次是否给予中国最惠国待遇。20 世纪 90 年代，中美之间发生了不少摩擦。1993 年"银河号事件"，美国指责中国"银河号"货轮向伊朗运送制造化学武器的原料，随后进行了长达 60 多天的调查。当时的"银河号"货轮使用的是美国的全球定位系统（GPS），美国将 GPS 关掉后致使"银河号"货轮在茫茫大海上失去方向。"银河号事件"直接激发了中国启动研究北斗卫星导航系统的决心。中国依赖于美国的 GPS，若未来中美间爆发战争，美国很有可能改写中方导弹程序，后果不堪设想。1999 年 4 月，朱镕基总理旨在就中国入世问题达成协议的华盛顿之行进展不顺利。1999 年 5 月 8 日，中国驻南斯拉夫大使馆突遭美国导弹轰炸，中方 3 人牺牲，这个事件直接警示了中国，使中国开始重新认识中美关系，并重新认识到大力发展军事科技的重要性。1999 年 11 月 15 日，中美双方就入世问题达成双边协议。

由此而知，在打开国际市场的大门之前，中国付出了多大代价，忍受了多少屈辱。

(二) 现状梳理

历届美国总统候选人在竞选时都喜欢表现出对华的强硬态度来争取选民的支持。

2010 年 9 月，美国对中国发起了入世以来的首次"301 调查"；2017 年 8 月，发起入世以来的第二次"301 调查"，2018 年 3 月，美国总统特朗普签署备忘录，正式启动对中国进行"301 调查"，中美贸易摩擦不断升级。

所谓"301 条款"是美国《1974 年贸易法》第 301 条的俗称。一般而言，"301 条款"是美国贸易法中有关对外国立法或行政上违反协定、损害美国利益的行为采取单边行动的立法授权的条款。简而言之，美国对其他国家在知识产权方面、科技创新方面产生的不公平、不平等行为采取调查。美国说了算，这是不平等的，这是用国内法来取代国际法的做法。

来看中美摩擦不断升级的过程。2018 年 3 月 23 日，美国贸易代表处发布了对中国"301调查"结果后，美国总统特朗普签署备忘录，宣布有可能对从中国进口的600亿美元商品加征关税，并限制中国企业对美投资并购。3月23日，中国商务部给出了初步的反制措施，拟对自美国进口的部分产品加征关税，涉及美对华约30亿美元商品的出口。4月3日，美国贸易代表处发布了根据所谓"301调查"，拟对从中国进口产品加征关税的产品清单，涵盖了约1300个独立的关税项目。4月4日，美国发布加征关税的商品清单，对涉及中国对美出口的1333项约合500亿美元的商品加征25%关税。作为反制措施，经国务院批准，中国国务院关税税则委员会决定，对原产于美国的大豆、玉米细粉、未梳的棉花、部分小麦、牛肉、烟草、汽车、化工品等14大类106项商品加征25%的关税。4月5日，特朗普指示美国贸易代表办公室依据"301调查"，额外对1000亿美元的中国进口商品加征关税。4月16日，关键一战——美国商务部宣布，对中兴通讯实施制裁，直至2025年3月13日，宣布所有的美国公司不能再与中兴公司发生任何的往来，这意味着中美贸易摩擦在持续升级。

特朗普总统上任以来出台的涉华经贸政策及相关举措：2017年1月23日，宣誓就职美国总统后的首个工作日，签署行政命令，正式宣布美国退出跨太平洋伙伴关系协定（TPP）；2018年4月10日，宣布将考虑退出《北美自由贸易协定》（2018年12月，特朗普表示，将正式通知国会，终止《北美自由贸易协定》）。美国的税改政策，不管是TPP、巴黎气候协定还是北美自由贸易协定，都是原美国政府主导成立的，现在全部要推倒重来。而在2017年12月18日，特朗普就已表明"美国优先"理念，并将中国定位为"修正主义国家"，视中国为美国的战略竞争者。

二、中美贸易摩擦的原因

（一）表象：中美贸易差额不断扩大

自1983年以来，美国对华贸易逆差逐年增加，2017年美方统计的中方顺差是3752亿美元，中方统计的结果是2758亿美元。若进行对比分析，当前香港（截至2018年1月）的外汇储备是4415亿美元，台湾（截至2018年3月）的外汇储备是4571.88亿美元，1993年，香港和台湾的外汇储备都是700多亿美元，大陆是212亿美元，现在大陆是3.15万亿美元（截至2018年3月末），从这一项可以看出来中国在美国贸易逆差中所占的比重越来越大了，而美国对华商品贸易是顺差，服务贸易是逆差。为什么中美之间出现这么大贸易差额呢？

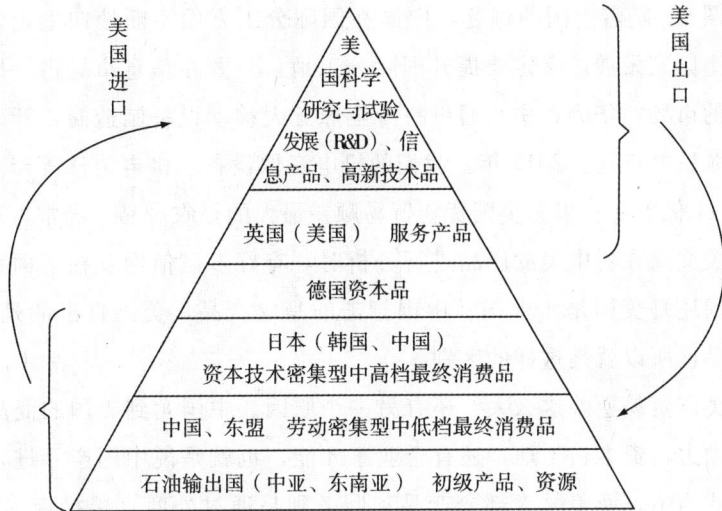

图 1　以国家为代表的商品进出口国际分工格局

来看以国家为代表的商品进出口国际分工格局图，我把全球有代表性的国家分为六个层次，如图 1。最底端的层次，是初级产品的生产国，像石油出口国，他们并不是不富裕，比如沙特。另外像埃塞俄比亚，生产出口咖啡的原料可可豆，也是处于这一层次。这个层次的国家是比较多的，是全球初级产品的提供国。

美国的信息产品在市场上处于绝对领导地位，信息产品最核心的部分是芯片，其性能平均每 18 个月到 24 个月就更新一代，价格却等比例下降。随着信息产品性能不断地提高，价格不断下降，信息产品的市场也越来越大，在某种意义上是无限需求。在硬件水平不断提高时，软件公司会推出新的软件来挤占市场空间，"倒逼"硬件升级，硬件的升级为软件的升级提供了空间，从而使美国信息产品市场越来越大。

来看原处于第五层次的中国，中国已是全世界的制造业工厂，世界上最大的制造业生产国。20 世纪 90 年代末至 21 世纪初期，中国还是一个劳动密集型中低档商品生产国。亚洲金融危机之后，中国已基本上从劳动密集型的中低档商品制造国，上升到了资本技术密集型的中高档消费品制造国。美国生产的手机是资本密集型产业，中国有可能将其改造成劳动密集型生产业。结果是，中国服务业产品要大量地从美国进口，而制造业产品，美国要大量地从中国进口。2017 年中美之间的贸易是美方大约有 570 亿美元的服务贸易顺差，中国是 3752 亿美元的货物贸易顺差。在一定的情况下，美国的国债、股票、美元也可视为商品，在美元霸权体系之下，美国可以用美元来交换中国的制造业产品，这就是当前为什么中美贸易差额不断扩大的原因。

再来看图1。随着中国的崛起，中国在国际分工方面不断地向上走。中国要完成创新驱动型国家发展，必定要提升国际分工地位，要在信息市场占一席之地，那么将挤占谁的市场？华为、中兴通讯跻身全球五大移动设备制造商，开始竞争美国在信息产业领域的市场。2017年，我们的机电音像设备、机电附件等产品，中美贸易顺差是1644亿美元。当然美国货物贸易顺差最大的是农产品，经常可以看到有些公众号的相关文章在对中美的产品进行分析时，有好多微信网友在下面留言：到底中国是工业国还是美国是工业国？中国打击的是农产品，美国打击的是电子产品、高新技术产品，所以就是这样的区别。

为什么美国贸易逆差这么大？还有另一个原因。中国卖到美国的商品包含的生产要素有劳动力、资本、土地，还有企业家才能，也就是说中国产品进入美国市场是以出口方式为主，而美国大部分产品和服务则是通过外商直接投资（FDI）的方式进入中国，到中国生产并在中国市场销售。而中国公司去美国投资高新技术产业，美国以涉及技术保护和国家安全问题为由进行限制，中国公司应对办法不多。现在特朗普要制造业回流，要富士康去美国投资，若不去投资美国，美国就要进行限制。

数据还可以表明，2015年，美国公司在华总销售额达到3720亿美元，2017年美国在华子公司生产销售大约是5000亿美元。苹果公司的手机是富士康生产的，现在的生产模式都在改变，像格力集团也出品手机，是谁在生产？也是富士康。小米公司出品冰箱，是谁在生产？长虹公司，因为富士康一般不生产大型电器，只生产小型电子设备。2008年金融危机之后，中国抵住了风险，并进一步做大自己，成为一个世界工厂。虽然货物贸易中国是顺差方，但是很多的顺差是由跨国公司的母公司在中国的子公司来完成的，中国的实际收益是比较低的。苹果公司2017年在中国的销售额高达446.6亿美元，约为2000多亿人民币，占年度总销售额的19.6%，英特尔公司2017年在中国的销售额是147.9亿美元。2017年中国进口了2600多亿美元的芯片，而原油进口了约1500亿美元，芯片几乎达到了原油进口额的两倍，显然，中国已是世界上最大的芯片进口国。由此而知，当前中国缺"芯"的压力巨大。世界银行用购买力平价来衡量的数据如下：2009年中国是10万亿国际货币，美国是14万亿国际货币；2017年中国是22万亿国际货币，美国只有19万亿国际货币。世界银行基本上认为2014年中国已经成为全球的"老大"。同样的，用购买力平价来衡量中国GDP的数据如下：1960年占世界GDP总量的4.37%，而美国占世界GDP总量的39.72%，当时美国只有2亿多人，当时中国已是8亿人口的大国；2006年，美国占世界GDP比重26.98%，中国只占了5.36%；2016年，美国只占世界GDP的24.48%，而中国已经上升到14.77%；2017年中国的GDP已相当于美国GDP的63%的水平。

（二）美国对华的战略焦虑

2014 年 5 月，时任美国总统奥巴马在西点军校毕业典礼上演讲时宣称，美国将继续领导世界 100 年。如果美国要继续维护世界第一的位置，而且是要绝对领先地位，就要重新恢复美国第二次世界大战之后所构建起来的、充分体现美国价值观和利益的霸权。相应的，就要求美国 GDP 在全世界 GDP 占比至少要三分之一以上，甚至要达到 40％。

为什么美国会出现战略焦虑？根本原因是中国发展太快，给美国造成的压力剧增。因此可以得出，美国挑起贸易摩擦，打击"中国制造 2025"战略的重点领域，或者遏制中国经济持续发展的势头，必然是美国对外经济政治政策的长期战略。习近平主席曾庄重地对外界宣布，中国是和平崛起，中国构建人类命运共同体，是要在没有修昔底德陷阱，或者说跳出修昔底德陷阱的情形下来实现崛起。我们中华民族的伟大复兴之梦，和美国提出至少要重新领导世界 100 年的美国梦，这两个梦之间几乎没有交集。尽管如此，中美之间的冲突还是会随着美国自身的焦虑而越来越多，范围越来越广，期限也会越来越长。

（三）基础动摇：中美经贸关系由互补性向竞争性转化

长期以来，中美关系是互补的，这种互补性是两国经贸往来的重要基础。如今除美国之外，持有美国国债最多的国家是中国。金融危机之后，美国开始反思自身的经济增长模式。2009 年下半年，美国前国务卿希拉里提出了重返亚太的战略，其目的基本就是压制中国。美国经历了两次大的泡沫经济破灭，一次是 2001 年的全球网络泡沫破灭，第二次是 2008 年。2001 年的时候，百度公司、搜狐、新浪网都在美国上市，除百度之外，股票价格都是降到了一美元以下，而百度的股票价格当时也只有一点几美元，现在百度公司在美国的股票价格是 250 美元一股，新浪、搜狐基本上都是 50 美元以上。由此来看，中国反应机制欠缺，在对待美国关系方面没有长远战略。

现在中美之间的互补性逐步让位于竞争性。"中国制造 2025"通过"三步走"实现制造强国的战略目标：第一步，到 2025 年迈入制造强国行列；第二步，到 2035 年中国制造业整体达到世界制造强国阵营中等水平；第三步，到新中国成立一百年时，综合实力进入世界制造强国前列。面对中国要成为制造强国的目标，美国怎么想？中国要成为世界制造业强国，也就是要超越美国，而美国要继续维持领导世界 100 年的美国梦，这如何去实现？这样，互补性和竞争性的麻烦就来了。同样，中美贸易摩擦升级时，我们就只有买美国的农产品了，因为大飞机已经有了中国制造的 C919 代替。过去中国向美国买波音飞机，通过波音公司所属利益集团去和美国政府谈判，并由这个利益集团去强调中国的友好，这对中美两国间的经贸往来是有利于美国自身的。网上有文章提到同样性能的波音公司的飞机是 9000 万美元一架，而中国的 C919 只要 5000 万美元，中国的 C919 在价格上是极具优势的，这也体现了未来中美在该领域存在竞争性。一架飞机是 4000 万美元的差额，中国飞机卖 5000 万美元还要赚钱，这也证明高新技术制造领域的利润空间也是巨大的。

（四）美国国内因素

美国的国内因素包括政治、经济、军事。

一是国内政治需要。特朗普执政期间面临多种指责。其中"通俄门"事件对他影响巨大，所以他需要国际热点事件转移民众在国内政治方面的注意力，而挑起中美贸易摩擦，可以转移国内民众的注意力。

二是特朗普总统底气增强。特朗普接任总统后，美国摆脱了 2008 年经济危机后的衰退局面，经济发展开始步入增长阶段，股市上涨了 5000 点，失业率为十几年来的最低值（低于 5%），而且 2017 年美国全年 GDP 增速达到了 2.3%。这些数字为特朗普赢得了许多赞扬和信任，所以良好的经济发展态势成了发起中美贸易争端的有力支撑点。

三是美国进行了全球战略大调整。两次世界大战后，美国成为世界超级大国，苏联解体以后，美国多年来一直称霸世界。21 世纪以来，尤其是金融危机后，美国开始了全球战略大调整，将目标聚焦于遏制中国。

三、当前美国对华贸易摩擦所表现的特征

（一）整体遏制与精准打击相结合

整体而言，美国直接将某一国定位为战略竞争对手，在历史上，除了苏联拥有过这个"地位"，第二个就是中国。把中国定位为"修正主义国家"，明确宣示不承认中国市场经济地位，这是怎么回事？中国在 2001 年 12 月 11 日成为世界贸易组织（WTO）成员之后，西方国家给予中国 15 年的过渡期，15 年之后，西方国家要给予中国市场经济地位，在奥巴马政府那个时代不说不给，也不说给，叫模糊化，而特朗普直言不给，就是把模糊的面纱撕下来。美国重点打击的领域就是"中国制造 2025"重点发展的领域，最核心的打击，就是中兴通讯和华为。

美国对中国制裁的重点领域，是医疗器械、高铁设备、生物医药、新材料、先进的人机装备、工业机器人、信息技术产品、新能源汽车、航空设备，是"中国制造 2025"重点发展领域。中国对美国加征关税的是什么？鲜果、干果、葡萄酒、改性乙醇、花旗参、无缝钢管、鸡肉，除了无缝钢管这个产品，其他产品基本为农产品。由此体现的是中美双方整体与精准打击相结合的策略。

（二）长期战略与短期遏制相结合

美国的长期战略是全方位遏制中国继续崛起，这也决定了中美贸易摩擦是长期的、艰巨的。中美双方就此进行了多轮谈判，也难以在短期内解决。美国的中期战略是延缓"中国制造2025"的进程。由"贸易战"转向"科技战"来延缓中国继续进步的步伐，短期战略是特朗普通过中美贸易摩擦来兑承诺、拉选票、立威。

美国打击的重点领域是信息产品、信息公司，比如说打击中兴通讯，打击华为。若中国要打击或针对苹果公司的话，效果可能也会比较明显。苹果公司的代生产企业是富士康，若打击苹果公司，富士康就会有麻烦，大量的就业问题就会随之出现。所以，在贸易摩擦过程中，没有什么赢家，杀敌一千，自损八百！

（三）规则超越：以国内法取代国际法

美国挑起中美贸易摩擦实际上是启用"301条款"，是用本国的贸易法来凌驾于国际法之上，给中国施加巨大的压力。这次特朗普要求对价值600亿美元的中国商品征收关税，后面"温柔"了一点，但也只是减了100亿美元。在其对价值500亿美元的中国商品征税后，中国也提出了相应的反击措施，此间美国商务部不断宣称说中国主动提出和谈，中国对此予以坚决否认，原因何在？美国是要中国在基于美国贸易法的条款和规则下进行谈判，这一要求中国是坚决反对、坚决抵制的，要谈判可以，但必须是在WTO的框架之下谈判。

20世纪60年代美国以"301条款"来打击欧盟的前身——欧共体；20世纪70年代至90年代打击日本经济，按美元来衡量，日本的GDP由1990年的3.13万亿美元增加到2017年的4.8万亿美元，1990年到2017年27年时间，只增加了1万多亿美元，其原因包括：一是日本经济没有增长（20世纪90年代负增长）；二是汇率问题，20世纪90年代日本的汇率最低，最高的时候是1美元兑换79日元，而现在1美元要兑换111日元。美国的"301条款"打击是巨大的，不亚于氢弹，5000万吨级的氢弹。

美国指责中国的政策不透明，相关法律剥夺了美国企业与中国企业公平竞争的权利。美国调查中国企业投资或并购美国企业的行为，调查中国是否支持黑客，或者通过网络窃取知识产权商业秘密等方面……贸易摩擦只是表象，更深层次的原因、根本的目标就是要遏制中国继续崛起的趋势。

（四）经济手段、政治手段相结合

贸易领域的争端也必然扩展到金融领域、政治领域。金融领域的重点在香港，现在香港面临巨大的港币贬值压力。美国在科技领域则高打技术贸易壁垒牌。而政治领域，"台湾"牌、朝鲜牌、南海牌，还都是军事威胁。关于台湾问题，一个中国原则是中美关系的政治基础，是不可谈判的，任何人都应该明白。而特朗普还在

2018年签署了《台湾旅行法》。美国对华为的遏制，对中国继续崛起势头的遏制，是一个全方位的系统战略，这对中国增加了巨大的压力。

四、贸易摩擦的中方应对策略

（一）整体战略，对自身的定位

中国尚处于艰难爬坡阶段，是一个进行艰苦奋斗的发展中国家，我们不要过多地在外宣传自己的强势。近年来，我们见证了中国的崛起，财富在不断增长，人民生活水平在不断提高，而且政府设立了在2020年要全面脱贫的目标。在这样的背景之下，民众的民族主义情绪有所上升，在举国上下满怀民族自信心和民族自豪感、不断地向外界夸大国家实力的同时，我们要有忧患意识，切勿盲目自信。因为中国从全球秩序、全球治理、全球化的维护者到建设者和引领者还有漫漫长路要走。

中国驻美大使崔天凯在美国《时代》周刊中的谈话和在美国某大学的正式演讲中说："我们没有称霸世界的计划，也无意用中国的新时代取代美国的旧时代。"邓小平同志提出了外交战略"韬光养晦，有所作为"，我们是沿用了"韬光养晦，有所作为"，但是以"有所作为"为主，"韬光养晦"慢慢淡了，所以现在开始要重新回归到"韬光养晦"中去了。大家知道《人民日报》也开始发表一些评论性文章，比如《韬光养晦，有所作为》，就是重新认识到了这一点。文章高度重视前者，重新反思中国的全球化发展道路，反思由过度自信所招致的阻力，这些值得大家思考。在一定的情况之下，我们自身的实力要进行适当隐藏，不能过度对外宣传，因为中国毕竟还是一个处于艰难爬坡，仍需要继续艰苦奋斗的发展中国家。与此同时要持续努力扩大内需，不断缩小收入差距。收入差距包括居民收入差距、地区收入差距、城乡收入差距。

宣传战略方面，要做好中国崛起的西方认同大文章，不要让中国的崛起成为西方鼓吹中国"威胁"论的噱头，不要给别人增加战略焦虑。中国的崛起是和平崛起，是解决中国内部贫困问题的崛起，而不是要向世界去抢资源、抢市场的崛起。我们的崛起是一个合作共赢的崛起，一定要减少美国国家战略焦虑，这就是整体战略。

（二）坚定不移地推动新一轮改革开放

外部霸权是内部实力的延伸，中美贸易摩擦，中方最好的应对是以更大决心更大勇气坚定不移地推动新一轮改革开放。要构建中国开放政策"高地"，吸引凝聚全球资本、技术、人才，促进中国经济真正高质量发展。2018年是改革开放40周年，推动新一轮改革开放，继续扩大制造业和服务业的开放，尤其在养老、医疗、教育、金融等领域进一步开放。

习近平主席在十三届全国人大一次会议闭幕会上发表讲话时指出，我们要以更大的力度、更实的措施全面深化改革、扩大对外开放，贯彻新发展理念，推动经济高质量发展，建设现代化经济体系，不断增强我国经济实力、科技实力、综合国力，让社会主义市场经济的活力更加充分地展示出来。

（三）联合与分解，继续推进"一带一路"倡议，推进全球经济一体化

中美贸易摩擦是美国打击中国的一个系统战略，美国在自己打击中国的同时，马上就拉欧盟、英国、澳大利亚进来。中国跟美国单个国家对抗可以，和整个西方怎么对抗？所以要实施联合与分解的战略，分化瓦解美国对部分关系的拉拢，同时转成欧盟亚洲经济合作竞争，再以"一带一路"倡议拓展新的合作市场。

（四）建立创新型国家，明确创新驱动发展战略

全面实行"创造力教育"是建设创新型国家的前提，建立创新性保护机制是关键，尤其是知识产权。向美国，向外界表态，我们高度重视自己的知识产权，知识产权保护体系的完善是一个复杂的过程，美国也经历了从不保护知识产权到保护知识产权的过程。

（五）创造条件"合规"推进"中国制造2025"

"中国制造2025"的十大重要领域基本与美国重点打击中国的十大发展领域重合，由此也证明我们发展这些领域是没错的，所以一定要坚持"中国制造2025"，但这种坚持，要符合国际通行的游戏规则，尽一切努力使这些坚持符合中国国情，符合经济科技发展的方向。

（六）建构中美新型对话机制，求同存异，做好长期应对准备

太极是中国人的智慧，应对美国挑战，要善于打太极。1. 高姿态表达和谈意愿，以摩擦应对摩擦，不惜以战求和，不轻言贸易战，在合作中竞争。2. 尊重美国全球治理、全球秩序维护的权威，求同存异，表达我方诉求。3. 和谈基础：在WTO框架之内，坚决抵制美国以国内法替代国际法的和谈。4. 强化合作基础，不断发展、强化中美经贸往来的互补性领域，不断强化相互依赖性，加强中美能源领域的合作。5. 危机公关：争取美国民众支持，比如中兴通讯的危机公关技巧之一——8万多个家庭面临生存危机。国家广告宣传。6. 市场多元化，推进"一带一路"倡议，加强与欧盟合作，继续推进东亚经济一体化进程。7. 精准打击美国农产品（中国是美国农产品第二大出口市场，占美国农产品出口的15%）、汽车、飞机等，汇率贬值，抛售美债，限制美国企业投资，以打促和。

此外，要循序渐进地推进人民币国际化。2018年3月26日，人民币原油期货成功上市，挑战美元石油和美元的定价权。2018年5月4日，中国铁矿石期货国际化已经开市。我们在循序渐进地推进人民币国际化，就像游击战，敌退我进，敌进我退，慢慢地进步，不要求一步到位，最终让大家成为一个命运共同体。

提问环节

第一个问题：中美贸易摩擦，谁受益更大？

回答：中美贸易摩擦，对中国和美国都会产生消极影响，但也激发中国进行创新，所以这是有利有弊的。从短期来看，美国对中国进行贸易打击，美国也自受打击，比如这么多的芯片，若不卖给中国，也难以寻找到一个新的买家。由于手机制造，中国是世界上最大的芯片使用国，是世界上最大的代工厂。但中美贸易摩擦短期之内对我们的消极影响还是很大的，当前的产能过剩进一步增加了就业压力，增加了中国制造业转型升级的压力。美国经济8年前是服务型经济增长模式，是虚拟经济推动型经济增长模式，特朗普要重振美国的制造业，所以现在要重归实体成为一个制造业推动的国家，而回归实体经济是一个长期战略。但其实美国的长期战略是要遏制中国经济的迅速增长，落脚点就是"中国制造2025"，所以刚开始有些学者说要以战止战，现在基本上有所收敛。

以战止战的观点是不可行的，比如中国要限制美国的产品，美国就说我不卖给你，怎么办？所以在这个情况下，中美贸易摩擦不是双赢，是双输。

第二个问题：我们对美国的态度缓和了，美国对我们也缓和了，就是不强硬了，态度前后不一，变化是否过快？

回答：没有缓和，是把贸易战变成了贸易摩擦。中国提出新时代，外国误解了社会主义新时代，这给美国造成了巨大的焦虑。我们现在在迅速反思，逐步转向，这并不是不诚信，因为谈判本来就是一个长期的过程，要有决心，要有勇气，更关键的是要有底气。中国有巨大的市场，跟日本不一样，他们是严重依赖外需。众所周知，特朗普实施政策的时候，是有前后不一的，比如说要中国削减贸易顺差10亿美元，后来马上纠正，说不是10亿美元，是千亿美元。比如说中美双边围绕贸易战本来达成了停战的共识，但特朗普总统不到两周就反悔了。美国其实也觉得中国不像以前那么忍辱负重，什么事都能忍了，男子汉大丈夫，有时候还是要能屈能伸。

第三个问题：有人说外国的月亮总比中国圆，中国就没有自信力，中国到底是行还是不行？

回答：世界上有些论调是没有停止过，比如中国"威胁"论，还有中国崩溃论，现在中国"威胁"论占了一定的上风。尤其是2008年金融危机之后，遏制中国的计划没有成功，中国的GDP越来越高，所以中国"威胁"论开始占据上风。其实是中国没有做好宣传，没有像西方那样做好和平年代的宣传。

第四个问题：特朗普以一个商人的身份当上总统，他的身份会不会对我们的贸易摩擦产生一定的影响？

回答：这个人最善于谈判。一个领导者，不管他是什么人，他到了一个位置就要变换自身的角色，他从为自己服务的商人，成为必须为国家服务的国家领导人，所以说能量越大，责任越大。

"9·11"事件在一定时期内改变了美国的全球战略布局。从战略上来看，美国把主要精力集中到中东，中国因此争取了 10 多年的和平发展时间。现在，美国开始全面转向了，全面遏制中国发展了。但是，中国的发展前途是光明的，只是道路是曲折的。

新加坡南洋理工大学学部制改革实践的经验与启示
——参加 CSC11 期培训学习体会

邱国良

主讲人简介

邱国良，男，1978 年 2 月出生，硕士研究生，长沙理工大学汽车与机械工程学院党委书记。主要研究方向：高校党建与思想政治教育。在《光明日报（理论版）》《党建》《中国高等教育》《山西财经大学学报》等刊物发表思政类文章多篇，主持湖南省社科基金一项，湖南省大学生思想道德素质提升工程、湖南省思政研究课题等省厅级课题四项，参与起草了《中共湖南省委、省人民政府关于加强和改进新形势下高校思想政治工作的实施意见》《湖南省委教育工委、省教育厅关于进一步加强普通高校辅导员队伍建设的实施意见》等政策文件。获评"湖南省优秀教育工作者"。

经学校选派、国家留学基金委批准，我参加了第11期青年骨干教师出国研修项目高教行管人员（CSC11期）培训。2018年6月15日—17日，在北京进行了两天的统一培训后，我们赴新加坡南洋理工大学（Nanyang Technological University, NTU）进行了为期3个月的研修学习。国家留学基金委和南洋理工大学公共管理学院，结合发展规划与科研管理的培训需求和实际，精心组织了此次专题培训。南洋理工大学公共管理学院专门就培训的组织实施成立了项目管理团队，刘宏院长亲自担任培训课程主任，配备了5名行政管理老师，制定了详细的课程培训计划表和参访安排表等。

南洋理工大学是新加坡一所科研密集型大学，它的愿景与使命是"创新高科技，奠定全球性卓越大学；全方位教育，培养跨学科博雅人才"，其前身是为1955年由民间发动筹款运动而创办的南洋大学，倡办人是陈六使先生。云南园校址由新加坡福建会馆捐赠，1981年在原南洋大学校址"云南园"上建立了南洋理工学院。1991年，南洋理工学院进行重组，将国立教育学院纳入旗下，更名为南洋理工大学，与快速发展的教育事业并驾齐驱，开始由培养技术人才向培养专业人才转变，学校也逐步向综合性高校方向发展。2006年开始自主化办学以来，南洋理工大学通过引进高端人才、致力于跨学科创新型领袖人才的培养等一系列改革创新，现已发展成为一所以理工、商科、医科、通信与传播、教育、人文与社会科学等多学科并重的世界一流大学。据2018年的统计数据，南洋理工大学员工总数为8311人，其中教师（faculty）有1726人（含客座教授），占全校员工比例的21%；科研人员（research staff）3527人，占全校员工比例的42%。教师与科研人员中多数为外籍人士。行政人员（management & support staff）有3058人，占全校员工比例的36%。南洋理工大学现有在校学生33000多人，其中本科生约23500人，博士研究生超过8000人，学生来自全球80多个国家和地区，占比42%。

重组之初，南洋理工大学设有三所分学院（school）：电子电气工程学院、机械工程学院、土木工程学院，2001—2005年又设立四所新分学院：生物科学学院（2001），人文与社会科学学院（2004），艺术、设计与媒体学院（2005），数理科学学院（2005）。2006年重新调整为四个大的学院（college），也就是我们所称的学部，即工、理、商、文四大学院（college）。另外，为加强各学院之间的协调和合作，同时通过集合资源提升教学科研素质，还另设了6所自主的学院（包括国防策略研究国际权威机构——拉惹勒南国际研究院、新加坡唯一的专业师资培训学府——国立教育学院、集中研究地球科学自然灾害课题的新加坡地球观测研究所、研究重点放在生物膜的环境生物科学工程中心、财富管理学院、李光前医学院），现在总共有13所分学院。商学院的工商管理硕士课程进入全球MBA百强排行榜，是亚洲三所同时获得欧洲质量发展体系及美国国际管理教育联合会两项国际认证的商学院之一。生物医学、环境与水务技术、互动与数码媒体科学等都是南洋理工大学的优势学科领域。李光前医学院成立于 2013 年，是南洋理工大学与伦敦帝国学院联办的医科院校。学生毕业后将获得伦敦帝国学院和南洋理工大学内外科医学学士学位文凭。

南洋理工大学积极对接新加坡推动研究和创新的国家战略，借助现有的学科优势，在可持续发展、新创意媒体、保健医疗体制科技、新丝绸之路和创业创新生态模式五个方面（"NTU2015 战略"的重点）进一步加大研发力度，力求形成优势学科。2016 年开始实施的"NTU2020 年策略"，旨在将大学推向卓越研究的更高峰，计划侧重五个主要的研究高峰——可持续发展、环球亚洲、安全社区、健康社会和未来学习。这些领域充分发挥南洋理工大学的各种优势，尤其是南洋理工大学在工程、商科与教育方面成立已久的专长。这些学科与医疗、科学和人文等学科发挥出的协合作用将引领新突破，成为南洋理工大学的优势之一。

作为一所迅速崛起的国际性大学，南洋理工大学既具有国际观，又处在东西文化融合的交汇点，是多元化的学习枢纽和跨学科研究的温床。近年来，南洋理工大学在三项最具权威性的世界大学评级排名中突飞猛进。2017 年 QS 世界大学排名（由英国夸夸雷利·西蒙兹公司所发表的年度世界大学排名）第 11 名（2010 年为第 74 名），成为亚洲排名最高的大学，2018 年为第 12 名。连续五年成为全球 50 所顶尖年轻大学排行榜的榜首，同时以卓越的学术和科研成果，跻身全球顶尖大学百强之列。在英国报纸《泰晤士报高等教育》世界大学 2017 年的排名中，南洋理工大学位列第 54 名（2010 年为第 174 名），世界声誉在第 81—90 名区间，亚洲第 4 名。世界大学学术排名 2016 年位列第 101—150 名区间。上海交大软科世界大学学术排名中，2014 年排名 190 位，2016 年则上升到第 101—150 区间。此外，南洋理工大学还有许多学科单科排名也位居世界前列，如工程学、化学、材料科学、教育学等。据 Thomsen Reuters（汤森路透）的统计数据，南洋理工大学师资和科研人员的人均论文引用率为亚洲第一。

一、学部制改革的背景及国内高校实践

"双一流"建设的启动和深入推进，迫切要求我国高校进一步理顺学校管理体制，提升治理体系和治理能力，加强学科建设，激发基层学术组织创新活力，推动学术力量整合，增强学校综合实力和核心竞争力，有的学校正在积极探索学部制改革以顺应高等教育发展的时代要求。

"学部"一词最初是指某一学科领域，到 13 世纪中期，其外延逐步扩大，意指某一学科领域的专家和大师聚集在一起实行研究与教学的专业机构。"学部制"就是大学实行学部的制度、体制或样式，既指大学实行学部的一系列规章制度，也包含大学建立学部后的管理体制和运行机制。学部制最初在德、英、法、日等国的大学中被广泛使用，我国最早开始探索的是北京大学 2000 年学部制改革。

（一）学部制改革的背景

1. 高等教育国际化的发展趋势

进入 21 世纪，伴随着全球化，知识网络化、信息数字化、文化多元化呈现膨胀式发展趋势，世界范围内的教育合作与交流日渐成为高等教育的基本特点和主要发展走向。在此背景下，高等教育国际化趋势明显加快，大学的国际化已成为考量高水平大学的一项重要指标。国际化是高等教育发展和大学组织变革的必然趋势，也是构建现代大学制度的应有之意，因此结合学校实际开展与国际接轨的学部制改革不仅具有重要的理论价值，其实践价值不容忽视。

2. 高等教育大众化的发展趋势

根据美国著名教育社会学家马丁·特罗的教育发展阶段理论，从 20 世纪 90 年代后期开始，在不到十年的时间内，中国就在高等教育普及程度上实现了量的飞跃，快速完成了从精英型教育到大众化教育的转化。而高等教育的大众化同时也造成了人均教育资源的急剧下降和严重不足，对高等教育质量提出严峻挑战。通过高等教育组织的变革和调整，确保高等教育质量在大众化时代和未来的普及化阶段不仅不降低，而且逐步提高，成为高等教育组织特别是大学组织的使命。作为高等教育组织变革组成部分的学部制改革，在一定意义上也是对大众化时代人才培养和社会需求的积极应对。

3. 高等教育信息化的发展趋势

以计算机的广泛应用和互联网的大规模覆盖为主要特征的信息化，越来越深刻地影响着社会各方面。如何利用信息技术的支持来优化和促进大学建立科学的组织结构和运行模式，成为大学适应信息化时代的课题。构建"扁平化""虚拟化""弹性化"的大学组织结构已成为信息技术影响大学组织变革的基本趋势，在此背景下，学部制改革必须要与信息技术进行成分的结合，建立起同时具备扁平化与信息化双重特点的学部。

4. 学科交叉融合发展的趋势

当代科学研究和技术发明变得越来越复杂，进行移植与交叉，通过多学科或跨学科的研究，常常能够获得单一学科研究无法获得的创新成果。多学科融合或通过跨学科研究问题也是当代科学和技术解决问题的创造性方法。多学科交叉已成为现代科学技术发展的趋势，是科技创新的源泉，也是学科增长点重要的来源之一。高校需要在学术组织搭建和运行机制改革方面不断创新，增强多学科交叉融合的意识，积极探索多学科交叉融合的有效途径，以激发创新活力，提升学科竞争力，学部制是一种有益的探索。

（二）国内高校学部制改革的探索与实践

学部制是我国研究性大学改革内部管理模式、促进学科发展而进行的一种探索，进行学部制改革高校既有"985工程"高校，也有"211工程"高校，还包括地方高校。

1. 大连理工大学学部制改革实践

2006年初，大连理工大学全面调研学校的学科建设，通过调研发现学校工科类学科占学校全部学科的70％以上。工科虽然整体实力雄厚，但是学科集成度不够，学科划分过细，进而影响高精尖科研项目的申请以及整体科研实力，与学校发展目标不相符。为此，2007年7月22日，以工业装备结构国家重点实验室为基础正式成立运载工程与力学学部。从2009年9月到2010年10月，建设工程学部、电子信息与电气工程学部、化工与环境生命学部、机械工程与材料能源学部、管理与经济学部、人文与社会科学学部先后成立。2010年12月8日，学校颁布《大连理工大学学部制管理若干规定（暂行）》，进一步完善学校内部治理结构，理顺学部制管理机制。在《规定》中，从管理体制与职责、机构与干部、决策机制、学术组织、民主管理机构、学科建设和科学研究方面进一步规范。至此，大连理工大学学部制建设步入正式规范与实施阶段。自2007年，大连理工大学不断探索，至2009年下半年陆续完成6个学部的建立和整合，目前设有研究生院，7个学部（共下设28个院系），7个独立建制的学院，教学部，3个专门学院和1所独立学院。

2. 武汉大学学部制改革实践

武汉大学历史上就形成了文、法、农、工、医6大学院的办学格局。2000年合校组建成新的武汉大学。2001年，将原有的49个学院和直属系调整为医学部、信息科学学部、工学部、理学部、社会科学学部、人文科学学部，6个学部（共下设40个院系），涵盖12个学科口类。实行学院为实体、学部为虚体的管理模式。在《武汉大学章程》中明确提出学部职责：推进学科交叉和融合，协调跨学科研究，统筹学部内学术事务，其职能由学部学术委员会及各专口委员会承担。根据医学教育的实际，学校赋予医学部更多的协调和管理职能。同时，还建立了校级学术委员会及院系教授委员会，明确规定校院两级的党政一把手不能担任学术组织的主要委员。

3. 浙江大学学部制改革实践

2006年初，浙江大学组织校、院两级干部就现代大学制度的深化和完善进行了广泛研讨，认为现有内部组织结构和管理体制越来越成为制约高水平大学建设的关键因素，于是当时就提出了合并部分院系实行大学院制度的思路和设想。2008 年 3 月，浙江大学正式启动内部管理体制改革。6 月，公布了《学校内部管理结构和职能调整方案》，提出了"大学院制"改革的思路，后经反复讨论与研究，调整为"学部制"改革。

浙江大学七大学部主要实行以部务委员会和专门委员会集体决策为主要基础的学部主任负责制，以确保学术自由本质和民主管理原则能在学部范围内真正落实。部务委员会是学部的最高决策机构，其成员由学部正、副主任，党委（或党工委）正、副书记，各学院院长（常务副院长）、直属学部管辖的学系和相关科研机构、附属机构主任或负责人组成。部务委员会通过召开部务会议，对学部范围内的学科建设、学术研究、人才引进、经费预算等重大事项做出集体决策，并负责组织实施。部务会议一般由学部主任主持召开，部务委员会全体成员参加，学部办公室主任根据需要列席会议。各专门委员会是学部内各专门学术领域事务内的最高决策机构。

从上述来看，我国大学的学部制运行机制大体可以归为三种：第一种是学部只具有学术权力，不具有行政权力。如北京大学的学部，其主要职责是负责相关学院或学科的学术事务协调，学部领导称为学部主任，是国内高校中采用学部制作为一级学术组织的典型代表。第二种是学部作为一级管理层级。如武汉大学下属六个学部，学部下设院系，学部是学校开展教学、科研、学术交流和人才培养等业务性活动的基本组织形式的典型代表。第三种模式将学部作为学术分类管理的平台，学部受学校委托协调所辖学院（系）工作的组织机构，最具代表性的是浙江大学。

从学部制改革的初衷来看，多数大学学部制的定位是以学术为中心，把学部作为学术分类管理的平台、教授治学的组织形式和整合拓展办学资源的载体，这是大学民主管理的规律使然。我国学部制改革取得了一些初步成效。比如，学部、学院的学术权力空间变大，分类考评和管理体制正在逐步形成，管理重心逐步下移，学校职能部门开始更多地关注统筹协调和宏观管理，学科资源局部分散的状况逐步得到改善，等等。但是学部制改革是一项涉及面很广的变革，涉及人、财、物等方面资源的重新组合和调整，在打破原有管理格局和惯性过程中难免会遇到新的问题和困难，特别是学部制的运行机制和各层面的协调运作。因此借鉴国外大学的成功经验，调整运行模式，完善运行机制，非常有必要。

二、南洋理工大学（NTU）学部制改革实践

（一）南洋理工大学学部构成及学部制建设过程

2001 年重组之初，南洋理工大学设有三所分学院（school）：电子电气工程学院、机械工程学院、土木工程学院，2001—2005 年又设立四所新的分学院：生物科

学学院（2001），人文与社会科学学院（2004），艺术设计与媒体学院（2005），数理科学学院（2005）。2006 年重新调整为四个大的学院（college），也就是我们所称的学部，即工、理、商、文四大学院（college）。另外为加强各学院之间的协调和合作，同时通过集合资源提升教学科研素质，还另设了 6 所自主的学院（包括国防策略研究国际权威机构——拉惹勒南国际研究院、新加坡唯一的专业师资培训学府——国立教育学院、集中研究地球科学自然灾害课题的新加坡地球观测研究所、研究重点放在生物膜的环境生物科学工程中心、财富管理学院、李光前医学院）。南洋理工大学学部结构情况如下表：

NTU 学部（college）结构表

学院或学部（college）	分学院（school）	专业（课程）设置
商学院		会计科、商科
工学院	化学与生物医学工程学院	化学与生物分子工程、生物工程
	土木与环境工程学院	土木工程、环境工程、海事研究
	计算机工程学院	计算机工程、计算机科学、商业与计算机
	电机与电子工程学院	电机与电子工程
	材料科学与工程学院	材料工程
	机械与宇航工程学院	机械工程、宇航工程
文学院	艺术设计与媒体学院	
	黄金辉传播与信息学院	传播学
	人文与社会科学学院	中文、经济、英文、心理学、社会学、语言学与双语研究
理学院	生物科学学院	生物科学、生物医学
	数理科学学院	化学与生物化学、数学科学、数学与经济、物理与应用物理

（二）南洋理工大学学部内部构架及岗位设置（以文学院为例）

南洋理工大学学部内部构架是我们研究的重点之一，在四个学部中，我们选取了文学院（College of HASS）作为研究对象。文学院是南洋理工大学四大学院之一，下设艺术设计与媒体学院、人文与社会科学学院、黄金辉传播与信息学院。文学院设院长（Dean）1 人，学院事务包括学术事务、科研事务、行政事务、中心和课程四个方面。其中，学术事务包括本科生教育、研究生教育和特别事务，设三个分管副院长（Associate Dean），代理主任辅助副院长管理学术事务和对外交流，并分别配备一位主任助理分管双学位，一位经理分管学术事务，协调行政人员处理相关事务；科研事务设分管科研副院长，院长助理协助副院长管理，配备分管科研事务的主任助理协调行政人员处理相关事务。行政事务设行政主任一人，下面分别设人力资源经理和财务经理各一人，协调相关行政人员。

下设学院在文学院管理框架下，设分院院长（Chair）1 人，副院长（Associate Chair）4 人，分别是分管本科生教育副院长、科研和研究生教育副院长、教工事务副院长、学生事务副院长各 1 人，设行政主任协调行政人员辅助完成各项行政事务。

（三）南洋理工大学学部制运行机制

1. 拥有充分的办学自主权

2006 年，新加坡政府开始实行资助大学的企业化，自主化为政府所资助的大学提供了更大的灵活性，使之通过深远的变革来为学生提供独特的受教育经历，并且参与全球大学的竞争。学校以企业化的模式来运作管理，就是以公司的方式来运作，但它不是以营利为主，主要的概念是要放权给学校，主要的资金来源还是政府。学校开始拥有更大的行政和财政自主权后，也对自主意识和责任感提出了更高要求。每个自主大学的董事会由教育部长任命，其成员包括知名的权威学者、企业家、商界领袖，以及来自公共或私营企业的专业人士。董事会自由行使职权，需要与大学管理层一同制定战略方向，确保教育和科研目标的进一步实现；同时确保政府拨款和由政府所提供资产的妥善使用和监管。董事会的其他责任还包括对年度预算和补充预算，以及大学年度审计财务报表的审批等。大学办学的自主权体现在大学治理、资金和财政的自主化、招生、人才招聘等各个方面。

2. 学部（College）行政机构运行相对独立

南洋理工大学学部采用垂直管理的模式，改变了过去"金字塔"式的科层设置和管理模式。正如前所述，每个学部都设有一位院长和分管本科生教育、研究生教育和特别事务、学术事务和对外交流的副院长或主任，在学部以下的分学院（School）设立相应职位，如学部分管科研的副院长，在日常工作中，除规划本级工作外，还需要与分学院分管科研的副院长保持工作联系。学部的行政机构，如人事、财务等，均为独立运行。需要说明的是，在学部制这一架构运行中，分学院（School）还是办学的主体，学生归属在学院，在南洋理工大学学部（College）成立之初，目的就是促进小学院之间的合作，主要的功能是负责各学院学术等事务的相互协调。

（四）南洋理工大学学部职能职责

1. 学术规划。负责制定学部发展规划，总体上以学术为中心进行学术发展的宏观规划，在学部范围内制定学科发展规划。如文学院在艺术设计与媒体学院、人文与社会科学学院、黄金辉传播与信息学院三个学院制定学术规划、发展战略的基础上，需要考虑南洋理工大学文学院学部的学术规划和学部发展战略。大院长（Dean）经常召开各分院院长（Chair）会议，讨论学部的发展。

2. 平台建设。在平台建设中，学部必须紧跟学科发展前沿，瞄准国家需求，整合相关资源，凝练研究方向，注重多学科共同参与，搭建学科综合交叉平台；统筹学部层面、分学院的重大科研项目，组织建设学部范围内跨院系的交叉研究机构，促进交叉学科和新领域的发展，以解决重大现实问题。

3. 服务指导。学部作为学校、分学院两级中一个新增的管理层级，是学校与分学院联系的桥梁和纽带。学部设置了如人事、财务等机构，其职能是为了更好地服务于办学主体——分学院。在日常工作中，学部会不定期召开下辖学院同性质部门的专门会议，研讨工作中存在的问题以及解决策略，学部相关负责人也会不定期到各分学院走访，解决分学院实际工作中存在的困难。避免了分学院与学校相关部门直接面对，也减少了校级管理层的压力。

4. 协调监督。在南洋理工大学，学部承担着承上启下的协调职能，如学部院长是大学领导委员会的成员，代表学部及各分院参与大学的管理活动和决策，遇到重要和紧急事务时，协调学部内部事务的同时，可直接向校长直接汇报和研究工作。另外，人事、学科建设、财务等方面，学部起着重要的监督协调作用，如各分学院的年度预算，由各分学院提出，经学部院长同意后方可提交给学校；学校同意后，虽然由分学院独立控制，但是学校划拨了分学院 2% —10% 的年度经费留存学部，这笔经费由学部院长协调使用。再如教师的聘任，在结束大学面试、试讲等流程后，招聘委员会写推荐报告到院里，再由分学院院长写推荐报告到学部部长（College Dean）和大学教务长（Provost）（后者的委员会可批准助理教授和讲师的任命），并由分学院院长本人到大学的师资委员会做具体陈述；教师岗位的设置，由学部部长在学部范围内全面考虑。教师年度绩效考核与评价中，被考核人员在绩效考核系统（PAS）填报相关数据，逐级评价打分，评估结果反馈到学院（School）考核评估委员会会议，再上报学部（College），由学校考核评估委员会通过。

三、南洋理工大学（NTU）学部制改革对国内高校实行学部制的启示与借鉴

南洋理工大学之所以能在短时间内发展成为全球知名大学，一方面在于新加坡政府对高等教育的重视与大量的经费投入，使得大学在教育经费使用上得到有力的

保障；另一方面也源于其良好的大学治理结构和模式，尤其是包括学部的改革与实践、人才引进和培育、人才评估、绩效考核、终身教职评审等学术管理制度和机制，达到了推动学校实现跨越式发展的实际成绩。我们认为，其学部制改革与实践对国内高校学部制改革有以下启示与借鉴。

（一）遵循大学自我独有文化，探索符合自身发展的学部制模式是学部制改革的基础

高校在改革的过程中要根据自己的具体情况因"校"制宜，应充分考虑管理组织架构和政策制定的相对多样性，不能简单划一。根据大学的本身独有文化、各学部学科性质差异、院系历史沿革等不同情况，在一定阶段中制定不同的章程和管理运行模式，探索实行"一部一制"。学部根据各自学科特点寻找适合本学部的运作模式，不能一味趋同，保持相对一致，逐步调整和完善。从南洋理工大学学部制改革来看，在成立文、理、工、商四大学院的同时，还保留了李光前医学院、新加坡国立教育学院、拉惹勒南国际研究院等独立的机构，没有将所有机构都纳入到学部中，这符合学校的发展实际。在国内高校实行学部制改革的工作中，也要结合自身的实际，选择符合自身的学部制改革模式，具备条件的可以在全校范围内铺开，有些不具备大面积开展学部制的高校，也可以从试点开始，待时机成熟后，逐渐在更大范围进行学部设置。我们要在整合学科资源时，注重空间环境的整合和各院系文化差异的交融，使各学科在保证现有优势的基础上更好地交叉和融合，在相互支撑中更好更快地发展。

（二）赋予充分的自主权是学部制改革的前提

2006 年，南洋理工大学实行自主办学以来，首先在大学的治理上拥有了更大的自主权，由大学自己制定战略方向和发展的重点；其次，保证了资金和财政的自由化，虽然政府依旧是拨款的主体，但是大学能够利用自身的优势积极寻求其他资金来源（比如社会捐赠），还可以靠给学生提供课程收取费用等；再次，在招生政策上，学校具有 10％的自主招生比例，可以用来灵活招收支付全额学费的国际学生；最后，在人力资源的招聘和使用上，拥有充分的自主权，能够自主决定教师的聘任和升迁、教师和工作人员的薪酬待遇等。2018 年，南洋理工大学在 QS（夸夸雷利·西蒙兹公司）全球 50 所顶尖年轻大学排名第 1 位（连续五年），这说明自主大学的学部制改革模式十分成功，并且主要是因为学科（工科和交叉学科）的快速发展才使得国际排名提升的。南洋理工大学的成功经验对国内高校学部制改革和开展世界一流大学和一流学科建设具有很好的借鉴意义。但是我们也应该看到，南洋理工大学之所以快速发展并取得成功，主要的原因是拥有了更大的办学自主权，从而使行政和学术的权力能够彻底分开，因此，国内高校只有在人才招聘、资金来源、

学校管理等方面拥有更大的自主权，才能实现学部制改革的目标。

（三）确立清晰的改革目标是学部制改革的先导

自 2006 年南洋理工大学开始自主办学后，实行学部制的直接目标就是要促进小学院之间的相互合作，从而提升竞争力。通过学部制改革实现以下三个战略目标：一是通过提供优质教育为新加坡的经济增长和国家建设输送优秀人才；二是精于科研、开发和创新，缔造新的知识和理念，以加强新加坡的国家科研能力，助力新加坡的发展；三是实现卓越教学与科研的国际化品牌。在国内高校进行学部制改革，首先要打破现有的学科组织结构，以学科门类为依托重新整合高校第一层级的学术管理组织。我们需要注意的是，组织结构的交叉与融合，最终要落实到各个学者，以各个学者为基本单元实现组织的功能的发挥。二是要解决权利界限，如行政权与学术权的界限模糊、行政权力大于学术权力、学者作用发挥不好。三是要提升学术管理效果，如职称评审、人才引进、学科建设、专业建设，评估评价标准的制定可在同一学部下制定统一标准，有效避免了学院之间的同学科造成的不平衡现象。另外，统一要求、统一标准更有利于质量的提升。四是注重管理重心下移，学校可以在政策制定方面有所侧重，而在具体运作上可以将相关权力下放到各学部，如职称评审、人才引进、专业设置等工作。

（四）促进学科交叉融合发展，建设"一流学科"，培养"一流人才"是学部制改革的根本

在 QS 排名中，科研声誉权重占比 40%，如何在世界上抢占先机一直是南洋理工大学高层思考的重点，而跨学科是发展趋势。跨学科是通过"整合两个及更多学科或专业知识体系的信息、数据、技术、根据、视角、概念以及理论，以促进基础理解或解决单一学科或领域难以解决的问题"的方式，跨学科本质特点是打破学科界线，既包括自然科学、人文科学、社会科学各自学科领域内的交叉，也包括三类学科之间的交叉。南洋理工大学采取了多种举措支撑跨学科融合，其中重要的一点就是在学院管理上，采用大学院制（学部制）。大学院院长负责统筹各二级学院的发展，这种方式有利于进行跨学科交叉，开展跨学科合作，从而建设世界"一流学科"。在人才培养方面，南洋理工大学借助于各学部，设置了众多双学位和"主修＋副修"专业形式，灵活的课程修读和学分制度，使这种学位形式得以顺利实施，学生的跨专业能力和素质得到了显著提升，适应了行业的需求。在国内大学学部制改革中，要始终以"一流学科"建设为抓手，注重学科交叉融合发展，促进大学学科结构优化，形成优势学科群，实现大学更好更快发展。同时，在人才培养方面，以学部推动人才培养模式改革，给予学生更多的选择权，使他们在修读核心学科之外还学习其他相关课程，或者通过辅修一些不太相关的科目来使他们将要获得的学位

多样化，培养学生的跨学科技能，从而培养"一流人才"。

（五）搭建高水平平台，提高人才的吸引力，增强核心竞争力是学部制改革的关键

在 2007 年新加坡政府推出的 5 项"卓越研究中心"遴选中，南洋理工大学成功获批了两个——新加坡地球观测研究所和环境生命科学与工程研究中心，共获得新加坡政府 2.7 亿新元（约合 13.4 亿人民币）拨款。成功入选该计划能够帮助学校吸引、留住和支持世界顶尖级学术科研人员，完成高质量的前沿研究，从而极大地促进高校的发展。除获批两个国家卓越中心以外，南洋理工大学还积极整合研究资源、打破院系界限，成立了包括南洋环境与水研究院、媒体创新研究院、太阳能和太阳能燃料中心及能源研究所等一批汇聚国际知名科学家和优秀人才的跨学科研究中心。这些跨学科研究中心突破了以传统学科界限为基础的科研管理与学科组织模式，与政府、企业签订研发合约开展跨学科研究，将学术性与服务性有效结合，实现卓著的科研成果有效转化，为社会提供强大的公共服务功能。在获得大量校外研究经费的同时，也极大地提高了学校的学术声誉。国内高校在学部制改革的过程中，要以高水平平台汇聚人才、培育人才，增强核心竞争力。

（六）提高大学治理体系和治理能力现代化是学部制改革的主线

在治理结构中，南洋理工大学董事会是学校管理的核心支柱，负责为学校制定重大决策方向；帮助大学培养外部支持者，寻求其他资助来源；为大学的战略方向提供领导和指导，任命和评估校长，确保大学更负责任地使用大学资源和提高大学资源的价值。校长是大学的行政主管，负责大学所有项目的实施、协调、质量以及未来的发展。大学设立了学术委员会作为学术管理机构。学术委员会通过其选举的咨询委员会、学术参议会以及学术参议会所设立的各个委员会，为学术事务提供建议。教职员工在积极参与学校管理的同时，与学生和校友一起共同塑造大学文化。在大学的系列治理过程中，学部起着重要的作用，特别是其内部的服务管理过程中，很好地实现了大学管理中心下移的目标，激发了大学办学主体——各分院的活力，"学院办大学"的理念得到了有力的贯彻。在国内学部制改革的过程中，我们要清晰界定学部的职责和权力，厘清学部与学校、学院以及职能部门的关系，提升治理能力和治理水平，从而提供更加优良的学术环境和人才培养氛围，促进大学的建设发展。

（注：本次讲座得到了新加坡南洋理工大学余明华教授的大力指导，以及 CSC11－1 课题组成员李忠祥、耿昕、马晓彬、蔡晓平、王岩松、刘二伟、孙海明的大力支持，深表感谢！）

参考文献

［1］南洋理工大学. 南大 2015 计划 ［EB/OL］. http：//www. ntu. edu. sg/About NTU/Corporate Info/Pages/Intro. aspx，2016-01-05.

［2］谭伟红，等. 新加坡南洋理工大学人才战略的实施及其启示 ［J］. 复旦教育论坛，2015（13）：80-86.

［3］刘宏，等. 新加坡高校人才战略的理念建构和实践运作 ［J］. 公共管理与政策评论，2017（4）：50-59.

［4］燕凌，等. 新加坡南洋理工大学的成功崛起 ［J］. 高等教育研究，2007（2）：97-102.

走进《红楼梦》

华德柱

主讲人简介

华德柱，长沙理工大学文法学院副教授，主要从事中国古代文学教学与研究。连续 15 年开设全校性选修课"《红楼梦》导读"，深受欢迎。曾获长沙理工大学"教学贡献奖"、长沙理工大学"教学成果奖"、长沙理工大学"教学优秀奖"，获评长沙理工大学"优秀教师"。

各位同学，大家晚上好。很高兴在"五四"青年节到来前夕能跟大家一起读《红楼梦》。我觉得这是一个很应景的事，为什么呢？因为《红楼梦》是一部关于青春的书，是一部"青春之歌"，在"五四"青年节到来之前，我们一起读《红楼梦》，我觉得这个时间点是非常恰当的。

几年前，广西师大出版社曾经做过一个网络调查，就是哪些书读不下去，最后发布了一个"十大死活读不下去排行榜"，《红楼梦》高居榜首。有位网友说："以前读书的时候，我看四大名著，《西游记》、《水浒传》和《三国演义》我都看了，就是看不了《红楼梦》，看着头疼，而且看不懂，看得心烦，不知道讲什么。书读不下去吧，就看电视剧，结果电视剧也是，都是一帮女眷在那里讲吃喝拉撒的事情。"他觉得这本书有点儿无聊。我想这一定是一位很年轻的读者，他的声音也多少代表了在座的某些同学的心声：《红楼梦》，我怎么死活读不下去？为什么？

我想，读《红楼梦》要讲究方法。我今天就是想跟大家一起来讨论一下，我们怎么样去读《红楼梦》才容易读进去，而且把它读完。我希望大家用我说的方法试一下，看能不能有效，我希望我的方法能够对你们的阅读有一定的引领和指导作用。

我要讲的方法大概分成以下四个要点。第一，《红楼梦》的版本选择问题。如果说初读就选一个脂砚斋评本，那就会有一点点"头大"，因为里面的一些评点会干扰你的阅读。所以初读和研读，版本选择是不一样的。第二，如何阅读《红楼梦》前五回。读《红楼梦》，很多人"躺倒"在前五回，因为它跟一般小说的开头都不一样。一般小说最多用一回书交代一个所谓的楔子，但是《红楼梦》竟然用五回书来做一个铺垫，真正的故事在五回以后才开始。如果用读其他小说的方法来读《红楼梦》，就会觉得云里雾里，因为不符合你一直以来的阅读习惯。所以我们要讲一讲前五回都在讲什么，前五回我们怎么读。第三，调动人生积累读《红楼梦》。有人说《红楼梦》是对中国古代文化进行总结的一部书，它涉及方方面面，那就需要我们调动各种人生积累，包括人生阅历、知识的积累，这样才能对小说的一些情节，包括红学界一直以来争论的一些话题有自己的判断和思考。第四，读《红楼梦》，我觉得最要紧的是细读文本。一直以来我们习惯于快餐式的阅读，静不下心来读文本，我们可能只读一个故事梗概，甚至以观看影视的形式代替对文学作品文本的阅读。我是非常不赞成这种方式的。影视作品和文学作品是两回事，看影视作品最多帮助你了解故事情节，但对你真正了解文本帮助不大，我们要耐心去读文本。

接下来我就围绕以上四点分别展开讨论。

一、读《红楼梦》要做好版本选择

我准备讲两个问题：第一，有哪些版本可以选；第二，我们今天读《红楼梦》

怎么选择版本。

第一个问题涉及《红楼梦》版本系统，这个问题很重要。有些同学刚接触《红楼梦》就在图书馆借了脂砚斋评本来读，这种版本里面有眉批、夹批等，会打乱你阅读的节奏。这是《红楼梦》版本的一种系统——手抄系统。在曹雪芹去世以前，乃至他去世以后的一段时间，这部小说都是以手抄本的形式在流传，进而形成了所谓的抄本系统，而重要的抄本里有一个署名为脂砚斋的人所写的评语，我们就简称他的评语为脂评。脂砚斋究竟是谁，学界有很多争论。我们倾向于这样一种判断，脂砚斋用今天的话来说是曹雪芹的亲友团，在曹雪芹写这部小说的时候，还没写完，亲友就拿来抄，抄一个传一个，一边抄还一边在上面做点评，甚至直接对曹雪芹的创作指手画脚。比如说，秦可卿之死，曹雪芹原先的写法是秦可卿淫丧天香楼，就是秦可卿和她公公之间有乱伦的关系，东窗事发以后秦可卿非常羞愧，然后自杀。但曹雪芹的一个亲友就说不能这样写，家丑不可外扬，把这个删掉，曹雪芹没办法，长辈的话得听，只能把这一段删掉。但是这个故事的人物不能抹去啊，所以如今的版本，你看秦可卿死得就比较蹊跷，这就给我们今天的读者留下了巨大的解读空间。刘心武在央视《百家讲坛》从秦可卿之死开始讲《红楼梦》，用索引的方法来讲，讲得头头是道，这个具体的就不再展开。这个版本里面重要的有甲戌本、己卯本等，大概来说，产生的时间越早，回数越少，比如说甲戌本，总共只有十六回。比较完整的是庚辰本，总共有七十八回，也就是前八十回只缺两回，这是比较重要的脂评本。后来就有了印刷本，印刷本是一个叫程伟元的书商，请了他的好朋友高鹗，来把这部书编完。因为他觉得，曹雪芹所写的《红楼梦》好是好，但是没写完，只有八十回，这不符合中国人的欣赏习惯，中国人喜欢有头有尾的故事。他先后出了两个版本，我们称之为程甲本和程乙本，这两个版本，实际上产生的时间只差几十天。当然我们觉得，作为书商，他有一些商业头脑，他有一些广告词，比如"我得到了某些重要的版本，是曹雪芹遗失的一些版本"，这样来吸引大家买这本书。我们很长时间都认为这种广告词不可尽信。所以原先人民文学出版社出版的《红楼梦》，它的作者署名是曹雪芹、高鹗或者曹雪芹、程伟元、高鹗，认为后四十回就是他们续写的，跟曹雪芹没有多大关系。但是这几年人民文学出版社出版的《红楼梦》署名悄然发生了变化，这个变化就是：前八十回署名曹雪芹，后四十回署名无名氏，然后打个括号：程伟元、高鹗整理。为什么有这种变化？这种变化在我看来，实际上可以没有，为什么呢？我们原先的判断是，后四十回是他们写的这件事，是他们宣传的说辞，我们不相信；现在有学者觉得那不一定是广告词，万一他们说的是真的呢？这个事情可以存疑，可能他们真的找到了某种版本，那么后四十回就不是他们续写，他们只是做了一种加工和整理罢了。但是我的疑问是，你找到了证据吗？如果他们找到了某种版本，为什么除了他们两个人之外，没有任何人能找到这种版本，既然大家找不到，那我就觉得仍然有可能是广告词。所以人民文学出版社如今的这种处理，我觉得从学术的角度来说，并没有发现新的材料，进而产生新的认识，只是一种署名的变化，也可能是为了吸引大家关注这件事罢了。

第二，我们今天读《红楼梦》怎么选择版本？如果你是初读《红楼梦》，那么我推荐三种版本。一种选择是人民文学出版社的《红楼梦》，它是中国艺术研究院红楼梦研究所精心校注的一个版本，这是许多红学家、用了很长时间、花了很多精力来校注的，版本相当精良。第二种选择是作家出版社的红学家蔡义江先生个人点校的《红楼梦》，这个版本的好处，一是有蔡义江先生自己的个人认知，二是这个本子适合我们今天携带，它把《红楼梦》拆成了六册，携带比较方便。第三种选择是专门针对年轻人推出的，所谓青春版的《红楼梦》，它也是分成六本，这个版本的广告打得很好，它说这是200多年来最好的版本，当然这也是广告词，你们不要过分相信，但这个版本确实不失为一种选择。

这是粗读的版本选择，大概是这样。刚才有些同学说自己已经读完《红楼梦》了，那对你们来说再读的话就属于研读，是带有一定研究性的阅读，那么就讲究一点点难度和深度，我的建议是，可以选择邓遂夫校订的《脂砚斋重评石头记》的甲戌校本，这是作家出版社出版的。还有一种选择是，老一代的红学家周汝昌先生校订批点的《石头记》。为什么要推荐这个本子？因为这个本子在保留脂砚斋的评语的同时，还加上了周汝昌先生的一些批语（当然都用字体和颜色区分开了）。作为一个一辈子都在研究红楼梦的红学家，周汝昌有很多心得，在他的评点里面都能够反映出来。这也是当代古代小说研究专业里面的一个现象，就是学习古代的评点家的方法，用评点的方式来表达自己的学术观点，这是一种带有比较强烈个人色彩的方式。

版本选定以后我们就打开这本书来阅读，咱们要做好思想准备，首先放慢节奏，为什么？因为你很容易在前五回就迷失了方向，最后就"躺"在那里，"爬"不起来了，这是我要跟大家花一点时间重点说一说的。

二、读《红楼梦》要抓住总纲

《红楼梦》前五回，很重要。因为一般认为前五回是全本书的叙事总纲，把总纲抓住了，这部小说后面的阅读就会顺利得多；如果抓不住，你会一直觉得有点儿乱。

我们来看看这总纲。前五回的功能大致可以这样来看待：第一回书的作用是交代故事的缘起。第二回，听说贾府。这本书是要讲一个家族的故事，一个家族的一个公子的故事，这个家族是贾府，如果直接带你走进贾府，你会晕头转向。为什么？那么一个大宅子，里面的人物又那么多，人物关系又那么错综复杂，一头扎进去，你会有点儿晕。我觉得曹雪芹是属于那种非常体贴读者的作家，就像一个高明的导游，在带你进入某一个景区之前先看一下这个景区游览的简图，比如张家界大概有哪几个景区，我们今天走哪个景区。比如说金鞭溪是属于哪个景区里面的，我们明天安排什么。曹雪芹是有顺序地把一些信息交代给我们，先让我们听，听贾府。听谁说，听冷子兴说贾府，让我们对贾府有一个大概的了解。俗话说"耳听为虚，眼见为实"，光听不够，所以紧接着第三回就安排林黛玉带我们走进贾府。林黛玉实际上是一个"视事眼睛"，用现在形象的说法就是，她肩上扛着摄像机，作者就是通过她肩上的摄像机让我们跟着她一起走进贾府，对贾府的情况有个大致了解。写到这里作者觉得还不够，为什么？因为《红楼梦》是继承了《金瓶梅》的一种写法。在《金瓶梅》之前的小说，比如说"三国"写魏蜀吴三方的争斗，天下怎样合久必分，分久必合，长达百年的历史，人物众多，故事复杂，但是相对来说，放到每一个人物身上的笔墨就少了。到了《水浒传》，也写了一百单八将，人物还是多，故事也还是比较复杂。《西游记》相对简单一点儿，一个小小旅行队的历险记，但是，它打的妖怪很多，有时候是简单的重复，情节上有些雷同。写帝王将相、英雄豪杰，写妖魔鬼怪，跟我们现实人生有点儿远。《金瓶梅》开创了一种新的套路，写一个家族，以一个中心来展开故事，《红楼梦》继承了这种写法。这种写法的优势是什么？笔墨集中！但是如果把握得不好，这个家族故事就是孤立的，这个家族与外界的关联度不高，这个家族的人如果整天只是关起门来吃吃喝喝、打打闹闹的话，这个故事的社会代表性、典型性就有限。曹雪芹已经充分认识到这个问题，在第四回里就告诉我们这个家族与这个社会的别的方面、与别的家族之间的联系，这种关系就是四大家族，就是护官符的故事。到第五回，这一般的小说不会写，《红楼梦》专门用一回书来写，它的故事就是安排贾宝玉做了一个梦，让他在梦里面进了太虚幻境，看到了金陵十二钗的册子，上面有判词和画册。那些判词和画册，包括他听到的红楼梦曲等，都是对重要人物的性格和命运的某种暗示，对故事结局的某种暗示。所以贾宝玉的这个梦，从功能上来说是梦见未来，是把将来要发生的事提前做了一点点剧透。

可见，《红楼梦》确实跟一般小说写得不一样，它不是直接展开故事，而是先做了如此多的铺垫，实际上作者是在我们进入故事之前，帮我们做一些阅读的准备工作。

三、读《红楼梦》要调动积累

总纲抓住了以后，接下来我们进入文本的阅读相对来说就容易一些，就可以按部就班地读，阅读的时候要注意调动积累。

首先是知识的积累，包括心理学知识的积累。比如说，《红楼梦》里面有一段"公案"，这个"公案"由贾宝玉提出。林黛玉和薛宝钗之间一直有一些微妙之处，林黛玉一直对薛宝钗抱着一些敌意或者说戒备之心，而薛宝钗好像没办法去解释。但是有一天，林黛玉和薛宝钗之间好像尽释前嫌了，关系亲密无间，林黛玉把宝钗当成亲姐姐来看。宝玉看了很纳闷，就问："是几时孟光接了梁鸿案？"这里有个典故，就是"举案齐眉"，那个典故里，举案的是孟光，接案的是梁鸿。贾宝玉觉得奇怪：怎么太阳打西边出来了？梁鸿给孟光举案齐眉，孟光接了梁鸿案。宝钗和黛玉是怎么和好的？小说里有一个细节，这个细节是，林黛玉对薛宝钗经常唇枪舌剑，言语攻击，薛宝钗一直是隐忍，装聋作哑，但是到了一定的时候，她就采取一些主动的策略。有一次行酒令的时候，情急之下，黛玉说出了《西厢记》《牡丹亭》之类当时被视为淫词艳曲的一些句子，这是很不合适的。薛宝钗马上使眼色制止她，没有制止得了。之后薛宝钗把林黛玉叫到一边，问她可知错。林黛玉是一个向来不服输不认错的人，尤其是她没有认识到错，更不会认错。薛宝钗就说，你今天行酒令的时候说的那个，我怎么听着很好怪。黛玉一听，马上脸就红了，她很紧张。为什么？一个大家闺秀在大庭广众之下竟然把淫词艳曲都说出来了，丢人丢大了。薛宝钗抓住了林黛玉这种心理，然后安抚她说，你也不要太担心。你猜我打小是怎么长大的，小时候我们家什么书都有，有些书，大人背着我们偷偷地看，我们呢，背着大人偷偷地看，当然小孩玩不过大人，最后大人把那些书烧的烧扔的扔。慢慢长大了，我懂了，闲杂之书不能去读，读了以后会移了性情。这一番话说了以后，黛玉很感动，找薛宝钗认错。能够让林黛玉这样的人主动承认错误，这是非常了不起的一件事。为什么林黛玉被宝钗打动了呢？这里有个心理学的道理。薛宝钗是把自己成长史中不为人知的一些隐秘过去主动地和盘托出，坦诚给林黛玉看，这在心理学上叫什么？两个人在交往的时候，主动打开心灵的窗户，就是心理学上的"窗户理论"。人际交往的过程，实际上就是公开区域逐渐扩大、秘密区域逐渐缩小的过程，如果一方主动扩大公开区域，实际上无形当中对对方也提出了一个要求，那就是对方也要扩大自己的公开区域，然后两个人形成良性互动，关系越来越铁。林黛玉本来有把柄抓在薛宝钗手里，宝钗主动把自己的把柄给黛玉看。懂点儿心理学里的"窗户理论"，我们就好理解，黛玉为什么会感动得稀里哗啦，贾宝玉不懂，所以要问。

我再讲一个例子。《红楼梦》有一个很大的争论，有人说薛宝钗是个阴谋家，瞄准了宝二奶奶的位子，然后有步骤有计划地实施，把贾宝玉"抢"到手。但是也有人说，薛宝钗根本看不上贾宝玉，她去金陵进入贾府完全是为了待选才人，怎么可能看上贾宝玉呢？她嫁给贾宝玉完全是家长做主，不是自己主动作为的结果。这两种说法，到底哪一种说法更有道理？我觉得不能简单地选边站队，要细读小说的文本，要看薛宝钗对贾宝玉有没有感情。是的，宝钗去金陵本是为了待选才人，但是这件事一再耽搁，而薛宝钗慢慢也长大了，懂事了，也有感情的需求，在她交往的圈子里，适龄的异性青年也就贾宝玉优秀一些，产生感情是情理之中的事。当然，这只是一种理论上的推测，实际上，我们看小说第三十六回有一段文字，写到了薛宝钗的一种微妙心理——

却说王夫人等这里吃毕西瓜，又说了一回闲话，各自方散去。宝钗与黛玉等回至园中，宝钗因约黛玉往藕香榭去，黛玉回说立刻要洗澡，便各自散了。

宝钗独自行来，顺路进了怡红院，意欲寻宝玉谈讲以解午倦。不想一入院来，鸦雀无闻，一并连两只仙鹤在芭蕉下都睡着了。宝钗便顺着游廊来至房中，只见外间床上横三竖四，都是丫头们睡觉。转过十锦槅子，来至宝玉的房内。宝玉在床上睡着了，袭人坐在身旁，手里做针线，旁边放着一柄白犀麈。宝钗走近前来，悄悄的笑道："你也过于小心了，这个屋里那里还有苍蝇蚊子，还拿蝇帚子赶什么？"袭人不防，猛抬头见是宝钗，忙放下针线，起身悄悄笑道："姑娘来了，我倒也不防，唬了一跳。"……袭人道："今儿做的工夫大了，脖子低的怪酸的。"又笑道："好姑娘，你略坐一坐，我出去走走就来。"说着便走了。宝钗只顾看着活计，便不留心，一蹲身，刚刚的也坐在袭人方才坐的所在，因又见那活计实在可爱，不由的拿起针来，替他代刺。

不想林黛玉因遇见史湘云约他来与袭人道喜，二人来至院中，见静悄悄的，湘云便转身先到厢房里去找袭人。林黛玉却来至窗外，隔着纱窗往里一看，只见宝玉穿着银红纱衫子，随便睡着在床上，宝钗坐在身旁做针线，旁边放着蝇帚子。

林黛玉见了这个景儿，连忙把身子一藏，手握着嘴不敢笑出来，招手儿叫湘云。

这段文字里，用的是我们中国古代小说人物心理描写的一种代表性手法，这种手法叫作不写而写，叫作不着一字，尽得风流，叫作羚羊挂角，无迹可求。这一段描写里面信息量很大，大在哪里？第一，薛宝钗不是约了林黛玉要到藕香榭去吗，林黛玉不去，薛宝钗怎么不往藕香榭去，而是跑到贾宝玉那里了？这是一个问题。第二，大中午的，人家在午休，你薛宝钗来干什么？第三，你来就来，一点儿声音都没有弄出来，悄无声息，连袭人都被吓了一跳，那也就是说她对这里很熟悉。我们经常见到林黛玉很紧张，薛宝钗、贾宝玉单独相处，林黛玉就神不知鬼不觉飘然而至，这一回我们发现，实际上林黛玉的紧张是有缘由的，薛宝钗背着她就找贾宝玉了，袭人都被吓了一跳，所以信息量很大。信息量更大的是接下来，袭人就跟宝钗说了，她说：你在这坐一会儿，我坐得久了有点累，我去活动一下筋骨。留着薛宝钗一个人在这里，接下来怎么样了？薛宝钗只顾看盒子，便不留心一蹲身，也坐在袭人方才坐的位置，又见了活计，实在可爱，不由得拿起针。注意，在一个男性的卧室里，床上躺着男性，这个女性就坐到他的旁边，然后还做起了针线活，这个

93

针线活是给贾宝玉绣肚兜，绣的内容是成双成对的鸳鸯。然后还拿着东西给这个男性去赶苍蝇蚊子。那个时代讲的是男女之大防，讲的是男女授受不亲，薛宝钗是一个大家闺秀，很讲大家闺秀的风范，为什么这一次做出了这样有失身份的举动来？我想原因是，第一，这是在中午。《红楼梦》里面的故事，好多都发生在中午。中国人喜欢午休，自古皆然，如果不休息的话就会困倦，意志力、控制力就比较差，人在中午更容易放松，这第一点，原因就是时间点特殊。第二，袭人出去了，现在只剩下了贾宝玉和薛宝钗，贾宝玉睡着了，薛宝钗相当于一个人独处，人在无人监督的情况下，很容易放松对自己的约束，潜意识里的有些东西会浮现出来，支配自己的行为。支配薛宝钗的是什么？那就是对贾宝玉的好感，想亲近贾宝玉的愿望。这个情节透露的信息非常清楚，薛宝钗对贾宝玉不仅没有排斥，而且还有亲近的愿望，是有好感的，不然的话不至于有这样的故事。要理解这样的故事，我想还是需要一定的心理学方面的知识的。

除了调动心理学的知识，读《红楼梦》，有时候我们还要调动逻辑学的知识，为什么呢？我举一个例子。关于贾宝玉形象的典型性，红学界主流的观点，都说贾宝玉是封建贵族阶级的叛逆者，教科书这么写，小说史这么写，红学文章也这么写，很长一段时间，我对这个判断也是全盘接受，也是这么讲，但是有一次，我在讲着讲着，忽然发现有一点点不对劲，为什么呢？说贾宝玉是封建贵族的叛逆者，依据是贾宝玉搞"三不主义"——不爱读"四书五经"，不去参加科举考试，不愿意做官——然后给他的一个定性，说这种行为就是封建贵族阶级的叛逆者。那么问题来了，假设在贾宝玉的时代，同样有一个青年也是搞"三不主义"，不读"四书五经"，不参加科举考试，也不愿意做官，但是他跟贾宝玉不同，他不是一个贵族青年，而是一个农家子弟，请问给他贴什么标签？我想断然不会说这是一个农民阶级的叛逆者。那么，问题来了，为什么同样的行为，一个就成了自己所出身的那个阶级的叛逆者，一个则不是呢？我想贾宝玉和那个农家子弟，固然背叛或损害本家族乃至本阶级的利益，但这不是重点，重点应该是他们都背叛了当时为各阶级各阶层共同信奉的人生道路：读"四书五经"，参加科举考试，进入官场。这里我用的就是类比论证。

读《红楼梦》，还要调动一些文学史知识。比如，有人说《红楼梦》是才子佳人小说，有人说薛宝钗是小人，你要了解什么是才子佳人小说，什么是小人，那么你就知道，不能这么说。才子佳人小说是明末清初时产生的一类作品，这些作品写才子和佳人的恋爱故事没错，但是它有一个框架，才子是落难的，佳人是大家闺秀，佳人有一个大宅子，有个后花园，他们在后花园里私订终身，后来才是进京赶考，经过一些磨难，最后才子考中状元，奉旨成婚。所谓的私订终身后花园，落难公子中状元，奉旨成婚大团圆，这是才子佳人小说的套路，《红楼梦》走了这种套路吗？没有。才子佳人小说里面还有一个角色，即第三者的角色，就是那个贵族豪门公子，干扰才子和佳人的情感，这种角色是所谓的小人，从中拨乱是非，破坏才子佳人的感情，薛宝钗是这种小人吗？不是。《红楼梦》对于这样的故事安排根本不屑一顾，贾母曾经当众抨击才子佳人的故事，说那简直是胡编乱造。贾母说，佳人、大家闺秀，应该是知书识礼，现在这种故事里面的佳人见了一个清俊一点儿的男人，就想起了自己的终身大事来了，然后弄得人不人鬼不鬼的，哪里有一点儿佳人的模样。当然，贾母是在敲打林黛玉，因为林黛玉在大庭广众之下，把贾宝玉给她斟的酒端起来，让贾宝玉喝，贾母觉得太不妥当了，所以就敲打了。但是，贾母对才子佳人不满意，这是曹雪芹设计的，曹雪芹是赞同贾母的观点的。你了解了这样的文学史知识，就不会随便说贾宝玉是才子，宝钗、黛玉是佳人，《红楼梦》是才子佳人小说。

总之，读《红楼梦》我们需要调动方方面面的积累，除了人生阅历这方面的一些积累，还包括方方面面的知识的积累。

四、读《红楼梦》要细读文本

最后我们说说读《红楼梦》要细读文本。其实刚才我们已经做了这方面的工作，已经做了一些文本的解读。我们不妨再举两个例子。

一个例子是关于"黛玉含酸"。贾宝玉和林黛玉的爱情，是经历了春夏秋冬的，第八回的"黛玉含酸"，表明爱情已然萌生。

一语未了，忽听外面人说："林姑娘来了。"话犹未了，林黛玉已摇摇的走了进来，一见了宝玉，便笑道："嗳哟，我来的不巧了！"宝玉等忙起身笑让坐，宝钗因笑道："这话怎么说？"黛玉笑道："早知他来，我就不来了。"宝钗道："我更不解这意。"黛玉笑道："要来一群都来，要不来一个也不来；今儿他来了，明儿我再来，如此间错开了来着，岂不天天有人来了？也不至于太冷落，也不至于太热闹了。姐姐如何反不解这意思？"

……　……

黛玉磕着瓜子儿，只抿着嘴笑。可巧黛玉的小丫鬟雪雁走来与黛玉送小手炉，黛玉因含笑问他："谁叫你送来的？难为他费心，那里就冷死了我！"雪雁道："紫鹃姐姐怕姑娘冷，使我送来的。"黛玉一面接了，抱在怀中，笑道："也亏你倒听他的话。我平日和你说的，全当耳旁风；怎么他说了你就依，比圣旨还快些！"……薛姨妈因道："你素日身子弱，禁不得冷的，他们记挂着你倒不好？"黛玉笑道："姨妈不知道。幸亏是姨妈这里，倘或在别人家，人家岂不恼？好说就看的人家连个手炉也没有，巴巴的从家里送个来。不说丫鬟们太小心过逾，还只当我素日是这等轻狂惯了呢。"薛姨妈道："你这个多心的，有这样想，我就没这样心。"

……　……

……雪雁等三四个丫头已吃了饭，进来伺候。黛玉因问宝玉道："你走不走？"宝玉乜斜倦眼道："你要走，我和你一同走。"黛玉听说，遂起身道："咱们来了这一日，也该回去了。还不知那边怎么找咱们呢。"说着，二人便告辞。

……黛玉站在炕沿上道："罗唆什么，过来，我瞧瞧罢。"宝玉忙就近前来。黛玉用手整理，轻轻笼住束发冠，将笠沿掖在抹额之上，将那一颗核桃大的绛绒簪缨扶起，颤巍巍露于笠外。整理已毕，端相了端相，说道："好了，披上斗篷罢。"宝玉听了，方接了斗篷披上。

细读这段文字，真的意味无穷。林黛玉进来了，作者怎么写？黛玉"摇摇的走了进来"，林黛玉走路的姿态是"摇摇"的。注意，千万不要加一个"摇摇摆摆"，摇摇摆摆走进来就不是林黛玉了。黛玉走路，有点飘忽的感觉，她身体虚弱。下面的所有对话里面都有一个字面的意思和文字背后的意思，话语表面的东西和下面的暗流。宝钗的潜台词：林妹妹你怎么能这么想？你吃醋了。黛玉的潜台词：妹妹我很单纯的，宝姐姐你想多了。黛玉话中有话，语带双关，以莲为舌，充满智慧。黛玉最后的言行，是不是有点儿小秀恩爱、宣示主权的意味？

第八回写了黛玉含酸，第三十回告诉我们，宝钗也有吃醋时。

（宝玉）又道："姐姐怎么不看戏去？"宝钗道："我怕热，看了两出，热的很。要走，客又不散。我少不得推身上不好，就来了。"宝玉听说，自己由不得脸上没意思，只得又搭讪笑道："怪不得他们拿姐姐比杨妃，原来也体丰怯热。"

宝钗听说，不由的大怒，待要怎样，又不好怎样。回思了一回，脸红起来，便冷笑了两声，说道："我倒像杨妃，只是没一个好哥哥好兄弟可以作得杨国忠的！"……

林黛玉……笑道："宝姐姐，你听了两出什么戏？"宝钗……便笑道："我看的是李逵骂了宋江，后来又赔不是。"宝玉便笑道："姐姐通今博古，色色都知道，怎么连这一出戏的名字也不知道，就说了这么一串子。这叫《负荆请罪》。"宝钗笑道："原来这叫作《负荆请罪》！你们通今博古，才知道'负荆请罪'，我不知道什么是'负荆请罪'！"一句话还未说完，宝玉林黛玉二人心里有病，听了这话早把脸羞红了。

凤姐于这些上虽不通达，但只见他三人形景，便知其意，便也笑着问人道："你们大暑天，谁还吃生姜呢？"众人不解其意，便说道："没有吃生姜。"凤姐故意用手摸着腮，诧异道："既没人吃生姜，怎么这么辣辣的？"

细读文本，我们会惊讶，一向温文尔雅、端庄大方的宝钗，原来也有吃醋的时候，而且吃起醋来，竟有些失态。

各位同学，怎么走进《红楼梦》，是个很大的话题，我的答案是：选好版本，抓住总纲，调动积累，细读文本。这就是我给诸位的阅读建议。

中国现代文学作品里的爱情

黄 宇

主讲人简介

黄宇，长沙理工大学文法学院副教授，主要从事中国现代文学教学与研究。任教以来，曾获长沙理工大学第一届教学优秀奖，多次被评为长沙理工大学优秀教师、优秀实习指导老师、毕业论文优秀指导老师。

爱情是人生与文学的主题，爱情具有无穷的魅力。这一点可以莎士比亚笔下的人物罗密欧为证："那边窗子里亮起来的是什么光？那就是东方；朱丽叶就是太阳！起来吧，美丽的太阳！那是我的意中人；啊！那是我的爱……"可以"梅妻鹤子"的林逋为证，可以穆旦的《诗八首》为证。当然，也可以在座的各位为证。

不过，选择这个话题还基于我个人的一点儿想法，我不能仅仅考虑你们的胃口。我还想通过讲座唤起你对文学的兴趣，通过文学思考人生。所以，我们不会纯粹地谈论爱情。事实上，我们阅读文学作品时也会发现：文学中的爱情往往是一层面纱，比如说曹禺的《雷雨》写了几对男女之间的爱恨情仇，但这里面却蕴含着阶级的冲突、文化的制约、伦理的罗网、生命的挣扎、宗教的救赎……再比如张爱玲的《金锁记》，尽管张爱玲说："只是写男女之间的小事情，我的作品里没有战争也没有革命，我以为人在恋爱的时候是比在战争或革命的时候更素朴也更放肆的。"《金锁记》也的确写的是男女之间的小事情，但从这些小事情的背后，我们可以看见历史、文化、人性、时代。比如说从作品里曹七巧的女儿长安相亲时的言行举止，就可以让我们窥见传统文化制约下女性的心理、处境及命运。如果再将长安和丁玲笔下的莎菲女士进行对比，我们就能明白丁玲与莎菲的大胆，也更能感受到五四新文化运动的力量。

马克思说："男女之间的关系是人与人之间的直接的、自然的、必然的关系。"我们通过这种关系可以看出社会政治、经济的特点，也可以看出人类文明进步的程度。因此，文学里面的爱情，或者说作家笔下的爱情，它很可能不仅仅是爱情，爱情这层面纱背后是有一个主宰的。这层面纱背后还有一个操纵者，或者说我们通过爱情，往往可以看出当时那个时代的政治、经济、伦理、道德，甚至哲学等方面的信息。

今天我们讨论的是"中国现代文学作品里的爱情"，可能大家对中国现代文学这个概念有点儿模糊。按照钱理群在《中国现代文学三十年》中的界定，中国现代文学指的是"用现代的文学语言与文学形式，表达现代中国人的思想、感情与心理的文学"。从时间上来认定的话，现代学界一般指的是1917年以来的中国文学。而"现代"这一概念，有的学者认为它是过程与结果都与传统相对照的一种存在。这种理解虽然不完美，但它还是有着合理的一面。我们今天谈中国现代作品里的爱情，这个题目涉及范围广，所以我可能会以中国古代文学作品里的爱情为参照，谈它的相异之处、革新之处。我今天准备讲三点：一、价值观；二、目的性；三、爱情悲剧的原因的指向性。

我们先看下面几段文字："恋爱是生命的中心与精华，恋爱的成功是生命的成功，恋爱的失败是生命的失败……""我没有别的方法，我就有爱；没有别的天才，就是爱；没有别的能耐，只是爱；没有别的动力，只是爱……”在很多读者的眼中，徐志摩就是一个风流才子，就是一个会写点儿爱情诗的处处留情的花花公子。徐志摩真的好冤，我替他抱不平。

我们可以徐志摩的作品为例来看中国现代文学作品里的爱情与中国古代文学作品里的爱情的区别，从中我们可以看到中国现代文学提供了什么不一样的东西。当然，我们也可以知道为什么说我们冤枉了徐志摩，或者说徐志摩的价值被低估了。

在上面那段文字里，徐志摩把爱情视为生命的中心与精华，这里显示了徐志摩的价值观，一种现代的价值观。这种价值观或许现在我们很多人都不具备，它很了不得。

大家可以发现，我们毕业时往往面临着就业去向和恋人关系维系之间的矛盾。我们是选择工作牺牲爱情，还是为了爱情舍弃一份理想的工作？好像现在有一种现象叫“毕业就分手”。这一现象其实包含了这么一种认定：爱情与事业是有冲突的，事业高于爱情，正所谓“英雄气短，儿女情长”“多情自古空余恨”。因此，中国传统里的英雄大都是牺牲了“儿女情长”的。《水浒传》里的好汉是这样，《西游记》里的神魔也如此，《长恨歌》中的帝王为了一己之情使江山危如累卵。“天长地久有时尽，此恨绵绵无绝期”，我们似乎听见了诗人白居易的感叹：爱情与江山犹如鱼与熊掌，不可得兼。

爱情与事业的这种冲突早在上古神话中就已出现。《史记·夏本纪》记载：“禹伤先人父鲧功之不成受诛，乃劳身焦思，居外十三年，过家门不敢入。”大禹治水，十三年过家门而不入，最后妻离子散，但是大禹的这种行为却被当成一个典范。孔子在《论语》中说：“禹，吾无间然矣。”孔子视大禹为完人。大禹治水的故事家喻户晓、深入人心，大禹成为中华民族勤劳的象征、明君的象征，成为民族的骄傲。

更有说服力的是廪君的故事。廪君技艺超人，征服群首，成为巴人领袖。他率领人民寻安居之所，途经盐阳，盐神爱上了他。“盐水有神女谓廪君曰：‘此地广大，鱼盐所出，愿留共居。’廪君不许。盐神暮则来取宿，旦即化为虫，与诸虫群飞，掩蔽日光，天地晦暝。”可见盐神对廪君爱之深、情之切，廪君留其宿，亦非无情。但廪君还是设计杀死了盐神，带着他的人向前进发。“廪君欲杀之，不可别，又不知天地东西。如此者十日，廪君即以青缕遗盐神曰：‘婴此，即宜之，与汝俱生；不宜，将去汝。’盐神受而婴之。廪君至砀石上，望膺有青缕者，跪而射之。中盐神，盐神死，群神与俱飞者皆去，天乃开朗。廪君复乘土船，下及夷城。”之后，廪君作为英雄千古流传，备受后人景仰、推崇。

盐神为了爱费尽心机，廪君为了事业不惜杀死情人。这个神话所表现的爱情与事业的冲突达到了极致，唯有死亡才能解决问题。

神话是人类集体智慧的结晶。原型批评理论认为，神话是社会群体的信仰法典，是社会制度、民族风俗的特许状。瑞士心理学家卡尔·荣格明确指出，神话是人类集体无意识最早最基本的原型表现，它形成的一系列创作母题被后世发展与变形。当我们从当下的现象追溯到上古的神话，"爱情与事业"相冲突的结构模式清晰地摆在我们面前。在这一模式中有两点很清楚：一、爱情与事业是有冲突的；二、事业高于爱情。

这种结构模式蕴含着传统社会阶梯式的价值观：礼、情、欲三者中，地位最高的是礼，其次是情，再次是欲。爱情与事业的冲突，其实就是情与理的冲突。因为事业不过是理的外化与实现。修身齐家治国平天下是传统的中国人的最高追求，这一追求是以道德的自我完善为前提的。因此，在某种程度上，传统中国的"理"就是"礼"，中国人的理智是出于礼制的理智。所谓发乎情而止乎礼，并非无情，而是情要在礼的制约之下，以礼为归宿。也就是说，礼的价值高于一切，情必须服从礼，而欲更是等而下之。

这一价值观在五四时期受到了质疑，五四文学中有大量为爱情摇旗呐喊的作品，而徐志摩更是"绝对恋爱"之象征。在徐志摩看来：爱至高无上，爱与生命、艺术相统一，爱之追求即个性、自由之追求。他不仅在创作中抒写爱情，更身体力行着自己的理念。

胡适说："他（徐志摩）的人生观真是一种'单纯信仰'，这里面只有三个大字：一个是爱，一个是自由，一个是美。他梦想这三个理想的条件能够会合在一个人生里，这是他的'单纯信仰'。他的一生的历史，只是他追求这个单纯信仰的实现的历史。"胡适不愧是徐志摩的好朋友，他对徐志摩的这个评价得到了普遍的认同。

徐志摩为人所诟病的一是他的政治观（这里先不谈，虽然在我看来那些非议的理由并不充分）。二是他的情感，也就是他和张幼仪、林徽因、陆小曼之间的纠葛。我们可以稍稍回顾一下他的生命历程再来评价。徐志摩在杭州一中读书的时候，他的考卷上显露的才华让他有了第一任妻子张幼仪：当时金融界与政界名流张嘉璈（张公权）视察杭州一中时看到徐志摩的考卷，对其才华颇为赞赏，主动托人向徐志摩的父亲徐申如求亲，以其妹张幼仪相许，张家的政治、经济地位及张幼仪的操持稳重、秀外慧中让徐父求之不得，自然欣然应允，而徐志摩也遵循了父母的意愿。1915年10月刚刚考入北大预科的他被父亲匆匆召回老家，与张幼仪完婚。之后徐志摩拜师梁启超，留学美国，在美国用两年的时间取得学士与硕士学位，并考上哥伦比亚大学的博士之后，受到哲学家罗素的感召，放弃博士学位，买了一张船票，漂洋过海，远赴英伦。

罗素的思想无疑是20世纪人类精神领域硕大的成果体现，而且没有一个人像罗素那样改变了整个新一代人的婚姻道德观念。在与罗素多次的长谈中，在罗素著作的熏陶下，徐志摩也成了新一代中的一个。

在罗素的"男女"是"完全平等"的，没有爱情的婚姻是不道德的等观念的影响下，在对浪漫爱情的渴望中，徐志摩与刚生下他们的第二个孩子的张幼仪离婚了，他把这种离婚称为"自由之偿还自由"。徐志摩的这一举动在社会上引起轩然大波，包括梁启超在内的亲友尊长明确反对，但徐志摩态度坚定：要"于茫茫人海中访我唯一灵魂之伴侣。得之，我幸；不得，我命；如此而已"。显然，他与张幼仪离婚并不是对张幼仪本人抱有什么厌恶之意，而是一个觉醒了的人决定要主宰自己的命运。作为一个理想主义的奋斗者，他以浪漫之爱为理想，把争取婚姻自由的行为视为"求人格之确立，求灵魂之救度"。

与张幼仪离婚后，徐志摩并没有如愿以偿地得到林徽因的爱情——当他从伦敦追到北京的时候，"女神"林徽因已经和梁启超的儿子梁思成订婚了，之后林徽因、梁思成留学美国，徐志摩只能暗自神伤。即便如此，受过英国文化熏陶的徐志摩对浪漫爱情的追求也没有止步，一如他对自由的追求（他声称"即使打破了头，也要维护我灵魂的自由"）。徐志摩认为国人应该有"kiss fire"的精神，在散文《海滩上种花》中更提倡在海滩上种花的精神："尽量在这人道的海滩边种你的鲜花去——花也许会消灭，但这种花的精神是不烂的！"

应该说 20 世纪 20 年代绝大多数作家的作品里面都在倡导恋爱自由、婚姻自主，但是少有人像徐志摩那样言行合一，当然也少有人如徐志摩一样认为爱至高无上。在徐志摩看来爱与事业不是冲突的，而是统一的。他在《艺术与人生》中认为我们没有好的艺术作品是因为我们没有绚丽的生命。我们的生命之所以黯淡无光，是因为我们没有爱。所以在他看来，爱与生命与艺术是完全相通的。

徐志摩的作品及实践中传统的阶梯式价值观已经没有什么踪迹，而现代的价值观念——"理、情、欲的和谐与满足是人生价值的最佳尺度，是人的自我实现"却清晰可见。徐志摩让爱在我们的人生中有了独立存在的地位与价值，他也成为"绝对恋爱"之象征。他不仅如以前及同时代作品一样要求自由恋爱的权利，而且视爱情为生命的组成部分——不可或缺的极其重要的部分，这为中国文学作品提供了新的理念、新的信号。这种理念与信号也使中国现代文学作品里的爱情与中国古代文学作品中的爱情有了质的变化。他的离婚不是简单的移情别恋，他有追求、有理想，这种追求与理想于时代和民族而言大有价值。可能也正是如此，他离婚后与张幼仪的关系变得更好，与张幼仪的兄长也是好朋友。他去世后，张幼仪、林徽因、陆小曼不仅没有一个人说他的是非，而是一直都在念着他。可见徐志摩的人品也相当了得，断不是什么花花公子。

中国现代文学作品中的爱情不仅有了与传统不一样的价值，在爱的目的性上也有了新质。

中华民族第一个女神，被称为"阴帝"的始祖女娲不是爱情之神，而是婚姻之神。"女娲祷神祠，祈而为女媒，因置婚姻。以其载媒，是以后世有国，是祀为皋媒之神。"（《路史·后记二》）从现在掌握的材料来看，我们的神话传说中不乏英雄豪杰，如夸父、精卫、刑天、后羿，但我们没有维纳斯式的令几千年人类文明心旷神怡的爱情之神。中国人的情爱一开始就在婚姻之神的支配下，这是前面提到的传统的阶梯式价值观的体现，它影响了我们的爱情观念。因此，中国古代文学作品无论姿态如何千奇百怪，在爱情的指向上都体现了目的论的爱情观。情是以婚姻为目的的，男女成婚便是最后、最高的境界。婚后感情不在作家考虑的范围内。偶尔涉及，则往往以"相敬如宾"为最高礼赞。殊不知，相敬如宾体现的是礼义中的朋友之谊，而非男女之爱。现代婚恋观认为，爱是一种激情、一种体验，是伴随人生的一种状态，是人生价值的表现方式之一。婚姻不过是保持相爱的一种方式及社会需要，而情是主体，也是目的。

20 世纪 20 年代的物理学家兼剧作家丁西林写了一个喜剧——《一只马蜂》，这部作品展现的就是传统的人生婚恋观与现代的人生婚恋观的矛盾与冲突。吉老太太作为传统型的家长，奉行男大当婚、女大当嫁的理念，想竭力解决家族子弟的婚姻问题，让他们在她认为的合适的年龄完成"终身大事"。而受现代思想影响的吉先生、余小姐却更重视两性相处过程中的感觉与体验，双方的矛盾可想而知，以致吉先生认为："我们处在一个不自然的社会里，不应该问的话，人家要问，可以讲的话，我们不能讲，所以只有说谎一个方法，可以把许多丑事遮盖起来。"明明互有爱意的吉先生和余小姐也要以"欺骗"的方式相处。作品以诙谐的形式调侃了吉老太太的婚恋观。

如果说丁西林是以委婉、幽默的方式展示着传统与现代婚恋观的冲突，那么徐志摩则是直接表达他对现代婚恋观的嘉许与追求。在散文《白朗宁夫人的情诗》中他写道："一对夫妻的结合不但是渊源于纯粹的相爱，不是肤浅的颠倒，而是意识的心性的相知，而且能使这部纯粹感情建筑成一个永久的共同生活的基础，在一个结婚的事实里阐发了不止一宗美的与高尚的德行，那一对夫妻怕还不是人类社会一个永久的榜样与灵感？"他以 Robert Browning 和 Elizabeth Browning 的爱情为例呈现了他对爱情与婚姻的思考。Elizabeth Browning15 岁骑马时从马上摔下来，致使脊椎受伤，从此瘫痪在床的她，生命只剩下一长串没有欢乐的日子。青春在生与死的边缘上黯然消逝。她 30 多岁时因为共同的爱好——文学与 Robert Browning 成为笔友，深交之中，Robert Browning 被这个大自己 6 岁的女子深深吸引，执意相见、求婚。Elizabeth Browning 在迟暮的岁月里赶上了早年的爱情。然而，她只能流着泪，用无情的沉默来回答一声声爱情的呼唤。但是，爱情最终战胜了死亡，从死亡的阴影里救出了一个已经放弃了生命的人。她动荡不安的感情逐渐变得稳定了；她对于人生开始有了信心，产生了眷恋。未来的幸福，不再是一团强烈的幻光，叫她不敢直视，不敢伸出手去碰一下。她敢于拿爱情来报答爱情了。爱情使她重新站了起来！在病室中被禁锢了 24 年之后，她终于可以凭借自己的双脚重新走到阳光下。之后他们不顾双方家庭的反对，出走意大利，结成夫妻。婚后他们不仅相爱如初，而且在创作上都达到了各自的高峰。在徐志摩看来，他们的结合使得各自的灵魂都得到了升华，他们的爱情才是理想中的爱情。他想和陆小曼实践 Browning 夫妇式的爱情，可惜最后以失败告终。

下面我们看看鲁迅笔下的爱情。由于某些原因，在很多人的眼里，鲁迅的形象就是"横眉冷对千夫指，俯首甘为孺子牛"——一副金刚怒目的样子。幸好，现在已经有不同的声音了。例如，陈丹青在《笑谈大先生》中说，他一直想念鲁迅，一是因为鲁迅长得"好看"，二是因为鲁迅"好玩"。我在这里要说的是我们不要将鲁迅的作品限定在政治的范围里，鲁迅的伟大、他在中国现代文学史上的地位，我们看看他的《伤逝》就可以理解。下面我们谈谈他的爱情小说《伤逝》。作品写了一对恋人——涓生与子君的爱情悲剧，其中写到他们相爱的动因："会馆里的被遗忘在偏僻里的破屋是这样地寂静和空虚。时光过得真快，我爱子君，仗着她逃出这寂静和空虚，已经满一年了。……在一年之前，这寂静和空虚是并不这样的，常常含着期待；……然而现在呢，只有寂静和空虚依旧……"涓生是一个启蒙者形象，在传统积习强大的环境中倍感寂寞、空虚，子君的到来驱赶了他的寂寞与空虚，但最后寂寞与空虚依旧。这里其实涉及为何而爱的问题。有的人可能由于寂寞空虚而想要谈恋爱，有的人可能为了繁衍后代而去谈恋爱，有的人可能基于物质上的需要而恋爱……鲁迅显然对涓生的这种方式是不认同的，最后离开了涓生的子君只能回到原来叛离的家庭抑郁而死，而涓生则"愿意真有所谓鬼魂，真有所谓地狱，那么，即使在孽风怒吼之中，我也将寻觅子君，当面说出我的悔恨和悲哀，祈求她的饶恕；否则，地狱的毒焰将围绕我，猛烈地烧尽我的悔恨和悲哀"。张爱玲《沉香屑·第一炉香》中的梁太太为钱嫁给一个大自己很多岁的男子，原来指望男子在自己青春犹在的时候死去，这样自己既可以获得丰厚的遗产，又不耽误寻觅第二春，哪知丈夫长寿，梁太太人到中年才获得自由身。这样的人生经历导致的是人性的扭曲与变态。梁太太为了满足私欲，不惜拖亲侄女下水，让侄女充当吸引男人的工具。

我们在中国现代文学作品中发现传统型的目的论爱情观遭到了嘲弄，作家更重视情感的纯度与深度，更注重爱情的体验与感受，这是不是说明我们生活的质量提高了？人生更丰富多彩了？人们的自由度更大了？

上面讨论的两个点，都存在于传统与现代、群体与个人、个体与个体的矛盾中。在价值转型的时代，这些矛盾无疑是激烈而深刻的，如何表达好这种矛盾是中国现代作家要直面的问题。

中国古代文学中的爱情作品较少，在为数不多的爱情作品中，相爱的男女不能善终的原因大多来自外部的压力。比如大家熟悉的《孔雀东南飞》，焦仲卿与妻子刘兰芝夫妻恩爱，但刘兰芝不得婆婆焦母的喜欢。焦母可以自作主张："阿母谓府吏：'何乃太区区！此妇无礼节，举动自专由。吾意久怀忿，汝岂得自由！东家有贤女，自名秦罗敷，可怜体无比，阿母为汝求。便可速遣之，遣去慎莫留！'"所以即便夫妻俩有"在天愿为比翼鸟，在地愿为连理枝"之情，最后也只能一个"举身赴清池"，一个"自挂东南枝"。在权势礼法的淫威下，爱情只能以悲剧告终。

中国现代文学作品中的爱情悲剧自然也有来自于外部压力的，或者说与外在因素关系密切的。例如：前面提到的鲁迅的《伤逝》，如果社会不因涓生的自由恋爱而排挤他，导致他没有朋友、没有工作，那么他和子君的关系也许不会结束，至少结束得不会这么快，而子君也可能不会在失恋后抑郁而死。曹禺的《雷雨》中周朴园与梅侍萍、巴金的《家》中觉慧和鸣凤的爱情悲剧都与门第观念密切相关；《寒夜》中汪文宣与曾树生的悲剧与万恶的战争、黑暗的社会息息相关……但总体而言，中国现代文学作品中的爱情悲剧的原因呈现出复杂的态势。也就是说在爱情悲剧的原因方面，中国现代文学区别于中国古代文学的是它不仅仅涉及外部力量，它还触及人的心理、性格、人性，有的甚至上升到了哲学的高度。就拿《伤逝》来说，如果分析作品的悲剧的原因，我们可以找到很多种：保守的社会容不下争取自由独立的青年；社会给女性生存的空间狭小；涓生的软弱自私；子君思想的半新不旧；启蒙者力量的有限性……但我认为除了这些原因之外，《伤逝》中的爱情悲剧真正引发读者深思的可能是它触及爱情的哲学层面。我们先看下面的文字：

"我是我自己的，他们谁也没有干涉我的权利！"……这几句话很震动了我的灵魂，此后许多天还在耳中发响，而且说不出的狂喜，知道中国女性，并不如厌世家所说那样的无法可施，在不远的将来，便要看见辉煌的曙色的……

我也渐渐清醒地读遍了她的身体，她的灵魂，不过三星期，我似乎于她已经更加了解，揭去许多先前以为了解而现在看来却是隔膜，即所谓真的隔膜了……

这是真的，爱情必须时时更新，生长，创造。

……

安宁和幸福是要凝固的，永久是这样的安宁和幸福……

这才觉得大半年来，只为了爱，——盲目的爱，——而将别的人生的要义全盘疏忽了。第一，便是生活。人必生活着，爱才有所附丽。世界上并非没有为了奋斗者而开的活路……

在上述文字中我们可以看到几个问题：第一个问题就是涓生爱的到底是不是子君？子君打动涓生的是子君的"我是我自己的，他们谁也没有干涉我的权利"的"宣言"，在这"宣言"里，子君呈现的是一个独立、自主的女性形象。涓生在此不仅看到了一个不同于传统女性的子君，而且看到了中国女性的希望、中国社会的希望，但是同居后的子君表现出的却是传统女性的一面：以涓生为轴心，专注柴米油盐，不再关心社会，也不再读书学习，这样两个人的共同话题就越来越少了。如果说爱人是一本书，那么子君这本书异常单薄，不能让对方"读你千遍不厌倦"。事实上，涓生仅仅三个星期就"读遍了她的身体，她的灵魂"，结果不是更加接近而是"真的隔膜了"。子君同居前后的形象在涓生心目中的反差无疑是巨大的，那涓生后来对子君说出"我不爱你了"是不是情有可原？是不是不能简单地将涓生定位为负心汉？这里其实关涉一个问题：当我们爱一个人时，这个人是不是真正的他/她？我们在何种程度上会爱上真正的他/她？如果有人幸运地爱过几个人，这几个人会不会是同一种类型的？他/她爱的是"这个"人还是某一种类型的人？这种追问令人惶恐。希望艾里希·弗洛姆在《爱的艺术》中提出的这个观点能给我们指明方向："如果不在发展自己的全部人格上付出努力，如果不能使自己的潜在能力达到创新人格的倾向性，那么，你对爱的任何目标都不可能得以实现。"

《伤逝》爱情悲剧涉及的第二个问题：人格的独立性问题。子君离开涓生后忧郁而死，在某种程度上表明她拒绝成长。涓生幻想着他和子君是两个独立的人，一旦分开这两个人仍可以独立地到社会上去争取自己的生存空间。他没有想到子君一开始就不是作为一个独立人格的人来爱他的，而是向往着在他面前把自己变成婴儿寄生在他的人格之中。五四时期，挪威作家易卜生对中国文坛影响甚大，他的作品《玩偶之家》（《娜拉》）更引发了大家对女主人公娜拉命运的关注。娜拉看透了丈夫的自私和夫妻间的不平等，不甘心做丈夫的玩偶，愤然出走。恩格斯认为娜拉是有自由意志与独立精神的"挪威小资产阶级妇女"的代表。可是，子君绝不可能像娜拉那样出走。相反，娜拉所不能忍受的婚姻正是子君下意识去追求的理想，即成为丈夫的玩偶或乖孩子，所以当涓生要她"无须顾虑勇往直前"时，她就像被母亲抛弃的孩子一样感到恐惧茫然，感到无依无靠。鲁迅在《娜拉走后怎样》中曾经把中国的娜拉们不能出走的原因归结为社会太残酷，没有她们独立生存的环境。但其实在《伤逝》中所揭示的中国女性对爱情的那种童稚式的理解才是她们根本不愿出走的内在的原因，她们决不会像娜拉一样因为丈夫把她们看作孩子而毅然出走，以此来证明自己的独立人格。中国女性的悲剧命运难以摆脱，女性的解放之路依旧漫长，应该和女性的这一认知大有关系。

《伤逝》爱情悲剧涉及的第三个问题是爱情到底是需要安宁还是创造的问题。子君因"我是我自己的，他们谁也没有干涉我的权利"的"宣言"获得了涓生的"一条腿跪了下去"式的求婚。同居后的他们有了安宁和幸福的生活。但是"安宁和幸福是要凝固的，永久是这样的安宁和幸福"。鲁迅没有像大多数写个性解放的作家一样把重点放在人与环境的冲突上，而是着力表现人物在"安宁和幸福"的环境中的内心的冲突。一潭死水的宁静绝不是真正的爱。爱应当是火焰，它包含着生命的不安、痛苦和追求。虽然涓生也懂得"爱情必须时时更新，生长，创造"，但他终于凝固在安宁和幸福中，和子君一起在回忆中反复咀嚼着往日的爱情（"我们在会馆里时，还偶有议论的冲突和意思的误会，自从到吉兆胡同以来，连这一点也没有了；我们只在灯下对坐的怀旧谭中，回味那时冲突以后的和解的重生一般的乐趣。"）。没有"更新、生长、创造"的爱情自然只能变质、变酸，乃至消失，最后是无法掩饰的冷漠（"她从此又开始了往事的温习和新的考验，逼我做出许多虚伪的温存的答案来，将温存示给她，虚伪的草稿便写在自己的心上。我的心渐被这些草稿填满了，常觉得难于呼吸。我在苦恼中常常想，说真实自然须有极大的勇气的；假如没有这勇气，而苟安于虚伪，那也便是不能开辟新的生路的人。不独不是这个，连这人也未尝有！"）。可见，更新、生长与创造是爱情的保鲜剂。

张爱玲笔下的爱情又呈现出另外的形态。《倾城之恋》里的白流苏想要婚姻，范柳原只想玩情感游戏，这两个自私的男女为了成全自己斗智斗勇，最后却因为香港的沦陷而结成夫妻。作品不重视外部环境的影响，而着力描写的是人性，读来倍感苍凉、无力。《沉香屑·第一炉香》里的葛薇龙从一个大学生跌落到替梁太太弄人、替乔琪弄钱的境地，原因也不是外在因素，可以说是一种悲剧。葛薇龙走的每一步似乎都没有错，每一次选择都有理由，可是这样一步步走下来，她的人生就毁了。葛薇龙既想过舒适、奢华的生活，又想追求爱情，结果在不知不觉中成了别人的工具。《金锁记》中的曹七巧在情欲和金钱欲的控制下一步一步走向没有光的所在……

张爱玲作品里的爱情更关注人性。曹禺、巴金、沈从文笔下的爱情又另有特点，大家可以慢慢去品味。

以上我们从三个方面谈了中国现代文学作品中爱情的特点，不足之处，欢迎指正。

德国哲学家费尔巴哈说："爱，就是成为一个人。"希望大家都能够修炼成"人"。最后，祝各位学业、爱情双丰收。

谢谢！

为什么是《哈利·波特》
而不是《赫敏·格兰杰》？
——谈谈历险文化中的两分领域

周子玉

主讲人简介

周子玉，长沙理工大学文法学院讲师，博士。主持及参与的主要科研项目：国家社会科学青年项目：《英国殖民历险小说中的女性形象研究》，湖南省社会科学项目：《赛珍珠作品中的救赎模式研究》。研究领域：比较文学与世界文学、欧美文学、中国现当代少数民族文学等。

各位同学，今天咱们来谈一谈历险文化里面的两分领域。咱们在座的同学看过《哈利·波特》的有多少？举一下手。好的，基本都看过。那么，我首先来问一个问题："赫敏·格兰杰是一个什么样的人？"

我可以先说说我的印象。这个女孩子很聪明。这是她给我的最强烈的第一印象。她就像是哈利·波特那个小团体的军师——聪明，理智，遇事冷静，知识渊博。这种聪明不完全是天生的，和她刻苦学习有关。她不仅聪明，还理智、刻苦、勇敢，能够一起去冒险。还有什么？还很善良。我们知道到后面的部分，赫敏组织了一个家养小精灵保护协会，而且努力地去保护这些家养小精灵的权益。

好吧，我们现在来思考这样一个问题：既然赫敏又聪明、又勇敢、又理智、又刻苦，还很善良。那她为什么不能成为主角呢？你们还能找到比她更完美的主角吗？为什么这套书要取名《哈利·波特》，而不是《赫敏·格兰杰》呢？有没有同学想过这个问题？哦，有的同学说，她太完美了，太聪明了。原来太完美也是一种过错。

其实原因很简单，这和作者最开始想要隐藏自己的女性作者身份的原因是一样的。作者最初只是为了让历险小说的读者更容易接受这部作品。为什么哈利·波特成为主角更容易被接受呢？同学们听过一句话叫作"战争让女人走开"吧？在西方历史文化的传统里面，有一个传统叫作历险让女人走开。这一点，无论是通俗文学还是经典文学的立场都是一致的。

不相信，我们可以再看看《鲁滨孙漂流记》。《鲁滨孙漂流记》是关于谁的小说？是的，当然是鲁滨孙。在整个历险过程当中，鲁滨孙身边有女性陪同吗？没有。连他收的一个土著奴隶都是个男的，取个名字叫"星期五"。所以，我们可以简单地把它称之为一个或两个男人的历险故事。

我可以问问，你们能找到几本以女性作为主角的历险故事书呢？尤其是当代之前的？很少，对吧？马丁·格林说过："冒险这个概念很明显地和男子气概联系在一起，而且还和男性公民身份辩证地联系在了一起。"那么，西方文化里面男性专属的历险空间是怎么形成的呢？

接下来我们会从以下三部分来讲：第一部分讲"'两分领域'内涵及历史"，这部分要弄清两个问题：1. 什么是"两分领域"？2. "两分领域"是怎么形成的？第二部分讲"两分领域中的历险空间"；第三部分讲"历险空间与殖民空间的重合"。

一、"两分领域"内涵及历史

1. 什么是"两分领域"？

什么是两分领域呢？这个名词听起来很神秘，其实是每个人都知道的。我现在问一个问题："你们家里谁做饭多？"是妈妈的请举手，好。是爸爸的请举手。两个人都做的请举手。很明显，我说妈妈做饭的请举手的时候，感觉竖起了一片树林。那我再问一个问题："你在饭店里面遇到的厨师是男性多还是女性多？"男性。异口同声啊。这也没错，我们看一下 2014 年江苏省的厨师性别比，女性厨师占 24％，男性厨师占 76％。大家觉得这里面有没有什么矛盾？家里面为什么妈妈做饭多？有的同学说妈妈做饭好吃，那说明妈妈很有做饭的天赋，对不对？如果女性做饭很有天赋，那从比例上来说，女性当中擅长厨艺的人或者是有厨艺天赋的人应该是比较多的。那你在外面遇到的厨师为什么是男性的较多？这不是一个悖论吗？

那么反过来，从厨师里男性比较多的情况，我是不是应该认为男性在做饭这方面很有天赋，很有优势？如果是这样的话，岂不是在家里面应该爸爸做饭比较多？这里的矛盾，我们就叫作"两分领域"。通俗一点儿来讲，就是男主外，女主内。妈妈属于家庭空间，就是内；厨师是一个职业，属于公共空间，就是外。在家庭空间里面女性活动居多，所以她来做饭；外面的公共空间由男性来掌控，所以厨师男性多。

这个是我们最粗糙的关于两分领域的解释。很早之前，帕拉梅·夏普就思考过这个问题："'两分领域'作为一种古老的现象，早于 17 世纪 90 年代厌女症的产生，早于福音派的'天使形象'的宣传，早于法国革命和工厂制的产生……总之，无论两分领域如何被建构，18 世纪和 19 世纪早期的妇女职责是家庭和孩子，男人与女人在公共体制方面的分割在每个世纪或任何一种文化结构中都存在。"

没错，两分领域是自从父系社会出现以后就有的一种社会现象，在各种文化中都有表现，包括中国。但它真正成熟并成为一种体制、一种概念，是在英国的维多利亚时代。

中产阶级群体被维多利亚的社会分离成两个阵营：男人的公共领域，包括工作、政治、俱乐部、运动场和其他许多活动；女人的私人领域，仅限于家庭生活。这就是"两分领域"。

2. "两分领域"是怎么形成的？

那么，我们来看看"两分领域"是怎么形成的？要理解这一点，先要明白公私领域是如何分开的。换句话说，要理解私人领域（家）是怎么形成的。

家是什么？有的同学说：温暖的港湾。很对。家不仅仅是一间房屋，它是一个非常重要的文化概念，不是一个空白的自然客体，而是一个社会性空间，是公共领域和私人领域分开之后私人领域的代表。

那么，这个私人领域的代表是从什么时候开始形成的呢？第一次工业革命以后，大规模制造业开始发展，资本密集型技术被引进，专门的工厂生产取代了家庭作坊的生产形式，工作与生活进一步分离，现代意义上的"家"开始形成。从维多利亚时代开始，"房屋开始被定义为一个庇护所，一个与肮脏的商务生活完全分离的地方。它有着与外界不同的道德、不同的准则和导向，并以此保护人的灵魂不会在商业社会中毁灭。或者说，它看上去应该有这种功用"。

在"家"开始形成之前，西方的公私领域就开始了性别化进程。"家"的出现加剧了这种现象。到 19 世纪末期，英国公共领域与私人领域已经被完全按性别划分开了。"男人的工作社会化，而妇女的工作则家庭化；男人掌控了公共领域，妇女被禁锢在狭小的私人领域（家庭空间）中，排斥在公共领域外。"

二、两分领域中的历险空间

明白了两分领域，接下来我问个问题：历险空间和两分领域是什么关系？

我们先想一下，哈利·波特主要是在哪些地方活动？对的，魔法世界。还有一个不要忘了，是他的姨妈家。哈利·波特和他的姨妈关系并不好，但每年学期结束，他都必须要从魔法世界回到他的姨妈家。每次开学，他必须从他的姨妈家出发去霍格沃茨。无论他的姨妈对他多么刻薄，他的姨父多么冷漠，他的表哥怎么欺负他。书里给出的解释是他只有这样才会受到保护，对吗？只要他还将那里称之为家，他就会受到保护。但是跳出书本来看，作者这样设定的原因是很有意思的。这里面有一个重要的核心理念，所有的历险空间都是从家园空间延伸出去的，家是历险空间的来源和去处，是历险者最后的庇护所。我们有时候看历险小说，只看到历险的那一部分，但其实我们要知道，所有的历险都有来源和去处。这个来源和去处就是隐藏在历险空间背后的家园空间，就是我们说的私人领域与家庭。

好，现在我们明白了，公共领域和历险空间是什么关系呢？历险空间是公共领域的一部分，是外部世界的一部分。这也是为什么历险空间里面的主人公通常是男性，因为历险空间是属于公共领域的一部分，而历险空间背后的家园空间是私人领域的一部分。这也是为什么哈利·波特在结束历险后必须要回到姨妈家。为什么罗琳不设定让他回他的舅舅家？为什么不回他的叔叔家？因为他的姨妈是一个女性，女性负责掌管历险空间背后的家园空间。

关于这一点，我们可以根据一个有名的例子来进一步理解：《荷马史诗》。《荷马史诗》在西方文化中的地位类似《诗经》在我国的地位——一切文学和艺术的源头。它讲述了古代希腊人和特洛伊人的一场战争。这场战争打了十年，这十年战争被写成了史诗叫《伊利亚特》。打完仗了，要回家了，回家又是十年的漂泊历险，这十年漂泊叫《奥德赛》。《荷马史诗》就是《伊利亚特》和《奥德赛》的合集。

今天我们主要讲的是《奥德赛》。这是奥德修斯的十年归家的历险。可能很多同学都听过故事里这些惊心动魄的桥段：会迷惑人心的海中女妖，吃人的独眼巨人，等等。那么，《奥德赛》的情节线索是什么呢？我们来看看，众神允许奥德修斯回到家园，这个时候奥德修斯就开始启程归家了。而与此同时，特勒马科斯召开全民大会，然后离家远航。特勒马科斯是谁？是奥德修斯的儿子。他为什么要离家远航呢？因为奥德修斯打十年仗又漂泊了十年，二十年啊，他的妻子在家乡已经有了一堆的求婚者，他们都在逼他的妻子嫁人，因为娶了奥德修斯的妻子就可以接管奥德修斯的所有财产。奥得修斯的妻子叫佩涅洛佩，她不敢直接拒绝所有的求婚者，只能骗他们说，要织一匹锦布给死去的公公，织完才能嫁人。然后她白天织好，晚上把它拆掉，用这种办法拖延了三年。这个时候她的儿子特勒马科斯已经长大了，一看这样下去不是办法，只能召开全民大会，宣布他要去找他的父亲奥德修斯，于是被迫离家远航。

所以这里有两条线索，两个空间。特勒马科斯和奥德修斯都在历险空间（外部世界）中活动，只是一个在归家，一个在离家，最终他们在历险空间中相遇。他们两个的活动线索都是一个圆形：奥德修斯离开家园空间，去往外部世界，参与十年战争，后来经过十年漂泊，回到家园空间，这是一个完整的圆。特勒马科斯离开家园空间，去历险空间里寻找父亲，在遇到父亲后，一起回到家园空间，这也是一个完整的圆。圆形的起点和终点都是家园空间。整个《奥德赛》就是用两个圆形组成的线索来叙事的。

那么在这两个圆形当中，家园空间是谁一直停留在里面？那就是奥德修斯的妻子佩涅洛佩。这个图形的性别分配看起来是十分清晰的：在历险空间中活动的只有奥德修斯和特勒马科斯，都是男性；而自始至终停留在家园空间里面的只有佩涅洛佩，是个女性。

可以看出，两分领域是从最早的西方文化里面开始的，因为我们之前说过，《荷马史诗》在西方文化中是一切源头的源头。从这个时候开始，我们就已经看到了家园空间和历险空间的性别化和对立。到了近代殖民扩张的时代，两个空间的性别化和对立直接影响了西方殖民历险小说中殖民空间的塑造。为了理解这种发展，接下来，我们了解一下历险空间和殖民空间的关系。

三、历险空间与殖民空间的重合

前面我们说过，历险空间是公共领域的一部分。到了殖民时代，它在很大意义上和殖民空间重合了。为什么我们有这么一个判断？

我先举一个例子——《鲁滨孙漂流记》。鲁滨孙是谁？是男人。哪个国家的男人？英国。他主要的历险场所是哪里？荒岛。这个所谓的荒岛在哪？不知道？不知道很正常，总之我们知道它不在英国，不在美国，不在任何一个西方国家，因为它是一个殖民地。然后，星期五是个什么人？土著男人。这是鲁滨孙在殖民地收服的第一个土著男性。

其实《鲁滨孙漂流记》已经是一部殖民历险小说，它讲的是鲁滨孙如何征服所谓的荒岛——也就是殖民地的过程。这里的荒岛已经不是单纯的历险空间，不是《荷马史诗》里的历险空间，也不是《哈利·波特》里的历险空间，它本身就是殖民空间。无数的例子告诉我们，近现代以后，西方历险文化和殖民扩张是紧密联系在一起的，而在这里，历险空间和殖民空间是重合的。

为什么说西方的历险文化和殖民扩张是紧密联系的？你如果想去历险，你需要先知道有那样一个地方，并且知道怎么去，对不对？

英国从16世纪真正开始殖民扩张之前，他们先开始的是地理大发现。首先是探险家和博物学家，他们通过海上历险，到达了某个从未去过的殖民地，比如印度。然后把详细的地理、物产等信息传回来，之后传教士、商人才能够沿着他们开拓的道路过去，进行殖民统治。在这一历史时期中，出现了历险小说的高峰期。英国19世纪历险小说全盛的状况本来就是殖民全盛的历史产物，而且它直接参与到了建构英国帝国历史的过程。我们说这是一个互相促进、互相建构、互相塑造的过程。殖民空间和历险空间重合了。这个时候，在殖民历险重合的空间里面出现了一个很有意思的现象：二元化。这种二元化既是性别的二元化，也是种族的二元化。在殖民历险空间里面有一个老套的二元化公式：西方/殖民地＝男性/女性。

这个二元化公式是什么意思呢？我们先欣赏一下这幅图（图略）：哥伦布发现美洲大陆。我选的都是普通的画家的作品，很流行，但不是很有名。我们看一下，画像上面哥伦布这一群人跟美洲土著这一群人有什么区别？

画画其实最有意思，因为这是画家想象出来的、感受到的世界的直观影像。这位画家想象的哥伦布发现美洲大陆是什么样子的呢？文明的、先进的、衣着整齐的西方男性历险者，进入女性化的、野蛮的、落后的殖民历险空间。

为什么会这样想象呢？因为帝国是男性化的帝国，这里的帝国特指英国。西方国家在自我塑造的形象当中是男性化的，而殖民地相应地被塑造成为女性化的。因为在西方的传统社会中，往往认为男性比女性更勇敢、更坚强、更文明、更富有领导力，以此来证明男性化的西方比女性化的殖民地更加优越、更加理智、更加文明，被后天强行添加的性别优势直接转化为种族优势。这就是"西方/殖民地＝男性/女性"这一等式的来由。

赛义德是后殖民理论批评家，他专门谈过这个问题。他说："东方就被东方主义的话语典型地制作成（形象多样）沉默、淫荡、女性化、暴虐、易怒和落后的形象。正好相反，西方则被表现为男性化、民主、有理性、讲道德、有活力并且思想开通的形象。"

米歇尔·德赛丢做过一个表格，将想象中的西方人和美洲人的特性做了一个总结：西方人是男性化的、理性的、讲伦理、文明、努力工作的形象；而美洲人是女性化的、懒惰的、处于野蛮状态的形象。从这个想象来看，宗主国的男性化与殖民地的女性化使得殖民统治和占领变得合乎逻辑，男性对女性在性属上的优势转化成了宗主国对殖民地的优势。

这也是为什么在殖民历险小说里面，历险空间往往只出现一种搭配，就是白人男性与殖民地女性的搭配。这时还会出现一种很奇怪的白人神话，套路就是白人英雄拯救殖民地女性，通常她可能是公主，一般是这个殖民地的一个象征。然后出现殖民地的公主爱上白人男性，等等。这样的故事有很多，在英国作家哈葛德、吉卜林、康拉德的小说里，在当代的好莱坞电影里都有各种变形。

殖民历险空间里的主角往往只有一个，就是白人男性，不仅是男性还是白人的男性，这是一种性别和种族的统一。殖民地代表通常是女性，性别是女性，种族是土著，各种土著，非洲的、印度的、中国的，等等，对西方来说没有太大的区别。他们共享一个中心，叫作男权中心。性别上的不平等直接化为种族上的不平等。

这就是为什么历险空间跟殖民空间重合以后，不仅性别化特征更明显了，还加上了种族化特征。换句话说，它不仅只出现男性，还一般只出现白人男性。我们在近代刚刚走出国门的时候，西方国家特别关注中国男人背后拖的那条辫子，这个完全符合他们对东方的想象。因为历险空间当中对东方的那种想象是女性化的。留着辫子，穿着跟裙子差不多的马褂，这样的东方男人简直完全符合西方人的想象。哪怕我们已经一百年不留辫子了，不少的西方人还以为中国男性都留辫子。所以我们说，在历险文化当中，当男性成为宗主国在殖民地的代表的时候，历险空间里的西方女性就被驱逐了。在这种情况下，故事里出现的只能是殖民地的女性。

我们总结一下：西方很早就完成了两分领域并将之性别化，使得公共领域专属于男性，私人领域专属于女性。历险空间作为公共领域的一部分，成为男性专属的空间。当近现代殖民空间和历险空间重合的时候，便加剧了这一性别化现象，并增加了种族的属性。但无论怎么发展，西方历险文化的男性化都是由来已久的。这就是为什么罗琳只能写《哈利·波特》，而不会写《赫敏·格兰杰》的原因。我的讲座就到这里，谢谢大家。

提问环节

第一个问题：老师您好！刚刚在讲课当中说到两分领域，其实讲到的就是男主外女主内，强调了男性在外面工作的重要性，也强调了女性在家庭中的重要性。我想请问您的是：两分领域是不是对女性的一种歧视或者说轻视？

这个问题提得很好。是这样的，我在说一个概念的时候，通常会尽量客观、不带预设立场地讲，其他的评判留给同学们自己思考。这位同学的思考就很好。

"两分领域"是不是对女性的歧视？当然是的。严格来说，这是性别歧视。它不仅是对女性的歧视，也是对男性的歧视。换句话来说，人为地规定某一种性别，必须是什么样的，必须做到什么事情，不能够做什么事情，对于一个完整的人来说，它都是不公平的。这是对女性的不公平，这一点很容易理解，并不是每一个女性都愿意永远留在私人领域里，不然在座的女生为什么坐在这里，为什么来读大学？

但是有的同学可能不能理解，为什么这也是对男性的不公平。我们这样设想一下：你告诉所有的男性，你必须到外面的世界去打拼，你留在家庭是没有任何意义的，这不是你的天地。你是男性，你必须要勇敢，要坚强，要有主见，要强壮，能在公共领域去打拼，流血不流泪。具体到现实就是，你可能需要拼命加班挣钱养家，病了痛了不要出声，受了打击不要抱怨，遇到突发事件包括死亡事件都要冷静勇敢。但是可能未必每一个男性都想这样，都能做到这样。即使有男性愿意是这样的，也不是想时时刻刻都这样。这不是天生的男性气质，只是后天社会规定的性别气质，叫作社会性别。

其实作为普通人来说，无论男女，都有不勇敢的时候、软弱的时候、无力的时候。我们都是凡人，没有人能够永远强大。面对庞大的命运，人类作为个体太渺小了，男女之间的体力差距在这里没有任何意义。幼小、病痛、衰老，都会让人变得不强壮。面对死亡，面对病痛，面对沉重的生活压力，无论男女，感受并没有很大的差别。

而这种两分领域残酷的一点就是，没有做到所有这些要求的男性，会被直接剥夺男性社会性别作为惩罚，就是被开除出"男性"的队伍。

这一点很好理解。我们经常会听到一句话：你还是个男人吗？这通常出现在男性做了被认为"不男人"的事情，比如没有担当，比如哭泣，甚至可能只是他搬不起一张桌子。这时候质疑的不是这个人的生理性别，质疑的是他的社会性别。而社会性别是什么？是被创造出来的。作为社会性别的男性和女性都不是天生的，是长成的，是被某种文化规定出来的。在这种文化中，可能我们说男性要勇敢、要强壮，也许在另外一种文化当中，我可以说女性应该勇敢、强壮，凡是不勇敢、不强壮的女性都没有资格做女人。

同学们，我们在自己的文化当中待得太久了，我们无法想象另外一种情况。那么我举一个简单的例子——云南的一个少数民族。我和朋友之前去过这个地方旅游。这个民族很奇特，他们是女人外出干活，要养家，要强壮，要勇敢；男人在家，只需要负责"貌美如花"。当时我们带了器材过去，非常重。有几个本地的男人在旁边看，我朋友一看有几个劳力在这儿，特别开心，就问他们多少钱一天，请他们帮忙把器材搬到山上去。这几个男人非常吃惊地说："哎呀，这么重，我们男人哪里搬得动，我去叫我家女人去。"我们都目瞪口呆。

你们觉得很不可思议吧？其实没有什么。没有哪个性别天生就应该勇敢有担当，没有哪个性别天生就应该懦弱。在这个社会里面，它默认女人是更强更聪明的一方，她应该更勇敢，更有承担。关于这个民族有个著名的笑话。说的是开车的人看到前面有一个少数民族的女性背着一担柴，里面的柴比她的头都高。大家就纷纷讨论说，少数民族的妇女真是吃苦耐劳。突然大家发现那个柴堆在冒烟，司机很惊恐，赶快开到前面去说："哎呀，大姐，你的柴冒烟了！"大姐说："你不要急，是我丈夫坐在柴堆里抽烟呢！"可能因为她的丈夫走路觉得太累了，所以大姐就让他坐到柴堆上背着走。

这个故事有好几个版本，我想肯定有些夸张的成分。但即使考虑到其中夸张的成分，大家也还是觉得很荒谬吧？但是同学们，我们现在设想一下，换一下两个人的性别呢？没错，真是中国好丈夫。对于那个少数民族大姐其实也是这样的。在她的文化里，她是一个合格的女人，是一个能够背起自己家里面男人的女人。

因此，两分领域和其中的性别二元化其实都是后天形成的，并非合理，可能同时在伤害两个性别。如果要说它是性别歧视的，不公平的，确实它对两个性别都不公平。我这样答不知道这位同学满不满意？

第二个问题：哈利·波特为什么不和赫敏在一起？

我估计很多同学都想问这个问题。我就说说我个人的想法。哈利·波特当然不能和赫敏在一起。从情节的设置来说，这两个人实在太优秀了，太耀眼了，都非常有存在感，相当于各领了一条主线。两个人在一起就太浪费情节资源了，这样的话，其他的角色就更加没有存在感。但是两个人分别和配角在一起，有助于平衡情节线索和各个角色之间的轻重。

当然，最重要的一点是，如果赫敏和哈利·波特在一起，那么和以前的历险小说的老套模式就没什么区别：男主人公带着他的配偶进行历险。罗琳给小说取名为《哈利·波特》，但是无论是从篇幅还是具体效果来看，赫敏差不多是和哈利·波特并驾齐驱的第二主角，而且是一个独立的第二主角。我个人的感受，罗琳不愿意让他们在一起，除了情节安排的考虑，更多的还有对赫敏这个人物的看重，不愿意让赫敏成为哈利·波特的陪衬。所以他们各自找一个伴侣，分别带领不同的配角和情节线索才是最合理的安排。

第三个问题：请问您怎么看待像《冰与火之歌》里面的龙母的形象？这个也是奇幻历险类作品，但是出现了女性主角。

这个问题问得很好。你关注到了现在新出现的一些现象。而且我还要补充，不光是你看到的《冰与火之歌》里面，现在有更多的历险作品里面都出现了女性主人公。如前两年的电影《阿黛拉的非凡冒险》里的主角阿黛拉，《冰雪奇缘》里的安娜公主和艾莎女王，等等。为什么会出现这种情况？就是我们说的，本来拒绝让女性进入历险空间，现在为什么会有这么多女性进入？它和现代文化和经济的变化是有直接关系的。两分领域最开始产生的基础是封建制的生产方式，这一区分最开始的基础是基于性别之间体力的不同。所谓男耕田来女织布，男性因为生理结构的原因，肌肉力量通常来说更强，更适合狩猎和重体力劳动，更适合长途旅行、经商冒险等；而女性由于生理方面的原因，更擅长做家里细致的工作，比如说可能纺织做得更好。

这种区分一开始是没有文化意义的，它可能纯粹就是让适合的人去做适合的事情。你适合狩猎就去狩猎，你适合生产就去生产。后面开始出现了人为塑造的文化上的含义，获得更多的生产生活资料的那一群人逐渐掌握了话语权，这个性别就给了自己更多美好的定义，如勇敢、有领导力、理智、坚强、勇于承担责任等。为了守住自己的优势地位，开始拒绝另一个性别进入自己的领域，获得自己的荣誉。慢慢的两分领域就形成了，最后固定了。

但是，生产方式进入现代以后，出现了一个问题：人的肉体力量已经不能成为决定因素。决定一切的是智力，是技术的发展，是科学的创新。同学们，咱们读到这个位置，谁也不是为了去搬砖，对吧？如果不是为了搬砖，你们只是坐着打字写论文、做实验的话，你的力气大一点儿，敲击键盘更重一点儿，难道就更厉害一点儿吗？难道把键盘敲破了就能拿到优秀毕业论文？男人的手指和女人的手指敲下来的力度不一样，所以价值就不一样吗？

所以这样看来，两分领域的性别分工已经和生产方式脱节了。当然，还会有惯性，性别化的"两分领域"不会立即消失，但是变化总会有的。这就是为什么我们看到现在的历险作品除了强调勇气之外，智慧也起到了很大的作用，这也是为什么女性越来越多地进入历险空间。《哈利·波特》里赫敏的出现是一个征兆，罗琳没有让她成为唯一的主角，但是我们要说，她差不多就是第二个主角了，并且不是以主角的配偶形象出现的。罗琳给她找了另一个男朋友——这待遇差不多也是主角待遇了。赫敏更多的是以一个军师的形象出现的，就是一个智囊。那么到了这里，两分领域的物质基础和经济基础基本上开始消亡了。

最后我们来谈谈大众文化。大众文化工业唯一的目标就是要盈利，从某种意义上来说，它是没有立场的。它无所谓性别两分或者性别平等，不在乎公平或者正义。只是当越来越多秉持性别平等观念的观众具有消费能力之后，它自然会逐利而去。当然，反过来，它又会进一步推动这种趋势。这就是我对现在越来越多的女性角色进入历险故事里的理解。

唐诗欣赏与吟诵

宁淑华

主讲人简介

宁淑华，长沙理工大学文法学院教授，博士，硕士生导师。研究领域：唐宋文学，古代诗文，诗词吟诵。

吟诵现在处于一种什么情况呢？我们先来说唐诗。现在语文教学的一个普遍现象是唐诗以其独特的意境美深受人们喜爱，各级学校也会要求学生背诵唐诗。这里会出现一个问题——我们虽然喜爱唐诗，但并不喜欢背诵唐诗。我讲授诗词课的时候就一次次碰到这个问题，学生喜爱诗词，但是不爱背诵诗词。喜欢和背诵之间就产生了矛盾与对立。所以，今天我要讲的吟诵，实际上就是为了解决这一矛盾而来的。

一、唐诗之美与朗诵隔膜

第一，诗歌之美。"言之美者为文，文之美者为诗。"从这里的"言""文""诗"可以知道，诗是文学的最高代表。元代的方回说："文之精者为诗，诗之精者为律。"这里又上了一个台阶——"诗之精者为律"。何为律？就是指近体诗的格律。唐诗发展到了律诗阶段，是中国诗歌的最高典范和顶峰。

第二，唐诗之美。唐诗在整个诗歌里面处于什么地位呢？——诗中的诗，顶峰中的顶峰。唐诗的美为何被赋予这么高的评价？概而言之，唐诗的美只可意会而不可言传。我只能选择非常概略的四个角度：律、气、情、神稍作分析。律，是音律；气，是气势；情，是情韵；神，是神采。

我们现在对于唐诗之美的接受困境在哪儿？是我们爱，却爱得不够。我们知道它美，但我们对它的美感受得却不够，因为我们的接受中介是朗诵。以《静夜思》为例，这首我们从小学开始就会背诵的诗，在应试教育的大背景下，以朗诵的方式，有多少同学能够真正地体会它所表达的情感，能品味出它所流露出来的美？

（请一位同学带有感情地朗诵一遍）

我曾经在不同的层面问过我的学生，这首古体诗美不美？何以美？怎样用声音表达它的美？学生流露出的多是困惑的表情。刚才这位同学的表达是朗诵的正常表达，然而这样正常的表达，透过声音，落实到文字和意象上，就会觉得太简单、太直白。"举头望明月，低头思故乡"，仿佛不假思索地脱口而出，这和"抬头看太阳，低头思阴凉"有何不同？仿佛稚嫩小儿也能念出。如此简单，但是千百年来一直被人们所推崇，为什么？下面请听一遍台湾的王更生先生的《静夜思》吟诵，请大家闭上眼睛倾听。

（《静夜思》音频，王更生吟诵，出自徐健顺、陈琴主编《我爱吟诵》光盘，广西师范大学出版社，2015 年）

通过对比，我们发现朗诵和吟诵是截然不同的。有什么不同？一是吟诵有一种余音绕梁的滋味，声音的旋律久久环绕；二是在余音绕梁的旋律中才能感受到这首特别简单的唐诗背后的韵味。

那么，这种韵味到底是什么呢？

第一，首先是它的意境之美。明月如霜，夜色如水，那样一种浩大而又澄澈的意境。这个意境在《春江花月夜》里表达过。《春江花月夜》作为初唐的一首诗，说它以"孤篇盖全唐"毫不为过，其中最美的意象就是明月、春江和花："春江潮水连海平，海上明月共潮生。滟滟随波千万里，何处春江无月明？江流宛转绕芳甸，月照花林皆似霰。空里流霜不觉飞，汀上白沙看不见。江天一色无纤尘，皎皎空中孤月轮。"这里用的是工笔细描；而李白用的是简笔写意，"床前明月光，疑是地上霜"，就将这种明月如霜、月华如水的意境都表达出来了。

第二，诗人化用了谢庄的《月赋》："美人迈兮音尘阙，隔千里兮共明月。临风叹兮将焉歇，川路长兮不可越。"思念美人，只是美人太远了，音信不通。抬头仰望，隔千里兮，共明月，有共同的慰藉。但是，共此明月，能满足吗？不能。临风叹兮，将焉歇？低头凝视，川路迢迢，不可穿越，无限惆怅。这里是由思念而望月。李白反而用之，由望月而思念，以大笔写意的方式勾勒澄澈的意境，浩渺、悠远而又晶莹玲珑，"我"、故乡共同沐浴在这浩渺的意境里，同此一轮明月，明月就是故乡。

在古体诗阶段，诗歌的美重在质朴、自然，如脱口而出。李白的这首诗其实就体现了中国诗的第一个阶段——古体诗阶段要求诗歌质朴、自然的抒情之美，如脱口而出，不加修饰，张口就来。"举头望明月，低头思故乡"，情意非常深厚悠远，所以，沈德潜在《唐诗别裁集》里评价它"说明却不说尽"。通过朗诵，我们只能感受到它的质朴、自然、脱口而出的美。也就是说，我们能领会它的"说明"，甚至会嫌弃它说得太明，却不能领会"不说尽"。通过吟诵，我们不仅能感受到自然汹涌的思乡之情，而且有一种余音绕梁、萦回不去的情韵，这种情韵就是深厚悠远的思乡之情，这就是吟诵所能体现的抒情效果——"说明却不说尽"的悠远情韵。

现在我们来看吟诵在另外一个领域——戏剧领域的效果。

以王实甫的《西厢记》为例，其中有这样一个情节："月下联吟"。才子张生和崔莺莺在寺庙相遇而生相思，莺莺到花园烧香，张生在墙外徘徊，对着天上一轮明月吟了一首诗："月色溶溶夜，花荫寂寂春。如何临皓魄，不见月中人？"恰好被在墙里面烧香的崔莺莺听到，情难自禁地回吟了一首诗："兰闺久寂寞，无事度芳春。料得行吟者，应怜长叹人。"请听戏剧吟诵——

（放映越剧《西厢记》的《月下联吟》录像）

这便是戏剧里用吟诗来表情、达意。这是我们今天要说的吟诵保留的另一条路径——戏剧。在戏剧这条线里面，它有原汁原味的音调。

我们知道，古诗不是像我们今天这样朗诵的，它是拖腔拖调，形成一种氛围，像唱歌一样。所以今天的朗诵，跟古人的吟诵已经相差甚远。朗读的方式，使我们首先从声音表达上就失去了古诗本该有的声律美。中国古典诗歌发展到唐诗阶段，也就是近体诗繁盛的阶段，其中一个主体性的标志就是声律美。唐代近体诗的声律有四重节奏，而古体诗只有一重节奏，那就是句末押韵。比如《诗经·关雎》："关关雎鸠，在河之洲。窈窕淑女，君子好逑。""洲"和"逑"形成押韵。古体诗一般只有句末押韵一重声律节奏，如果还有节奏，那就是中间的词语——双声叠韵。比如《诗经·关雎》里面的"雎鸠"是双声，"关关"是叠韵，双声叠韵会带来声律的第二重节奏。近体诗阶段，在押韵第一重节奏的基础上，另外增加了三重节奏，共有四重节奏。第二重节奏是"一句之内，平仄两两相间"，比如五言诗就是"●●〇〇●"或者"〇〇●●〇"。第三重节奏就是"一联之内，两句之间，平仄两两相对"。体现在五言诗的一联中就是"●●●〇〇，〇〇●●〇"或者"〇〇〇●●，●●●〇〇"。第四重节奏就是"两联之间，上联对句和下联出句，平仄相黏"。体现在五言诗的第二句和第三句就是要平仄一样"〇〇●●〇。〇〇●●〇"。（需要说明一下，懂近体诗的同学，会发现这里的平仄示例好像和实际的唐诗格律不一样，比如偶句押平声韵就对不上。这是因为本讲座是工科学生的通识讲座，诗歌格律是一个非常复杂的专业性问题，我只能将问题简单化——将每一重节奏孤立地讲。如果组合起来讲，会有很复杂的变化。）简单地说，吟诵就是要把这四重声律节奏表现出来，朗诵是没有办法把这四重节奏表现出来的。

下面以《凉州词》作为范例，帮助大家更好地理解吟诵。我们先请一位同学朗诵《凉州词》，然后再请大家听下面这段音频：

（《凉州词》何泽翰吟诵，网络连接：喜马拉雅 FM《吟诵读本》）

这是湖南师范大学已过世的何泽翰先生的吟诵，他的声音有金石之音的感觉，当时圈内人对他的吟诵评价非常高。但特别遗憾的是，到现在为止，他的吟诵录音可能只有两首保存下来。下面再听杨芬老师的吟诵。

（《凉州词》杨芬吟诵，出自：徐健顺、陈琴主编《我爱吟诵》光盘，广西师范大学出版社，2015 年）

何泽翰先生和杨芬老师的吟诵确实能够把《凉州词》所蕴含的律、气、情、神全部表达出来。如果用朗读的方式，我们把这首诗拆开来解剖，只能解剖出一点儿气势：黄河远上，气势浩大，一片孤城，非常高峻。我们的朗诵对于古典诗词来说，存在的最大问题是意象表达的声音时值太短。黄河是母亲河，九曲十八弯，意象浩大，其意象的视镜呈现需要时间，而我们的朗诵语速给它的时值太短，就是"黄—河—"，它就是坐高速列车看风景，一晃而过，仅此而已。同样，"远上"，也是一晃而过。而这个"黄河远上"是在大西北，在崇山峻岭之间。黄河在旋绕奔腾，这种画面展现需要较长的时间，没有较长的时间便展现不出诗句所蕴含的悠远壮阔而又高峻的意境。吟诵和朗诵的最大区别就是：吟诵可以把每一个声音都拉长。用最简单的普通话朗诵就是"黄—河—"，而吟诵就是"黄——河——"，这样一来才会慢慢地展现出一条完整的黄河。"一片孤城万仞山"也是这样。意象足够浩大，气势就出来了，这就是气。所以，俞陛云先生解释这首诗说："首二句笔势浩瀚，有隼立华峰之概。凉州所在之贺兰山，远接天山，天荒地远，春风不度。后二句言莽莽山河，本皇恩不被，何须错怨杨柳？前二句之壮采，后二句之深情，宜为旗亭绝唱。"没有吟诵的方式，我们从哪儿感受这样的壮采和情韵？

（提问一下：何为旗亭绝唱？）

这里有一个典故。唐朝开元年间，诗人王昌龄、高适、王之涣齐名，他们常常在一起游玩。一天，他们在酒楼碰到了一群梨园子弟，后来又来了四个特别美丽的歌妓。唐代的歌唱不像宋代，宋代专门唱词。唐代开元年间还没有词，中晚唐才开始，但是比较少，所以唐代歌曲的一个来源是将一些好听的诗歌谱上曲。有专门的乐工，他们觉得这个诗非常好，或者说流传得非常广，就把它谱成曲，那么诗歌就变成了声诗或者叫歌诗，就是唱歌的诗。这一群歌妓在酒楼开宴，奏乐唱歌，唱的都是当时特别流行的名曲。三位诗人就动了心，在边上打一个赌："我们三人都小有名气，但是这个名气到底怎么样，等一下看她们唱的诗，唱谁的诗多，谁就得第一。"第一个开口唱的是："寒雨连江夜入吴，平明送客楚山孤。"（王昌龄《芙蓉楼送辛渐》）王昌龄高兴地在墙上画一横。第二个开始唱："开箧泪沾臆，见君前日书。"（高适《哭单父梁九少府》）高适立即在墙上画一横。第三个又开始唱："奉帚平明金殿开，暂将团扇共徘徊。"（王昌龄《长信怨》）王昌龄一高兴画了两横。王之涣一看就急了，他说："这前面三个人都是凡俗之辈，最后面最漂亮的那个唱的歌诗如果不是我的，那么我从此甘拜下风。如果她唱的是我的诗，你们就要拜我为师！"这是赌上加赌，王之涣被逼急了。高适和王昌龄也同意了。结果最漂亮的那个歌妓一张嘴便唱道："黄河远上白云间，一片孤城万仞山。"王之涣立马从座位上跳起来："你们全都要拜我为师！"这就是"旗亭画壁"的典故。可见王之涣的这首诗，当时评价之高。前两句的浩大、壮阔与险峻，这是气势，这是壮采。俞陛云先生说的深情在哪儿？还是要通过吟诵来展现。这首诗到底要如何解读？是悲还是壮？通过你的吟诵，基本上可以看到你的理解是什么，你的声音就会表达什么。如果你的理解是悲，你吟诵的声音就是悲。如果你的理解是悲而壮，那么你的声音要表达的就是悲中含壮。下面这是第三个吟诵音频，我们再听听：

（《凉州词》陈少松吟诵，网络连接：喜马拉雅FM，国学诵读本系列：《中华古诗选》）

这是南京师范大学的陈少松老师的吟诵，他从事诗词吟诵教学已有 20 多年。他是唐调的第二代传人之一，他的腔调捎带一点儿戏剧韵味，非常好听。刚才大家闭上眼睛听出来的吟诵显然是偏悲的，调子是稍微沉郁的。

吟诵是对诗歌的一种声音表达，你感受到的是什么，你的声音里面就会完全表达出来。古代的学堂，先生一开始就摇头晃脑地让学生跟着反复吟诵，诵得多了，自然就理解了。而且，诗歌的韵味也在反复吟诵中渗透到人的骨子里去了。我们现在是恰好相反。我们现在是朗读，朗读相对于吟诵要显得短促而又平板。在这样的声音里，文言诗词就像一块一块的石头，它不具备足够的美感，律、气、情、神，朗诵很难充分地表达出来。

那么，到底什么是吟诵呢？

二、吟诵的本质和作用

吟诵是"中国古典诗文美读和创作的独有方式，又叫中国式读书法"。通过前面的音频、视频的放映，我们已经知道，它是中国古代诗文独有的有声表达方式，是古代的诗词创作的方式。古人作诗，不像我们今天写作文无声地写，它其实就是吟诗。我上学期到湘潭真实地见识了一次现代版吟诗。一位姓周的 86 岁的老先生，儿时还接受过两年的私塾教育，然后上过初小、高小。57 岁在湘潭电厂退休，退休后的第一件事情是跑到老年大学读书。在老年大学里，他碰到一些会吟诵的老先生，他觉得好像回到了小时候上私塾一样，因此他学了两年的吟诵。在吟诵之余，他开始自己写诗，就是一边吟一边写。两年之后，他被提拔为先生，在老年大学教授诗词吟诵，整整教了 8 年。他现在成了全国著名的古体诗人，还在诗词大赛中获了奖，真是令我大开眼界。他写诗就是嘴里念念有词地吟诵，手下慢慢下笔，再反复吟诵，反复修改。唐代诗人作诗都是吟诗，一边吟诵，一边落笔，再反复吟诵，反复修改。所以有"吟安一个字，捻断数茎须""吟成五字句，用破一生心"的说法，晚唐才会出现呕心沥血的苦吟诗人。

从传统文化的角度而言，"吟诵是中华经典和诗文的活态及原貌，也是中华文化的意义的承载方式，中华文化的乡愁所在"。因为古典诗文是传统文化精华中的精华，而古典诗文的美就存在吟诵的声音里，因声才能入情，因声才能入境，因声才能感受到古典诗词永不逝去的鲜活的美丽。为什么我们今天对于古典诗词之美已经感觉非常遥远，其中一个最根本的原因就是吟诵这种方式的丧失。叶嘉莹先生一生热爱诗词，因为特别痛切地感觉到吟诵这种方式的失落对于中国诗词和古典文化所带来的一种摧毁性、毁灭性的伤害，所以她晚年时回到大陆，在南开大学扎根，一直不遗余力，在全国推广吟诵 20 多年。她的名言就是："诗词的生命，有一半在声音里。"

其实，诗词的生命在吟诵，确切地说不止一半。中央电视台有一个节目叫《开讲啦》，请的都是一些教授、专家甚至院士。心理学家魏镜是北京协和医院心理医学科主任，她在这个节目里面说过这样一个数据："行为科学家经过 60 年研究发现，信息的表达、传递及接收，文字只占 7％，肢体语言占 40％—50％，声音占 30％—40％（语速、语调、语音）。"何为肢体语言？比如说我非常生气，我在纸上写一个"滚"，你看到这个"滚"字就知道我很生气，但你只能感受到我的怒气的 7％。如果我现在狠狠地一拳捶在桌子上，然后再声嘶力竭地吼一声："滚！"你被我吓到了，这一拳传达了我怒气的 40％—50％，这一吼传达了我怒气的 30％—40％。吟诵的特点主要就是通过拖长声调，因为近体诗是押平声韵，平声韵就是可以慢声长吟，所以用拖长的顿挫的声调来达到一种音乐的效果，余音绕梁，包围着你。同时，吟诵又伴随着不由自主的肢体动作，比如摇头晃脑以及手势动作，化平面效果为立体效果，这种立体效果至少可以达到 70％。

在古人的表达里面，其实是一种感性的表达。《诗经》，中国诗歌第一个阶段就已经到了这样一个传递与表达的立体阶段，感情激动，用言语表达出来，"情动于中而形于言"，纯粹用说话来表达还不足以达情，那么这个时候该怎么办？"言之不足，故嗟叹之；嗟叹之不足，故咏歌之；咏歌之不足，不知手之舞之，足之蹈之也。"（《毛诗序》）这是什么意思呢？比如说我们要表达一种特别强烈的情感，"天哪天哪"，这是嗟叹；如果我们要表达一种更强烈的情感，嗟叹可以变成号哭，"天哪——天哪——"；如果还不够，加上肢体动作：捶胸顿足，甚至满地打滚。由吁叹放歌，到手舞足蹈，这里说到的就是一个全方位的立体的达情。而吟诵就是一个全方位的立体的达情。吟诵，你真正看的时候它主要是声音，但是吟诵者本人在吟诵的时候会不知不觉地伴有肢体语言。你看戏剧里面的老先生在教书的时候，传统的方式都是摇头晃脑，小孩子最早关注到的可能还不是声音，最早感到稀奇的是老先生在那里晃来晃去。我看到 94 岁的史鹏先生吟诵的时候，如果是特别激动的声音，他不仅是头在晃，而且全身都用来表达情感，他是不自觉的，并不是去表演，而是很自然地做出这些动作。

吟诵诗词就是两个字：声、色。声，就是声音；色，就是意象。声美和色美合一，就成了意境，而色美是要通过声美才能够体现和感受的。没有吟诵，我们就没有办法感受声美；没有吟诵，我们就无法感受色美；没有吟诵，我们也就很难真正进入诗歌的意境。比如我们看到高速列车窗外一闪而过的风景，看似阅览无数，实则混沌一片，什么也没看清。所以，《文心雕龙》里就说过："吟咏之间，吐纳珠玉之声；眉睫之前，卷舒风云之色。"朱光潜和朱自清都曾经呼吁过，如果一个人不会诵诗，不管学了多少，写了多少，研究了多少，终究还是所知甚少。

三、吟诵的抢救与推广

那么，我们的吟诵是如何丢失的呢？1905 年，清政府废除科举制。科举要考诗赋，考四书五经，这些都以吟诵为主要方式和载体，废除科举制就等于废除了吟诵的大半。到 1911 年辛亥革命后民国建立，废除私塾，废止读经，建立学习西方学制的新学堂。西方学制是以声、光、化、电为主要内容，这就是自然科学。这样，那些以教授四书五经和诗赋为主的会吟诵的私塾老先生就"下岗"了。1919 年白话文运动，白话取得了对文言的胜利，这就从政策到社会运用层面上，完完全全地使得吟诵失去了存在的意义。"文革"期间又经历扫"四旧"，结果，吟诵现在受到保留的只有两个领域：第一个是戏剧领域。戏剧作为国粹还是保留下来了，没有被破坏。戏剧剧本里面有吟诵的，基本上师傅传弟子传下来了。第二个领域就是丧葬祭祀。刚才大家听何泽翰先生的吟诵的时候，如果是湖南人可能会听出一点儿，这个调有点儿像丧葬调。这就是丧葬祭祀领域的保留。我曾经到汨罗乡下去看丧葬，祭文诵得确实能让人想哭。还有丧歌，里面包括很多唐诗，印象最深的是李白的《黄鹤楼闻笛》。三更半夜，万籁俱寂，杳渺的旷野中，反复萦绕着"一为迁客去长沙，西望长安不见家。黄鹤楼中吹玉笛，江城五月落梅花"的吟诵，忧伤而又绵长，直把人听痴了，一脸泪水，永生难忘。我问那个唱祭文的老人家，他告诉我他们是家庭传承，师徒相传，他们有一个要求就是唱祭文一定要把别人唱哭才能出师。如果你不能把别人唱哭，你就不能出师。这其实就是传统吟诵的魅力。

由于吟诵衰落的时间着实久远，而这种几乎靠口口相传的读书传统，现在还能够掌握的人已经是凤毛麟角。一位学养深厚、能够真正地把诗词吟诵得非常到位的人，要接受完整的私塾教育，相当于从小学到初中到高中这样一个成体制的古代教育，起码要接受 10 到 12 年甚至 15 年的私塾教育，他才会把所有的吟诵都学会掌握。有一些国学大家，像周光召先生、赵元任先生，这些人统统都是会吟诵的。史鹏老先生就是诗书世家出生，祖父、父亲都是当时的读书人，家里开了私塾，所以他的诗文素养很深，吟诵也非常好。我听他吟诵的时候，读到比较悲伤的诗文，比如韩愈的《祭十二郎文》、张祜的《宫词》，他吟咏得自己流泪，听的人也跟着流泪。这就是诗词吟诵，是我们今天的朗诵没有办法做到的。

诗词吟诵不止在中国。吟诵在韩国叫"声读"，在日本叫"诗吟"。目前日本和韩国的吟诵传承情况好像不错。台湾地区的吟诵强调音调的标注，不能随意改动，如鹿港调、天籁调、剑楼调。大陆的吟诵情况，得力于叶嘉莹先生的大力推广。2009 年，中华吟诵协会正式成立。2010 年，第一个国家级重点课题"吟诵的抢救整理与研究"通过,由首都师范大学的赵敏俐教授和南开大学的叶嘉莹教授两个人牵头。也就是说2009年才开始在全国拉开诗词吟诵推广的大幕,到现在十年的时间,情况如何呢?目前大概有两条线:一是方言吟诵,二是普通话吟诵。方言吟诵是一种传统吟诵的残留,目前保留较多的方言吟诵主要有北方、江浙、岭南、湖湘、巴蜀等地,主要寄托在一些老先生身上,像湖南的史鹏先生、上海的陈以鸿先生等。现在各地都在"抢救"一些老先生的吟诵,做了一些录音。这两年的申遗也加大了保护的力度。在这里也呼吁一下我们的同学回到老家,有心的去打听一下,还有没有高寿的老先生,如果这种老先生受过私塾教育,那就是宝贝,赶快录音和学习。这是方言吟诵的情况,目前推广得较好,有不少二代传人在发力。就湖南来说,史老先生的弟子曹琴老师,这几年就在大力传播湘方言吟诵。

普通话吟诵就是用我们今天的普通话改造的。陈琴老师是普通话吟诵,陈少松老师也变成了普通话吟诵,还有多年来一直在推广吟诵的徐健顺老师、任艳老师等。

我极力调动起大家对吟诵的兴趣。那么,大家要问,吟诵到底该如何去学呢?

四、吟诵的规则

吟诵的规则较多,对于初学者来说,需要掌握的基本规则主要有:两个要求、三个口诀。

两个要求就是"平长仄短""依字行腔"。近体诗用韵是中古音韵,分"平上去入"四声,其中"平声"分为"阴平、阳平","上去入"归为"仄"声。"平长仄短"是指诗词偶位数的平声字和押韵的字要拖长,其余的字不拖长,比如《凉州词》:"黄河——远上白云——间——。""依字行腔"是指按照字音的声调来决定旋律曲调,不能"倒字"。所谓"倒字",就是听起来这个字的声调与它本来的声调不一致。

三个口诀包括:

口诀一:"一二声平三四仄"(是指现代汉语第一二声归入平声,三四声归入仄声。中古时期,汉语的声调分平、上、去、入四种。平声相当于现代汉语的一声,上声相当于现代汉语的三声,去声相当于现代汉语的四声,入声是一种短音。后来,平声的阴平变成了一声,阳平变成了二声。所以,平声字就是现代汉语里读一声和二声的字。仄声字指上、去、入三种声调的字,现代汉语没有入声了,所以读三声和四声的字就是仄声字。古代的入声字,已经分别归入一二三四声,也就是完全消失了)。"入声归仄很奇特"(古入声字在现代汉语中已经消失,但是,吟诵的时候,入声字很重要,仍然要把入声字辨认出来,把它们归入仄声字。所以,现代吟诵的一个重要难题就是区分古入声字。如何区分?比如说"石"字,在现代汉语里是平声第二声"shí",古代却是入声字,但已经消失。要怎么读?这时候要求助于方言中的古音的保留,比如湘方言中就有"石"的古音读法"shà",湖南的同学估计有些家乡方言就是这样的)。"平声吟长仄声短""韵字平仄皆回缓"(在韵脚上的字,无论平声还是仄声,都要长读)。

口诀二:"一三五字可随意,二四六位需分明。"(这里牵涉诗歌的格律要求,也就是前面讲到的近体诗歌的四重音律节奏的问题,每句第一、第三、第五字的平仄是无所谓的,第二、第四、第六字的平仄是有规定的,所以,吟诵的时候也要注意将这种规定的节奏表达出来。这实际上是讲诗歌节奏的音步问题。)"依字行腔气息匀,节奏点上停一停"(就是指在诗歌的音步,也就是诗歌的节拍上要停顿,显出节拍)。

口诀三:"有腔规而无定谱""一调吟千诗"。这里是指诗歌吟诵有相应的腔调,但没有固定的曲谱。就是说,你掌握一个调,它实际上可套用于不同的诗歌,只是在整体的腔调上进行稍微的变化和调整。吟诵有相应的规定性,又有一定的灵活性。比起朗诵,它会有固定的腔调和旋律;比起唱歌,它不受固定曲谱的约束,类似于自由歌唱。展开来说,就是大家熟悉一种吟诵调到滚瓜烂熟之后,就可以将这个腔调套用到其他诗歌上。例如刘三姐的对歌,同一种山歌调,可以歌词千变,歌调不变。规则虽多,入手却很简单。我们只要选一种吟诵调,可以是普通话吟诵,也可以是方言吟诵。反复地跟着老师模仿吟诵,并琢磨其中的基本规则,到一个腔调烂熟于心,吟诵规则基本掌握之后,就可以试着套用到其他诗歌的吟诵上。当你一通百通之后,吟诵就可以变成你终生的一种享受。注意它不是一个可以向外招摇的可以赚钱的工具,而是你终生受用的工具,就像你喜欢唱歌一样,随时随地都可以一路哼歌。你会吟诗,你的人生每时每刻都可以高唱低吟。吟诗实际上就是给人生找到了一种最高雅而又最简单的哼歌的方式,说实话就这么简单。由此,你给自己的人生找到了一条通向幸福的路。

至于选择普通话吟诵还是方言吟诵,根据个人的实际情况而定。普通话吟诵入手容易,毕竟我们有十几年朗读和朗诵的基础,衔接转变会自然一些,欣赏的受众面也会更广一些;方言吟诵则更原汁原味,韵味更足一些,某些古音的保留也更多一些。所以,完全在于个人选择。但有一条,注意不要贪多,先学好一个调最重要。等你真正完全掌握好一个调子后,基本上就可以一通百通了。这就是诗意的生活,让每一个日子都飞扬起来,无人可以剥夺。

当代艺术凭什么那么贵？

刘　洵

主讲人简介

　　刘洵，副教授。现任湖南省美术家协会实验艺术委员会主任，湖南省美术家协会理事，湖南省油画学会理事，湖南省知名当代艺术家，当代艺术策展人。个人艺术创作先后举办个展 5 次，参展 70 余次。曾主持国家级视频公开课《带着声光去旅行》，曾获长沙理工大学教学贡献奖。

这个话题并不大众化。

首先申明，我不是经济学家，对数钱的事儿，一直都挺犯难的。我其实要谈的不是一个简单的价格问题，我谈的是关于当代艺术的文化价值问题。需要分享的资料挺多，我尽量把"前戏"压缩，直入主题。

进入"当代艺术"之前，我们先来看一些古典艺术图片，有的恢宏神秘，有的博大厚重。选图包括：埃及狮身人面像、秦始皇陵兵马俑、汉青铜雕塑、精美佛造像、米开朗琪罗天顶壁画，等等。

大家看了这么多古代的遗存，我想问，谁是这些作品的出资人？谁又是这些作品的欣赏者？这些古代遗存的所谓出资人，或是古埃及的法老王，或是千古一帝秦始皇，或是佛教的信众。那么，它们是为艺术展示而存在的吗？我们今天叹为观止的很多作品，大部分都不是为了艺术欣赏而存在的。

法老王墓穴里的壁画，马踏飞燕的雕塑，很难说清谁是欣赏者。欣赏者有可能就是出资人，也可能是那些信众。闪回历史空间，它们自身存在的价值与实际功能，与今人的认识差异很大。

现当代艺术如何成为新的经典？现当代艺术的年代划分，按西方艺术史的书写脉络，大约在19世纪末期。随着农耕文化的结束，西方社会进入工业社会，工业文明随之而来，西方的现代艺术、文化开始与传统决裂。从艺术史角度，我们把从19世纪末期法国的印象派到20世纪中期的波普艺术之前产生的各种流派的艺术，总称为现代艺术。

毕加索的《亚威农少女》，作品创作于1907年。这张绘画作品宣告了西方现代艺术流派"立体派"的诞生。在这之前，知名或不知名的艺术家，在创作艺术作品之际，大多有非常明确的服务对象，即受众，那些艺术品大部分都是所谓的订件。但到了现代艺术家生活的年代，艺术品的受众群变得不再固定。之前艺术家为教皇、皇室、权贵、宗教场域工作，而毕加索创作这件作品，不是所谓的固定客户群的订件。

毕加索为什么要绘制这件作品呢？"亚威农的少女们"是些什么人？据说，亚威农是西班牙巴塞罗那的一条非常有名的红灯街区，这些少女便是从事"人类古老职业"的青楼女子。实际上，远在中国古代，很多文化都与青楼女子有着密切的关系。今天，当我们吟诵唐宋诗篇时，除了要感激李白、杜甫、王维、苏东坡这些人，还要感谢当年的青楼女子，她们是那时的媒体人，诗、词、歌、赋多由她们传唱流传。同样，年轻的毕加索对那条故乡的街区也相当熟悉，并选择其中的女子成为绘画主体。可他没有用古典的、写实的、再现的方法来表现。在他的画里，五个女子的造型是变形的、扭曲的，是带有某种平面化处理效果的。这是因为毕加索受到了非洲原始艺术的影响，打破了西方焦点透视的原则。他创造了现代主义绘画的开端，也就是"立体派"的开端。

《泉》这件作品很有意思、很重要，作者是法国艺术家马塞尔·杜桑。它就是一个白色的陶瓷的小便盆。大约1917年，杜桑从法国来到美国，他参与了一个前卫的艺术家组织。在筹备艺术展览时，他们制订了游戏规则，即只要求参展的艺术家缴付一定数额的报名费，作品便可参展。杜桑本人是这个活动的策划人之一。

杜桑并没有亲手制作，只是选择和购买，然后将那件购买之物搬运至展厅，还以匿名的方式，在这件作品《泉》的边缘处，签上"R. MUTT，1917"的签名。即使放在今天，在所谓的艺术现场，都会让不少观众接受不了。在1917年，这个举动和物件本身恰如一枚重磅炸弹，一枚扔到美术馆里的重磅炸弹！

此前，我们逛美术馆会有一种提前的心理预设：我们是去看艺术品，去获得关于审美的体验。当眼前出现一件日常小便盆时，即使不愤怒，也会如"丈二和尚"摸不着头脑。这个东西是不是艺术品？是否具备所谓的审美价值？一系列问题便会被抛出。据说当时便引起了激烈的讨论。一派观点说，必须要容纳这件作品，因为作者缴了报名费。另一派坚决反对，认为这玩意根本就不是作品，简直是太搅局了！

杜桑玩的另外一件东西，大家并不陌生——自行车车轮。80年代，每个家庭都会以拥有一辆自行车为荣。杜桑把一个没有橡胶外皮的自行车车轮拆掉后，放在凳子上。充满智慧的杜桑发明了一个新词儿，"READY—MADE"——"现成品"。这个概念杜桑首次使用。有人说，杜桑是现代主义的终结者；有人说，杜桑是后现代艺术的开启者。他用看起来无厘头的举动，消除了人们以往对艺术品的定义。无论是小便盆，还是单车车轮，他抛给我们一连串问题：什么是艺术？什么是艺术家？什么是艺术品？艺术品、艺术家和艺术之间是一种什么样的关系？

通常我们认为米开朗琪罗是一位艺术家，因为米开朗琪罗拥有高超的技艺，他有能力将一块巨大的石头雕琢成他需要的形象。现在，杜桑告诉我们，技艺等于零，技艺已不重要，最重要的是如何选择。换言之，虽然他没有制作单车车轮，没有制作小便盆，但他选择了它们。这意味着，艺术家最重要的工作是如何去选择，如何去思考，如何去用他的思维方式重新定义艺术和艺术品的全新概念。

美国波普艺术大师安迪·沃霍尔的代表作品——丝网版画，非常商业的日常的图像，用复制的、工业化排列组合的方式展现。玛丽莲·梦露是好莱坞的艳星，家喻户晓的美国符号，经过套色分离的色彩处理，变成安迪·沃霍尔的经典的作品、经典的符号。

安迪·沃霍尔选择的图像具有明显的美国文化特征，用他的方式呈现了一种"美国梦"。美国是高度物质化、高度商业化的国度。在这个国度里，你可以见到可口可乐，好莱坞明星，各种日常消费品。而这些平民化的商业符号，在安迪·沃霍尔看来都是艺术。艺术从"神坛"回到日常，回到当下的生活情境中。

当下，很多艺术展览都冠以"当代"名号，可"当代"到底是指简单的时间概念呢，还是其他所指？在我看来，倘若现在的画家依然延续着18、19世纪的风格，我不认为其作品具有当代文化意义。所谓当代艺术更多的应该是文化能指使然，还有艺术史的书写轨迹使然。

请大家注意三个时间节点：1945年、20世纪60年代和20世纪90年代。20世纪发生了两次非常惨烈的世界大战。二战之前，整个西方文化的中心主要在欧洲，以法、德、意为中心，早期的现代主义艺术家几乎都与法国巴黎有关。毕加索、梵高、布朗库希等都曾汇聚于法国的文化中心——巴黎。二战结束后，大批商人、科学家、艺术家移位到新大陆美国。1945年之后，西方文化的中心偏离移位至美国。美国的本土现代艺术以欧洲现代艺术为前提，并以更自由的方式彰显美国文化的活力。

20世纪60年代以前，我们称西方文明为前工业文明。60年代以后，计算机开始进入日常生活。这个阶段很快成为科技与文化的分水岭，产生于欧洲的现代艺术，加上post的前缀便成了post——modern art，后现代艺术。关于后现代有种种解释，线索庞杂而混乱。一般说来，大抵有两种理解：一种是after，"……之后"的意思；一种是beyond，对前现代的超越，即对前现代艺术的精英姿态的一种反动。雅与俗的二元对立势态，被艺术家们逐渐打破，艺术叙事走向多元化。

20世纪90年代，世界政治格局发生了很大的翻转，苏联解体，东欧剧变，柏林墙坍塌，两德统一。西方世界从冷战时期的超级大国对抗、意识形态对抗，过渡到全球化时代新的政治、经济、文化语境。

今天，几乎每个人兜里都揣有智能手机。智能手机具有GPS定位功能。这个GPS定位系统，最早是美国人用在军事上的，现在，我们已经享受着它的科技成果。遥想古代，读书人进京赶考，一出门好几个月，信息根本无法快速传递。今天，约人办事必须用手机，不然就找不到人。

科学技术的发展确实改变了人们的生活方式。90年代以后，世界变成了全球化的世界。早在60年代，加拿大学者麦克卢汉曾经预言性地提到了"地球村"。今天，我们已然生活在"地球村"里面，我们用网络和世界上的任何文化进行着同步交流。

后现代文化、后现代理念体现在艺术领域，从杜桑开始，从安迪·沃霍尔的实践开始。它是不是打开了"潘多拉的魔盒"呢？"魔盒"打开后，各种"妖魔鬼怪"都会跑出来？对艺术的定义，对艺术的阐释，对艺术的表现，乃至当下艺术呈现的纷繁复杂的语言方式，都对古典艺术与前现代艺术产生了很大的变化。

我用几个板块来谈谈这些变化：

一、直面我们的身体

如何对待我们的身体？在西方宗教语境里，基督教认为人的身体是有原罪的，因为人类的先祖亚当和夏娃在伊甸园犯下了原罪。古希腊人处于众神狂欢时期，对身体的欢愉倒是充满着歌颂。中国人历来不信鬼神，如夫子所言：不语怪力乱神……中国哲学不强调思辨，诗性、玄学成分更多。中国文化非常阴柔，你看东方的园林，便可感受到曲径通幽，一波三折，那种不把话说透、不把事做绝的"中庸之道"。中国人表达情绪是含蓄的，表达身体也比较含蓄。

西方现代雕塑家贾科梅蒂，他的作品已经不再具有肉体的质感，肉体似乎变成一具烧煳的木棍，感觉更像烧煳的"羊肉串"。假如，把臭皮囊推进火炉焚化，最后剩下的可能便是精神的结晶。贾科梅蒂生活在历经欧洲战火的年代，在他看来，人的生命、人的身体极其脆弱。经历惨痛遭遇的人，对生命的体悟深度与广度均有不同。法国哲学家萨特也描述过，蹲在战壕内看子弹于头顶飞过，顿时会产生虚无感。贾科梅蒂的雕塑小至可放入火柴盒，大至安置于公共环境中，都体现出身体的脆弱性与精神的战栗感。有批评家说，他的雕塑是最好的存在主义哲学的视觉模型。

英国艺术大师弗朗西斯·培根的绘画作品给人的感觉都不太愉悦，充满了痛苦、挣扎和扭曲感。这类作品不同程度地讨论了暴力与身体的关系，让人不寒而栗，又不得不直视。

美国艺术家梅普尔索普的自拍照，如同画家绘制的自画像。梅普尔索普是同性恋，严格地说是双性恋，他对身体有着异乎常人的敏感。他拍摄的黑人照片采用黑白影调，极其细腻，很好地用镜头诠释了男性肌体的自然美感。

梅普尔索普拍摄的简单的瓶子、罐子、碗的组合，在独特细腻的光影下，它们宛如身体。大家应该都喝过瓶装的可口可乐，那瓶子的造型灵感便来自于女性的身体，来自于女性身体特有的曲线变化。

南非当代女性艺术家马琳·杜马斯，她关注身体，这种身体很显然带有一种肤色差异。南非曾经是种族歧视很严重的国度。当我们去直视她们的时候，有一种蓬勃的生机与美感。马琳·杜马斯用高超的表现主义绘画技巧，勾勒出我们的一种本能的欲望。

20 世纪 90 年代初，英国青年艺术家团体，简称 YBA，曾掀起一股艺术旋风，翠西·艾敏乃是其中的干将。她的作品被人诟病，被人误解。展览厅内，她摆放了一张自己曾经使用过的床，污浊不堪。实际上，翠西·艾敏拥有不愉快的童年，曾遭受过性侵，她的家庭也给她的成长带来很多阴影。按弗洛伊德的理论，成长过程中，尤其是青春期，不愉快的体验会给人格带来负面影响。性，对于男性或女性艺术家都是复杂的课题。当艾敏坦然面对自己的经历，以艺术的方式再现她的个人故事时，也让观众去思考当代社会中的性别差异等社会问题。

英国当代雕塑大师葛姆雷，他的单体雕塑造型来自于艺术家自己的身体，经翻模成型。一系列的雕塑组合宛如人体的测量学，测量自然空间，也测量历史空间。这些雕塑完全违反地心引力，有的直立，有的水平横向，还有的倒挂。进入其间，仿如进入陌生的梦魇，感觉到身体与空间的错位感，参观者在其间游走，观者的身体亦成为整体作品的有机部分。

葛姆雷的作品《土地》，曾在中国制作并展示。他动员了大量的村民参与其中，采集当地的土壤，按照艺术家的指导，在简洁的泥塑造型上打两个小洞，几乎是原始艺术的翻版。当密集的、成千上万的小泥偶摆放在现代的巨大的室内时，历史与当代、原生态与现代化再次对话。

二、视觉的再现与媒介的互换

在没有照相机的时代，达·芬奇也好，伦勃朗也好，传统的画家充当着今天摄影师的工作，用写实的技术把形象记录下来，在二维平面上制造视觉幻象。自 1839 年达盖尔的银版照相术出现后，制造图像的技术已被照相机取代，而且越来越便捷。

那么，里希特为什么要去描绘一张照片呢？照片变成了生活中呈现各类形象的媒介，当手工再度去复制照片时，它已然不再是照片本身。从二维平面的照片转移到二维平面的画布，艺术家在用绘画手段让手工绘画和摄影进行巧妙的对话。

任何拍摄过照片的人都知道，照片好坏有时取决于图像是否清晰，这也是摄影进化史中很关键的一环。而偶有失误的虚焦图像并不是人眼捕捉的真实图像，这虚焦的日常图像，恰恰被里希特重新搬上了画布。也就是说，他的绘画方法是从摄影的方法中寻找绘画的新语言。摄影与现实的关系，如同人在海滩上行走时留下的脚印。在图像时代，现实似乎已被图像替代，里希特的提示便是再次以自然为模板，揭示绘画在当下突破的可能性。

三、社会学的思考与景观的搭建

当代艺术不再纠结于前现代主义的艺术语言问题。换言之，当代艺术不仅仅为了审美而存在，也不仅仅为了形式语言而存在，更多的是通过艺术方式，不断地去链接政治、社会学、哲学、后结构主义等综合的复杂的关系。解构旧的游戏规则的同时，建构新的艺术游戏法则。

20 世纪 60 年代，"贫困艺术"、美国"极少艺术"与日本的"物派"，都有某种精神联系，但又各有差异，其各自的美学要义也有所不同。

库奈里斯用钢材制作了一个盒子，里面摆放着一件柔美的女性服装，服装上面压着钢条。如同新衣服经过折叠放在纸盒内，这是很日常的。但柔软的衣服与硬的钢铁形成了材料上的鲜明对比。两根钢丝绳拉紧了柔软的衣服，直呈暴力，隐喻着一种男权对女性的侵犯，把女性的审美置于男性的观看角度之下。随着商业化和各种媒体广告的无孔不入，女性角色成为被消费的主体。库奈里斯这一系列作品以物态方式呈现了他的思考。

另一件作品，亦是把日常衣服当作艺术材料。军用大衣，有可能从业人员穿过，更有可能是农民工、保安、蓝领工人的常用服装。衣服经过揉搓，塞进钢板的洞中，我觉得隐含着一种社会暴力。在我们的文化中，暴力从不缺席。

在画廊现场，钢材制作了 K 字造型——国王的第一个字母"K"，上面摆了好多透明的酒杯。展览开幕时，酒杯内灌满了白酒，酒在中国文化里有特殊的意义。古代，酒与诗有着密切的关系。现代社会中，酒也是人情往来中不可或缺的情感媒介。白酒会挥发，想象一下，视觉和嗅觉同时在给予你感受。艺术家把生活的常态元素挪到艺术现场，让其产生不一样的外延。

卡巴科夫早年的作品带有很强烈的意识形态对抗意味，他曾在专制的社会里生活、工作，因此对自由充满向往。他的作品取自于上海的大型个展，很有意思。当你进入这个空间，你会发现几乎空空如也。古典音乐弥漫，房间被刻意地刷成暗红色，包括它的室内装饰部分均完全等同于苏联的古典博物馆的陈列方式。墙上已没有作品，整个空间徒剩灯光，正所谓"人去楼空"。譬如，我们在某个空间活动过，空间便会有人的温度，即使只剩下桌椅板凳，也会残存某种信息。所以，当我们面对卡巴科夫"复制的历史空间"，面对空无，我们端坐、冥想，你可以用你在场的身体，去体悟那个"空"里面的"有"。似乎类似于东方的禅意，禅宗里讲究这种"有"和"无"的辩证关系。

美国艺术家克里斯托夫妇，既是大地艺术家，又是行为艺术家。他们起初的观念很简单，就是把一件日常物品包裹起来。在日常生活中，譬如，送朋友两本书，我们会用纸包起来，新发的课本也一定会用牛皮纸、铜版纸把它包起来，不让书过早地被磨损。包东西，这是非常日常的举动。克里斯托把这个日常放大了。雕塑被克里斯托用布包裹后，失去了原有的视觉呈现，它便会有一种神秘感。

他把整个美术馆给包掉了，这个美术馆进不去了，放置艺术作品的空间成为艺术作品本身。这件作品展示于德国的卡塞尔文献展，巨大的充气雕塑，巨大的图腾柱，巨大的阳具意象，甚至可以想象，一个无限向上延伸的纪念碑，但它又是很柔软的。

法国塞纳河，许多印象派大师们在那里留下过经典画作，克里斯托用金色的布料把这个桥给包了起来。作品从想法到实施的过程，也是作品的重要一环，需要许多工程人员来参与。经过包裹之后的桥，变成像梦幻的金色的桥。

这种作品不在画廊里展示，不在工作室里完成，它在很大的自然环境里完成，也称为"大地艺术"。

这个很像咱们中国的长城，但它不是用石头砌成的，而是用特殊的布料制作的幔帐，从美国的东海岸一直绵延到西海岸。这是把一个海岸完全包起来，如果用很薄的材料，风一刮便会破损，所以布料都是特制的。克里斯托的这个睡莲装置巨大，在海上、空中俯瞰，中间的部分是海上的小岛，粉红色的布幔飘在海面上，营造了人工的视觉奇观。

为了作品的纯粹性，克里斯托拒绝商业性赞助，他的资金来自于出售的作品，是完全非商业的运作。作品制作都有时效性，几个星期之后便被拆掉。这种巨大的装置作品是无法被收藏的，只能保留照片、录影带，或拍成电影。

柏林德国国会，是壮观的古典建筑，同时也是政治的象征物。克里斯托前后花费了长达20年的时间构思这件作品。为了完成作品，艺术家说服了两百多位议员。这件作品投入大量的巨资，聘请了世界上最好的登山运动员前来帮助完成。银色的布料是特制的，很厚的尼龙布，蓝色的绳索，把这个充满着古典和政治意味的建筑包裹起来。完成后，如同童话世界，充满着梦幻感。

许多当代的艺术家用他们的执着、信念、想象力，完成一件又一件在普通人看来蛮不靠谱的事儿。这种艺术工作便给予了我们一种看待旧事物的全新的眼光。

四、商业资本游戏的是非

今天，商业无孔不入。意大利艺术家曼佐尼制作了一厅罐头，号称内部装有艺术家拉的大便。至于有没有，无人知晓。也许，它就是所谓的游戏。他用这种方式，反讽或是嘲弄艺术品的过度商业化。弗洛伊德说艺术家跟精神病患者的差别很小，精神病患者为什么会得病呢？因为情结没有释放出来。艺术家敏感，也需要释放的路径，这个释放的路径便是艺术作品。曼佐尼用他黑色幽默的方式，讨论艺术作品跟艺术家的关系。

从安迪·沃霍尔开始，他用艺术告诉我们：什么是商业社会、消费社会？什么是民主？安迪·沃霍尔为什么特别喜欢绘制可口可乐呢？他说，上至美国总统，下至蓝领工人，人人都可以享受可口可乐，它是非常普世的饮料。

昆斯的作品，一个充气的兔子。请注意，他巧妙地进行了材料转换，把它转化成了一件不锈钢材料的雕塑，看起来非常轻盈，实际上是金属的。

这个用高科技手段、昂贵的材料对简单的玩具的造型复制，艳且俗，非常昂贵。日本艺术家村上隆，他玩的套路跟昆斯差不多。企业化运作，商业包装，全面市场化。日本的文化比较特殊。日本有性文化的土壤，从浮世绘时代开始，到独特的 AV 文化。村上隆借用了这样一种波普方式，推广他具有个人标签的各类作品。

五、神学、哲学与高科技的互动性的体验

卡巴科夫设计了特殊的房间，满眼洁白，室内可以听到莫扎特的古典音乐。中央有一张超常规格的大桌子，桌子中间摆放着苹果。沿桌子边，摆放西餐用具，旁边有稿纸，上面用草图或文字记录着二十种取到苹果的方法。

从物理尺度上，伸展手臂拿到苹果是不可能的，那就需要发挥想象力，怎样才能拿到？卡巴科夫罗列出了很多方案，方案涉及物理学、化学，有的涉及生物工程、人机动力学等，甚至是超越现实的想象。一间圣洁的、带有宗教体验感的空间里，让观众进入一种哲思，这是融合哲学与科技的跨学科的当代艺术思考型的装置作品。

英国当代艺术家安尼施·卡普尔。卡普尔出生于印度。唐朝有一位和尚玄奘，算是古代的伟大的留学生，他孤身跑到古印度学古梵文，学佛教经典，并将梵文经典翻译成汉语。印度是非常神秘的宗教国度，古印度也产生过古代的印度教、婆罗门教等。

卡普尔曾在英国求学，他常常把东方的神秘的宗教气质与西方当代艺术的极少的语言巧妙地结合起来，作品充满空灵的玄思感与科技感。

《云门》是安置在户外的大型的雕塑，或曰大型的装置作品。周围的现代建筑以一种镜像的方式折射到雕塑表面，弧形镜面使得周围的图像变形，景与人每时每刻都在变化。

钢铁装置有一种性的隐喻，观众可以置身于作品之中，这是一种抽象的形式。但它又会有一种精神上的吸引，玄妙、神秘。

埃利亚松是北欧的当代艺术家，他拥有多工种跨界的团队。他制作了好多水晶球，单个球体能折射出千万个世界。视觉化地再现了"一滴水里已有千万个世界"。

当下，后现代景观社会镜像丛林，目击的世界是真实的存在吗？又如佛法所言，人生境遇，恍然如梦。对终极问题的思考，会不会走向意义的虚无？优秀的艺术家可能不会给出简单的答案，但会以作品的方式不间断地追问。

艺术市场中艺术品的价格升跌，仅仅是文化价值高低的皮相。当代艺术的文化价值所在，也恰是当下文化的价值所在，是当代艺术家的想象力与创作力的价值所在。

我们已然生活在一个后现代的文化语境里，我们每天接触到网络以及各种碎片化的信息，即使生活在非中心城市，它也是世界"地球村"当中的一个点。我们跟世界的距离变得越来越近，我们跟各种文化的碰撞也越来越激烈。

商业无孔不入的社会情境下，判断一个人的成功与否，判断一件艺术作品价值的高低，很容易陷入单一的价格模式——仅以价格看待当代的艺术作品。我以为，这种模式有失偏妥。今天，以非常有限的时间，介绍部分艺术家的作品，让我感动之处，不是因为它们很昂贵。

艺术价值要放在艺术的演进过程中去讨论，从古典到现代，从现代到当下。艺术家用他们的想象力和创造力，撕开了我们对艺术的刻板的看法，拓展了艺术的边界，提供了一种想象力和思考的资源，这是当代艺术家特别有魅力的地方。同时，通过形形色色的艺术作品，我们感知到了物质生活背后潜藏的精神性。

文艺复兴时代的思想与艺术

张海燕

主讲人简介

张海燕，浙江大学文学博士，长沙理工大学文法学院副教授。现任文法学院中文系副主任，硕士生导师，台湾科技大学人文社会学院访问学者。主持国家社科基金项目1项，主持及参与多项省部级课题。近年来发表多篇以"牟宗三学术思想研究"为主题的学术论文，论文层次分明，内容丰富，论证扎实，多次被借鉴引用。研究领域：文艺学基础理论；新儒家哲学、美学思想研究。

欧洲文艺复兴为什么发生在意大利？"人文主义"之"名"与"实"该如何理解？达·芬奇的绘画作品为何成为永恒的经典？莎士比亚的戏剧该如何欣赏？讲座以文艺复兴时代的思想与艺术为主线，展现这一时代的艺术发展历程和人文精神内核，带您领略纯粹的艺术之美。

文艺复兴，是欧洲文化发展史上一段非常经典的时代，也出现了许多名家名作，从某种意义上说是文学艺术引领了社会潮流和风尚的时代。

文艺复兴，大家并不陌生，同学们可能通过书籍、讲座、艺术欣赏等活动或多或少地了解过这个时期，今天我将从文化思想脉络的角度为大家进行介绍。

文艺复兴从纵向的、历史的角度来讲，属于欧洲历史的第三或第四阶段。第一个阶段是古希腊时代，第二个阶段是古罗马时期，第三个阶段是中世纪，第四个阶段就是文艺复兴。（有的划分的方式是把古希腊和古罗马视作一个时期）

一、古希腊和古罗马文化

我们先对古希腊时代的文化状况进行介绍。从产生的环境看，古希腊文化产生于自由宽松、多元开放的氛围之下。不少研究者用这样的词语形容它：如星光熠熠、星光灿烂、绚丽多彩、激荡人心等。古希腊是一个崇尚体育竞技的时代，我们现在举办的奥林匹克运动会，其源头就在古希腊。希腊人并不崇尚武力，也不重视军事，但他们喜欢体育竞技，非常推崇运动时的竞技之美和体格之美。除此之外，希腊人极其热爱艺术，如戏剧、雕塑、绘画等都受到人们的欢迎。悲剧艺术发展十分繁荣，出现了埃斯库罗斯、索福克勒斯、欧里庇得斯等悲剧作家。

从社会政治的角度看，古希腊实行城邦制度，城邦首都为雅典。前6世纪到前4世纪大概存在了两百多年的时间，不算历时长久，但古希腊的政治制度还有社会风貌放在今天的角度来看也颇为特别。当时古希腊施行一系列的改革措施，比如限制世袭贵族土地的份额，鼓励手工业和工商业的发展。古希腊的最高权力机构为公民大会，由大约四百人构成，各个部落以选举的方式产生公民代表，他们代表民众决定国家大事，行使法律裁决的权利。政治上施行城邦制，各部落、城邦自愿加盟，共同维护城邦的利益。城邦中心在雅典，当时一些大型的活动，如戏剧节就在雅典举办。

古希腊还是哲学思想发展十分丰富繁荣的时代，出现了苏格拉底、柏拉图、亚里士多德三大哲学家，他们之间也是三代师生关系。其中柏拉图哲学思想的核心是"理念"，亚里士多德哲学思想的核心是"形式"。在这里跟大家分享一个哲学家之间相处的小故事：柏拉图曾向他人讲过这样一句话："亚里士多德像小马驹对他的母亲那样踢我。"为什么这么说？因为在他讲课的时候，学生亚里士多德从来不顾及他的面子，经常向他提出疑问，甚至直接表达与老师不同的意见。亚里士多德也讲过一句流传甚广的话："吾爱吾师，吾尤爱真理。"意思是说，尽管我很爱自己的老师，但我更爱真理，真理是更值得我追求的东西，为了维护真理而牺牲个人的友谊是哲学家应有的品格。可见，当时的思想氛围和交流方式都是鼓励个性、尊重个性，可以各抒己见、畅所欲言的。

下面，我们简要介绍一下古罗马文化。如先前所言，古希腊留下了许多哲学、文学艺术方面的成就。但由于军事实力不够强大，城邦的管理相对宽松，历时两百年之后出现了衰落。马克思曾用"太阳落山"来形容古希腊的衰落。就像太阳那样，尽管光芒耀眼，但突然就落山了，一点儿挽留的余地也没有。希腊本土在城邦衰落之后成为一片战场，城邦衰落之势无法逆转。

早在公元前300多年，希腊城邦一分为三，其中之一为马其顿。马其顿地理位置上在希腊南端，与罗马关系紧密，最后连成一体。马其顿部落有一位重要的人物：恺撒。恺撒与其养子屋大维重视军队建设，推行君主集权的统治模式。凭借着骁勇善战的军队，罗马征服了希腊以及周边各个大小部落。在征服的过程中出现了一群身份特殊的人，他们的身份虽然是奴隶，但多为军人出身，有的甚至是原部落的将军，只因战争失败所以成为俘虏。罗马帝国抓获这群特殊的奴隶之后也带来诸多不安定的因素。为了平定频繁发生的奴隶抗争，罗马贵族举办了一项特殊的活动——角斗。我们看到的角斗士电影，故事的背景就在古罗马。这跟他们崇尚军事、战争建国的传统有关。凡是参加角斗的奴隶们，只要能够在一次又一次的格斗中存活下来，成为最终的获胜者，就可以丢掉奴隶的身份，再一次成为贵族。

古罗马史在政治上实行君主专制，文化上包容性强。当希腊本土慢慢成为战场的时候，很多希腊的艺术家、哲学家选择南迁，直接来到罗马，把自己的作品、著作及其他创作素材带到了罗马。有这么一句话：在武力上希腊被罗马征服，在文化上罗马却被希腊征服。古罗马时代没有古希腊文化那样色彩斑斓、绚丽多彩，但自身特色显著：第一，多民族文化的融合，本土文化、西欧文化、阿拉伯文化、东方文明都在这里会通。第二，思想形态多样化，除了传统的理性主义、经验主义之外，还出现了怀疑论者、基督教神学。第三，宗教对哲学的影响力增大。在柏拉图、亚里士多德时代，哲学引领宗教，哲学中的"理性精神"被看作最高智慧的代表。但是到了罗马时期，宗教的力量日益壮大，基督教成为主流，此外东方民族传入的占星术、巫术、神秘的祭祀仪式也被人们广为接受。宗教对各个领域的渗透和控制，包括对哲学思想的控制愈发明显。这也为中世纪宗教神学主导一切的状况埋下了伏笔。

二、中世纪时期

古罗马之后就是欧洲的中世纪时期，从时间上看从 6 世纪到 14 世纪，也是公认的一段"黑暗时代"。中世纪以宗教为题材的艺术，如圣母、圣子的画像，其风格暗淡单一，没有鲜活的表情，没有真情实感的流露，人更像是一个空洞的符号。关于中世纪有很多说法，如哲学是神学的奴隶，文学也是神学的奴隶，那是一个宗教主导一切的时代。个人的个性，个人的想法，个人的自由，甚至个人的尊严价值、精神生活都是不允许存在的。整个中世纪推行禁欲主义，个人的想法或个性被视作"欲望"而被严格限制。

需要指出的是，中世纪并不是完全没有文艺。民间出现了英雄史诗、骑士文学；官方推崇的文艺往往与宗教密切相关，如忏悔诗，其内容为忏悔自己做得不够好、自己的思想不够纯净以及行为上的一些错误；再比如赞美诗，赞美神灵或上帝的神圣性；还有美学，包括教堂的摆设、雕刻、图画、装饰等。

中世纪的修辞学研究比较发达，最有代表性的是英国人乔弗瑞。他指出判断一首诗歌好与不好，有三重标准：耳朵、心灵及习惯；两种修辞手法：一是"直言直语"的手法，二是"弯弯曲曲"的手法。前者是容易的，后者是艰难的。"弯弯曲曲"的手法在文学修辞中十分常见，如作者只写原因不写结果，表面意指之物不是真实的意指之物。诗歌营造的言外之意和象外之意等，这些概念被学术界认为与 20 世纪英美新批评派提出的"含混"的概念接近。

中世纪还存在一些比较愚昧落后的观念，认为与基督教教义无关的就不是知识。例如医学，当时欧洲传染性疾病时有发生，教会势力向人们宣称疾病是神灵对人类的惩罚，因为人们的思想言行还不够好。

三、文艺复兴的发展概况

下面正式介绍今天的主题"文艺复兴时代的思想和艺术"。我们将以几个问题为线索给大家讲解文艺复兴这个概念。

（一）关于文艺复兴的四个核心问题

问题之一：什么是"文艺复兴"？

是指 14 到 17 世纪发源于意大利，并席卷整个欧洲的一场思想革命。这是一般概念上的解说，它的核心位置和坐标为意大利，更具体一点是指意大利的北部城市佛罗伦萨，是文艺复兴的中心。但丁、达·芬奇、米开朗基罗、薄伽丘等艺术大师都与佛罗伦萨这个城市密切相关。文艺复兴的性质是"复古"，即把古希腊、古罗马时代那种情感充沛、感性鲜活的艺术风格恢复过来。与此同时，这也是一个艺术家主导时代、改善社会风气、引领社会潮流的时代。人们热爱艺术、尊重艺术，在艺术典雅之美的世界里获得人格的提升，逐渐理解人体之美与个性之美，逐渐意识到情感和创造力的重要性。毫无疑问，在这场文艺复兴的运动当中，艺术家扮演着最重要的角色，即使是当时的贵族和公爵，在这些知名的艺术家面前，也需保持尊敬与谦卑的态度。

问题之二：文艺复兴的内容是什么？

复兴也叫重生、再生。也就是把古希腊古罗马时代那种内容真实、情感充沛、震撼人心的艺术风格，重新让它恢复过来，改变中世纪文艺单一、空洞的模式，肯定现实生活的价值和个性解放，努力摆脱教会思想控制的精神枷锁。

中世纪教会势力曾经极力宣扬：人不懂得思考，也没有很强的思维能力，因而人的行为和思想都需要宗教教义的引领。文艺复兴时期的艺术家却极力反对这种观念，认为人应该有思想和个性，有独立思考、判断乃至选择的能力。从某种意义上说，这也是一场思想解放运动，肯定人的个性乃至创造美的能力。在他们看来，人本身就是一个很了不起的、珍贵的存在。

有当代欧洲学者曾经这样讲过，文艺复兴实际上揭开了现代世界的序幕。为什么这样讲？因为人在欣赏艺术之美、创造艺术之美的过程中慢慢获得了思想的启蒙，当然真正意义上的启蒙运动是指发生于18世纪的法国，由伏尔泰等人领导的思想解放运动。文艺复兴从某种意义上说就是18世纪启蒙运动的先导。两个思想阶段有着共同性：即尊重人本身的个性和想法，否定外来的、外部的思想钳制等。文艺复兴还使意大利成为"欧洲的长子"，迄今为止依然享有"艺术之都"的美誉。14至16世纪文艺复兴这几百年的时间也是意大利历史上最重要的阶段。当时的意大利是不少年轻的艺术家的梦想之地，那里流行着鼓励发展、展现才能、获取财富的社会氛围，任何人都可以凭借知识或艺术才能上升到社会最上层的阶层中去。

以画家拉斐尔为例。1504年，拉斐尔来到了艺术之都佛罗伦萨，自幼孤独却生活优越的他，此行是抱着以技艺博取"功名"的志向而来的。那时的佛罗伦萨，名家并立，达·芬奇已经创作完成了《蒙娜丽莎》，米开朗基罗的雕塑作品《大卫》已经矗立在广场上。这个初出茅庐的小字辈该怎么在天才辈出的行列里崭露头角？于是拉斐尔开始广泛学习许多大师的长处，他着迷般地绘制着一幅又一幅的圣母像。他创作的圣母秀美而纤巧，是以往任何画家所不曾企及的，整个佛罗伦萨目光为之一亮。米开朗基罗绘制的圣母充满着男性世界的阳刚气息，达·芬奇绘制的圣母仿佛笼罩在一层烟雾里，拉斐尔笔下的圣母真实美丽、形态各异、生动鲜活，有的普通亲切，有的高贵风雅，有的恬淡清幽，是人们熟悉的世俗之美的升华，是各类女性之美的集中。

问题之三：文艺复兴的意义是什么？

恩格斯说道："这是一次人类以往从来没有经历过的最伟大的、进步的变革，是一个需要巨人而且产生了巨人——在思维能力、热情和性格方面，在多才多艺和学识渊博方面的巨人的时代。"

这一文化思想领域的运动，在欧洲的发展史上十分重要。恩格斯将它看作一场社会变革，且是一次最伟大、最进步的变革。因为在文艺复兴运动之后，封建专制势力和教会势力陆陆续续地退出了历史舞台（专制、禁锢色彩的东西退出了），而人性焕发了活力，经济获得了自由，科学取得了进步，整个欧洲通过反对封建专制的革命运动，逐渐进入自由经济时代。

科学和艺术的繁荣表现在：文艺复兴时期书籍、建筑和艺术品都成了投资保值的对象，在艺术和科学领域成就了许多个人的荣誉和名利。文艺复兴时代是艺术商业化的开始，也是个性化创作的开始。1536年，新任的教皇保罗三世曾说："我等了三十年，才轮到我来请米开朗基罗作点东西。"于是，在此后的六年中，米开朗基罗为他创作了西斯庭教堂祭坛画《最后的审判》。

科学研究尤其是医学研究在文艺复兴时期也获得了较大的改善。中世纪是医学的"黑暗时期"。教会宣扬疾病是上帝对人的惩罚，唯有基督才是至高无上的医师、灵与肉的救世主。流行于1346至1353年的黑死病，造成欧洲2500万人死亡，人口减少了1/3，甚至教会势力都在广泛宣称：请上帝停止对人类的惩罚。这也是中世纪不重视科学知识，认为凡是与基督教教义无关的知识都是无用的所导致的结果。这一现象随着思维的进步、自我价值的提升以及对自我生命的重视获得了改善。

问题之四：什么是"人文主义"？

我们都知道，"人文主义"是文艺复兴的标签或主要特征。那么，什么是人文主义？其实就是与人相关，尤其重视人的价值、尊严，思考人在宇宙中的地位。人文主义之父皮特拉克说道："我不想变成上帝，或者居住在永恒中，或者把天地抱在怀里。属于人的那种光荣对我就够了。这是我所祈求的一切。我自己是凡人，我只要求凡人的幸福。"但丁曾说："人的高贵，就其许许多多的成果而言，超过了天使的高贵。"莎士比亚在《哈姆雷特》中将人看作"宇宙的精华，万物的灵长"，达·芬奇认为人的脸庞在傍晚或者阴天最为柔美。这些都高度肯定了人之为人的价值和意义，要求大家重视自己，倾听自己内心最真实的呼唤。具体还可以从以下三个方面来分析：

（1）重视人的精神生活，这是针对中世纪以"神"为本，以"神灵"的意志为转移而来的。他们强调人本身的精神诉求，包括思想观念、道德情操以及价值尊严，只要是自己的、内在的、真实的就值得肯定。

（2）重视现实生活，鼓励追求个人享乐。这是针对禁欲主义而来的。禁欲主义认为人自身的一切想法、需要、情感、喜好都是个人私欲，必然要禁止，人只能听从神灵的旨意。而在文艺复兴时代，享乐不再被看作是不道德的，享受世俗生活是人生最大的本色。人的一切行为，应该以快乐幸福为最终目的。中世纪推行的苦行、修炼作风受到了质疑，甚至抛弃。

（3）有一定的理性规则，不应不顾一切地去追求肉体的快乐。一些学者理解文艺复兴，只看到他们享受世俗幸福的一面，但是他们对凡尘俗世的欣赏，是以遵守道德法则、理性精神为前提的。人首先是一个有道德的人，追求价值的人，反对宗教神学对人性的绝对扭曲和钳制，试图恢复人性的自由。如果为了享乐而不顾道德、没有理性，这并不是文艺复兴的主流。所以，一些人将个人私欲、一己之利的东西也归入文艺复兴的"人文主义"精神中来，这是不妥当的。

文艺复兴时期的艺术家们并非一味地追求世俗的快乐，经典艺术家身上的道德自律性很强，达·芬奇就是典型的例子。文艺复兴也开启了现实主义的文艺思想潮流，尤其发展到后期出现世俗化、低俗化的倾向，生活中一些假、恶、丑题材也出现在艺术作品中，艺术家为金钱而创作的现象也时有发生。

（二）文艺复兴的发生地：佛罗伦萨

佛罗伦萨是意大利北部的城市，也是著名的海上贸易之都。佛罗伦萨的北边是希腊，古希腊文明触手可及。它的脚下是古罗马文明，海上贸易十分发达，工商业、银行业发展迅速，思想氛围开放自由，城中经常举办文学艺术沙龙。当时的佛罗伦萨还是全欧洲著名的书籍交易市场，书籍印刷技术超前。欧洲的一些地区，人们依然在羊皮、木条上写字，而佛罗伦萨已经可以印刷出精美的、彩色的书籍或画册。这里有著名的百花圆顶大教堂，里面保留了宗教题材的雕刻、绘画等造型艺术。佛罗伦萨还生活着一群开明的贵族和新兴的资产阶级，他们手中掌握着权力或者财富，同时非常热爱艺术，愿意成为艺术家的资助人。

意大利成为文艺复兴主要地的优势：

其一，经济优势。资产阶级最早在意大利登上历史的舞台，因为地理优势明显，它掌握着地中海地区以及海上的交通贸易，工商业、银行业十分发达。意大利也是欧洲最富庶、最先进的地方。往往经济发达的地区，在思想观念上也比较先进。如我国唐代时，思想观念上开放豁达，兼收并蓄，一些激进的思想往往发源于此类地方。其二，传统文化优势。文化革新往往从恢复古代前人的作风开始，从曾经的优良传统、曾经的繁荣兴盛中去寻找解决当下问题的方法。意大利是古希腊、古罗马文化的直接继承人，隶属于古希腊城邦的势力范围，又是罗马帝国的中心地带，所以在接受古典文化遗产方面最为便利和直接。意大利的文化活动主要在北部，特别是佛罗伦萨。

（三）文艺复兴时期文艺创作的共同特点

其一，在文艺与现实的关系上，他们继承亚里士多德的传统，一方面坚持"艺术模仿自然"，主张艺术应像一面镜子那样反映现实生活；另一方面又提出诗人不能抄袭自然，而要充分发挥艺术想象、虚构的能力，构建独特的艺术世界。类似于我们熟知的"艺术来源于生活，但要高于生活"这样的要求。

其二，在文艺的社会作用上，针对中世纪教会以伤风败俗为理由对文艺进行攻击的做法，一方面借用中世纪盛行的诗歌讽喻说；另一方面继承古罗马贺拉斯的"寓教于乐"理论，为诗的合法存在进行辩护。艺术家们在肯定诗歌的教化功能之余，也强调诗歌的娱乐功能。将教育和娱乐结合起来，一方面不会丢失意义和价值，另一方面也可以显现诗歌的艺术魅力。

其三，在文学语言方面，他们从传播人文主义的新思想和建立民族文学的需要出发，主张推翻拉丁语的独霸地位。拉丁语是宣传基督教教义的标准语言，是钳制人性自由的象征，提倡采用通俗的、易懂的、活泼的俗语进行写作。

其四，在文学体裁问题上，主张文学体裁应当随着时代的发展而发展。根据艺术反映现实的需要，可以打破悲剧、喜剧之间严格的限制，创作一种新型的悲喜剧，主张上层人物和普通人民可以同时出现在戏剧中。

其五，在艺术表现方面，注重技巧。文艺复兴时期的艺术类型十分丰富，除了诗歌、戏剧等传统艺术之外，绘画、雕刻等造型艺术也十分发达，因而追求最美的线条和最美的比例成为艺术努力表现的方向。对于语言、线条、材料以及比例等表达方式的重视，体现了对于文艺形式独特性的关注，注重思想内容的同时，对表达形式的特点、作用、功能进行钻研，也意味着艺术创作的极大进步。

（四）达·芬奇的绘画理论及作品

达·芬奇是意大利文艺复兴时期杰出的艺术家，他在绘画上成就很高，代表作有《最后的晚餐》《蒙娜丽莎》《抱银鼠的女子》《安吉里之战》等，其作品有着跨越时代的永恒之美。达·芬奇在长期的绘画实践中有很多心得及收获，在三十多岁的时候开始整理自己的研究成果，预备写成论绘画、力学、解剖学等著作，但最终未能实现。其绘制的人体解剖图从某种意义上促进了医学理论的发展。

达·芬奇出身于佛罗伦萨附近的小镇，父亲是佛罗伦萨的法律公证员，母亲是贫家村妇。母亲将其生下之后就交给父亲单独抚养，自己转嫁他人，几乎再也没有露脸。父亲也在家人的安排下与一位门当户对的女子成亲。父亲和爷爷对他的艺术兴趣是十分支持的，十几岁时便将他送往佛罗伦萨学习绘画，向当时著名的画家学习。据说某日老师忙于他事，让达·芬奇帮他把一幅画中的最后的一个人物画完，完成后老师看到达·芬奇画的这个人物本来是一个不起眼的小天使，但它的光芒却盖过了画中所有其他的主要人物，他便知道这个学生一定会超越自己成为一位绘画天才。

达·芬奇不仅是一位绘画大师，也是雕塑家和建筑家。虽然他的雕塑作品已经不复存在，但建筑才能在一些素描草图中还是可以体现出来的。达·芬奇天资聪颖，体格匀称，仪容俊美，不但举止优雅，而且胆识过人。他对数学兴趣浓厚，提出的一些问题时常难倒老师。他又是一个极好的骑手，出色的音乐家，不但会作词谱曲，还会伴琴吟唱。他还擅长体育，可以轻而易举地扳直一只马蹄。他的演说才能也是无与伦比的。文艺复兴时代认为"人"是宇宙的精华、万物的灵长，人是集优雅、才能和完美于一身全面发展的物种，这些要点在达·芬奇身上无疑获得了完美的阐释。

达·芬奇的艺术理论从何而来？主要来源于他的绘画实践。他在描绘人物或事物的过程当中，将自身的心得体会记录在手抄本上，后人将其整理成册，名为《画论》和《笔记》。其学识十分广博，除绘画理论外，在笔记及手稿中还包含着透视学、解剖学、光影学、配色技巧等各种理论。具体表现在以下几个方面：

（1）艺术应像一面镜子那样忠实地反映自然。中世纪的神学家极端仇视世俗文艺，他们认为上帝的心灵是自然万物的源泉（上帝是造物主），艺术也只能表现上帝的心灵。因此，艺术被视为神学的奴婢。到了文艺复兴时期，人文主义艺术家为了把艺术从神学的桎梏下解放出来，努力恢复古希腊的艺术"模仿说"（主要是亚里士多德的观点），把师法自然作为自己的审美标准和行动纲领。达·芬奇就是一个追求世俗快乐、尊重现实生活的人，他不信仰任何宗教，认为一位哲学家比一位基督徒要高明得多。他力主把绘画当作一门科学，因为它来源于自然，以感性经验为基础，以视觉效果带来的审美感觉为基础。因而绘画艺术不是什么神秘的东西，而是感性世界的存在。达·芬奇提出了"镜子说"，"画家的心应当像一面镜子，以自然为师。假设你不是一个能够用艺术再现自然一切形态的多才多艺的能手，也就不是一位高明的画家"。还讨论到艺术"风格"的问题，他指出很多艺术家没有形成自己的风格，因为他们没有真正去模仿自然，而是去模仿别人，抄袭别人，这样的艺术家成就不高，"他在艺术上只配当自然的从孙，不配当自然的儿子"。如果一个民族的画家都师法自然，模仿自然进行创造，那么这个民族的绘画艺术将不断地走向繁荣，反之就会抄袭成风，绘画艺术必然走向衰落。

对自然的反映并不意味着忠实地再现而没有创造，相反，达·芬奇主张艺术家能以理性为主导去反映自然、源于自然，但是又高于自然、胜过自然。这是因为画家笔下的自然是通过画家的心灵体验创造出来的，不仅能够再现、改变自然的表象，甚至还可以创造自然中没有的东西，比如"令人着迷的美人""惊世骇俗的怪物"

"滑稽可笑的东西"等。甚至他还说,"画家是所有人和万物的主人",能够主宰宇宙的一切。可见,其艺术理论有很强的主体意识和表现精神。

(2)绘画高于诗歌。古希腊神话中的伊娥变母牛的故事,用绘画的形式来表现,在达·芬奇看来更有艺术魅力。尤其是比较激烈的题材、有战斗力或者表现力的题材,绘画艺术能够更好地吸引观众,产生更大的快感,博得更高的赞赏。

(3)艺术应以表现人和人的思想情感为中心。这也是努力排除神学的干扰,转向以人为本的尝试。他自己也是这样做的,以人体解剖学和人体结构学的理论去研究人体的最佳比例,大量观察人们生动活泼的手势和表情。主张绘画不仅要求形似,而且要求神似。画像的动态描写要反映出心灵的意向,即以有形的人物的动作反映出无形的精神,如欲望、嘲笑、愤怒、怜悯等。这些理论对神学是一个很大的冲击,因为他看重世俗最真实的东西,包括人的思想和各种活动。中世纪时期的人物画像不够真实,往往表情严肃呆板、面孔僵硬,而达·芬奇强调的人是真情实感、生动活泼、千姿百态、形状各异的。他的作品都透露出一种鲜活的生命力,蒙娜丽莎的微笑充满了暗示和意蕴,《最后的晚餐》中的门徒们听到耶稣说"你们中有一个人要出卖我了"之后表现出各自不同的神情。据说达·芬奇为了塑造好一个叛徒的形象,经常到无赖聚集的地方去观察他们的相貌、神情和动作。他的作品有一种浓厚的现实主义精神,且是加入自身思想观念的现实主义。

(4)艺术家应该重视自身的道德和艺术修养。达·芬奇关于画家修养的看法表现在以下几点:其一,画家必须做到理论与实践相结合。一方面理论对于实践有指导作用,就像罗盘对航船一样重要;另一方面,理论不能脱离实践,脱离就是最大的不幸。他经常勉励学习绘画的人,从少年起就要勤学苦练,掌握临摹、素描的基本功之后再将它们应用到绘画的实践中去。其二,艺术家应到大自然和生活中去学习。画家就是大自然和人之间的中介,大自然是千姿百态的,画家应当去大自然中体验这些包罗万象的内容,比如田野、广场、旅行,所到之处都是学习的场所,山川、草木、人的动态表情都可以是学习的资料。他本人非常喜欢旅游,意大利的名山大川、风土人情、社会风貌他都细心观察、牢记于心,所以创作的时候信手拈来,使用自如。其三,艺术家应注重美德修养,不为金钱而创作,要注意自己在社会上的声誉,不要为了财富而粗制滥造。他批评那些因为报酬微薄而粗制滥造、为了金钱收入才肯去钻研勤奋的人是"蠢货""伪君子",认为艺术家应当有一种道德操守,任何时候在艺术事业上都要认真、奋斗、努力。

(五)莎士比亚的文学创作

概括地说,莎士比亚的戏剧具有现实主义艺术风格,塑造了典型生动的人物形象,展现跌宕起伏、扣人心弦的故事情节,又表达了关于人性思考的深刻意蕴。具体表现在：其一，对戏剧体裁的贡献。在文艺复兴时期莎士比亚开始写作悲喜剧，如《罗密欧与朱丽叶》《暴风雨》等。其二，提出最高的审美理想是"真善美的统一"。其三，讨论了艺术想象力的问题。

关于四大悲剧之一《哈姆雷特》的讨论。"一千个读者就有一千个哈姆雷特"，不同的批评方法对哈姆雷特做出了不同的分析。哈姆雷特的性格被称为难解之谜，成为文艺作品心理分析的一个焦点问题。

1. 歌德论哈姆雷特。歌德在《威廉·麦斯特的学习时代》中分析道："一个美丽、纯洁、高贵而道德高尚的人，他缺乏成为一个英雄的魄力，却在一个他既不能负担又不能放弃的重担下被毁灭了。每一个责任对他都是神圣的，这个责任却是太沉重了。要求他做的都是不可能的事，这些事的本身并不是不可能的，对于他却是不可能的事情。"歌德的观点可概括为性格悲剧，因哈姆雷特自身忧郁、善良、柔弱的性格造成复仇失败。

2. 丹纳论哈姆雷特。丹纳是法国19世纪著名的文学批评家，主张"种族、环境和时代"三要素理论，他从16世纪英国民族文化环境出发来研究人物的心理，提出"哈姆雷特就是莎士比亚本人"的论点。莎士比亚本身就有着优美的灵魂、奔放的想象、渊博的知识，心地坦率，胸襟宽大，可是极端的不幸使他一脚跨进了疯狂的边缘。"他是一个艺术家，倒霉的机遇使他成为一个王子，而更坏的机遇使他成为一个向罪恶进行复仇的人。"他认为16世纪的英国没有理性、精神病态且道德中毒。这种观点注重从作家生平传记和历史文化因素中去分析原因。

3. 弗洛伊德"俄狄浦斯情结"。哈姆雷特并非懦弱无能。一次，他在盛怒下杀死了躲在挂毯后的窃听者；另一次是他故意地、富有技巧地、毫不犹豫地杀死了两位谋害他的朝臣。那么，为什么他却对父亲的魂魄吩咐犹豫不前呢？唯一的解释便是这项工作具有某种特殊的性质。哈姆雷特能够做所有的事情，但却对一位杀掉他父亲，并且篡其王位、夺其母后的人无能为力——那是因为这个人所做出的正是他自己已经潜埋已久的童年欲望之实现，于是对仇人的恨意被良心的自遣不安所取代，因为良心告诉他，自己其实比这杀父娶母的凶手好不了多少。

4. 琼斯"厌女症"。哈姆雷特之所以表现出强烈的厌女症，尤其对奥菲利亚不合情理的冷漠，是因为他在无意识深处的恋母情结。由于失望而厌恶所有的女性，以发泄对其母亲的怨恨。

5. 神话原型批判。英国学者墨雷发现哈姆雷特与古希腊英雄额瑞斯忒斯十分相似。额瑞斯忒斯也是老国王的儿子，父亲阿伽门农被叔父和王后共同谋害，凶手篡位作为新国王，娶了原来的王后额瑞斯忒斯的母亲为妻。额瑞斯忒斯长大后替父亲报了仇，杀死了母亲和叔父。神话故事反复上演，题材大体接近，来源于原始的"种族记忆"。所谓种族记忆也就是英国乃至整个欧洲时常看到的、不断演绎的故事，哈姆雷特就是人们喜欢看的"复仇——献身"故事原型的重新演绎。

九型人格理论与
人格美的修炼

王福雅

主讲人简介

王福雅，长沙理工大学文法学院副教授，文艺学博士。主要从事文艺美学与戏曲艺术研究，曾赴美国旧金山做汉语教师一年。著有《谎言成真：迪士尼传奇》《游走的艺术：中国古代戏曲生存状态研究》。

自己是怎样的一个人？

我想这是大家都思考过的一个问题。在回答这个问题时，我们总会找"外向""严谨""情绪化""对新鲜事物接受度高"等一系列概括性的语句来描述，这些就是人所具有的、与他人相区别的、独特而稳定的思维方式与行为风格——人格。人格理论种类繁多，今天给大家带来的讲座是我对一种性格形态学说理论的理解与分享——《九型人格理论与人格美的修炼》。讲座的主要内容分为四个部分：第一部分是何为九型人格，第二部分是九型人格的发展层级，第三部分是如何确定和分析人格类型，第四部分是九型人格理论的应用及其对于人格美修炼的启示。

九型人格理论可以说是一种把人类划分为九种相互关联的人格的类型学说。据当代心理学家研究，这一古老、具有传统智慧的理论至今已有2000多年的历史，其源流与发展现今已不可考，但乔治·伊万诺维奇·葛吉夫和奥斯卡·伊查索两位心理学家对这一古老的传统智慧进行了继承。现代九型人格理论的创始人是戴维·丹尼尔斯，他作为美国斯坦福大学医学院临床精神科的教授，在1993年首次将九型人格理论引入商学院，使之成为斯坦福大学商学院MBA的必修课程，这门课程被命名为《人格自我认知和领导》。与此同时，他跟海伦·帕尔默（《九型人格》的作者）共同开设了一个九型人格研究工作室，为全球企业以及个人设计培训课程。除此之外，唐·理查德·里索与拉斯·赫德森两人也对九型人格理论有着较为深入的研究，合写了《九型人格1：了解自我、洞悉他人的秘诀》《九型人格2：发现你的人格类型》两部著作。

随着理论的普及，九型人格在当代社会的运用更加广泛，从商业谈判、企业的人力资源管理以及团队的建设，再到人际沟通能力的提高、技能培训皆可见到它的身影。它让人能够更加清晰地认识自我，使人与人之间的沟通变得更为和谐。同时，使得团队的融合程度因为各方面的理解得到增进，这些正是我们学习了解具有实用工具性的九型人格理论的意义。

什么是九型人格？

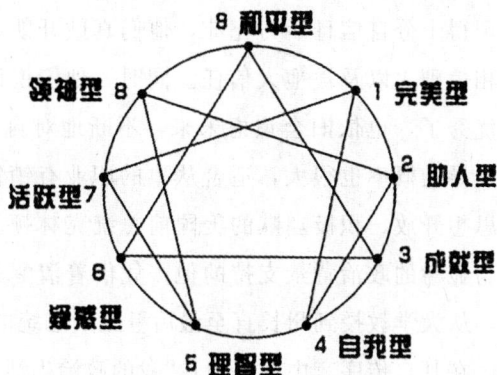

如上图所示，九型人格图中的圆圈上共有九个小点呈顺时针方向分布，分别是：1号完美型、2号助人型、3号成就型、4号自我型、5号理智型、6号疑惑型、7号活跃型、8号领袖型、9号和平型，这些就是根据个人性格、气质、对环境的适应能力、对外应激反应等特征对人格进行划分的九型人格。中间的这些线条要如何理解呢？我们稍后再谈。现在，让我们来具体了解一下九种基本的人格类型。

1号完美型的行为特征是关注细节，凡事力求完美，有纪律、有规律，喜欢建立标准，有极强的原则性，不易妥协。同时，严肃勤恳、正直诚实、非常负责。他们不能够忍受他人知错不改，因此对自己和他人的要求都非常高。一般的完美型不会骂人，但他们的愤怒情绪会写在脸上，较为喜形于色。这类人比较适合从事财务、行政管理、教育和桥梁设计等要求条理清晰、细致严谨的职业。著名的思想家、教育家、儒学创始人孔子就是典型的代表。他身处乱世而不避，具有宏伟的政治抱负与强烈的社会责任心，忧国忧民，鞠躬尽瘁，以兴周礼为己任，主张统治者施行仁政，面对责难与迫害依旧对理想充满自信，不懈追求。孔子完美型人格的特性，也体现在他日常勤奋好学、知识渊博、严于律己、诲人不倦、躬身力行的各类可贵的精神品质之中。

2号助人型的行为特征是善解人意，热心慷慨，乐善好施，随和温和，舍己为人，很少会关注自己，总是为他人考虑，因此难以拒绝别人的要求，非常重视人际关系。根据这一特征，2号助人型比较适合从事秘书、医生、护士、幼儿及小学老师等职业，还有各类服务行业。像特蕾莎修女就是2号助人型的典型代表，倾其一生去关爱孤儿和临终者，帮助穷人、病人，从不在乎自己的利益，只为受苦难的人而活。她在1979年的时候获得了诺贝尔和平奖。在我国广为人知的2号助人型代表有雷锋等人。

3号成就型的行为特征是具有强烈的目标感，将人生成功和事业成就视为生命。这一人群勤奋努力，是富有行动力的工作狂。他们往往说做就做，有强烈的好胜心，并常常希望引人注目，获得鲜花、掌声与赞美。而且3号成就型还非常在意自身的外表与形象，通常表现得十分自信且活力充沛，他们真诚开朗，是团体中的气氛担当、精神向导，容易相信别人以及被他人信任。同时，他们说话圆融灵活，易产生焦虑感，即使已经很优秀了，也依旧会焦虑未来，不断地对自己提出要求。3号成就型成为领袖或企业领导的概率也很大，适合从事的职业有销售讲师、管理、创业达人等。代表人物如思想开放、积极幽默的美国前总统克林顿。他出身于普通的家庭，没有富裕的家境与显赫的政治背景支持的他，凭借着清醒的头脑与向明确目标前行的强大的行动力，从大学教授到州长直至最后登上了总统的宝座。他行为勇敢、举止优雅、精力充沛，在其自传序言中曾言道："我的政治生活充满了欢乐。我喜欢竞选，我喜欢主政。我总是努力让事情朝着正确的方向发展，给更多的人梦想成真的机会，让人们振奋精神，携手共进。我就是这样给自己打分的。"短短的几句话，其成就型人格跃然纸上。

4号自我型的行为特征则是感情丰富，以自我为精神中心，常常沉浸于自己的世界中，但这一人群往往也非常清楚自己需要什么，不重名利，我行我素，不媚俗，生活中没有太多的规则，也不太受道德规则的约束，浪漫而富有创造力，有较为明显的艺人特质。4号自我型也被称为悲情浪漫型，因为他们认为快乐不常有，痛苦才是真实的。就拿《红楼梦》中喜静不喜动、喜散不喜聚的林黛玉来说，她正是典型的悲情浪漫主义者。她天生丽质，气质优雅绝俗；骨性偏执的她多愁善感，极工诗词，所作之诗皆文笔与意趣俱佳，有才女之称；而寄人篱下的她却似乎每时每刻都在感伤人情世故、世态变迁，陶醉于拥抱痛苦之中。

5号理智型的行为特征是具有极强的分析力，冷静理智，喜欢钻研思考，并对知识和书籍有着极强的占有欲。他们往往将追求知识与智慧作为人生最大的快乐，甚至致力于让自己的大脑成为信息库。5号理智型的人喜欢独处，强调私人空间，不愿意被人打扰，喜欢与有智慧有内涵的人相处。他们只求温饱，向往较高的精神境界。典型的名人代表有伟大的科学家爱因斯坦，他从小就勤学好问，四五岁时曾因病卧床休养，为了给他排遣寂寞，父亲送给了他一个罗盘。爱因斯坦拿到后爱不释手，就罗盘的制作与工作方式等问题缠问了父亲许久，甚至让父亲几乎无法应对。得益于理智好学的特性，长大后的爱因斯坦以渊博的知识、天才的智慧开创了现代科学技术的纪元，为核能开发奠定了理论基础，被公认为继伽利略、牛顿以来最伟大的物理学家。除了爱因斯坦，自称"我的成功源于理性"的巴菲特，富有创新性的比尔·盖茨也是理智型人格。拥有这一型人格的人最适合从事有关技术研究、精算师以及精密性的工作等，现在也有很多科研人员是理智型。

接下来是6号疑惑型。我们有时候也会把疑惑型称为忠诚型，他们往往在社会上扮演着跟随者的角色，做事小心谨慎，不愿轻易表明自己的立场与决定，但他们又十分忠诚。他们常常安于现状、相信权威，但同时多疑，容易反权威，需要被喜爱被接纳，从而得到安全保障，也就是说疑惑型是在所有的九种人格类型中最没有安全感的。6号又分为"正6"和"反6"。"正6"之人，行事小心谨慎，怕出风头；"反6"则疑心重，防卫心强，往往因为害怕而做出过激的行为，选择先发制人，其典型代表人物就是希特勒。6号疑惑型人比较适合在大机构、事业单位工作，因为他们喜欢稳定，不喜欢换工作，不喜欢去冒险，因此做企业智囊团、技术设计、科学研发都是比较适合的。在我们所熟知的文学作品人物列表中，哈姆雷特就是典型的疑惑型人格。"生存还是毁灭"这一哲学命题的提出，体现了他的个人思想价值，而他的价值观念又主导着他的价值人格。他忧郁延宕，反复在心灵中挣扎，却仍然没能摆脱痛苦的命运和死亡的结局。也正是他性格的脆弱矛盾、犹豫疯狂，将他自己一步步推向毁灭的道路，其疑惑型人格特征鲜明在目。

7号活跃型的行为特征如其名，这一人群乐观，爱表现，爱自由，不喜拘束，不喜欢承受压力，责任心不太强，擅长玩乐之事，所以7号活跃型也被称为欢乐型。一般将工作交予他们完成的话，我们往往需要给他们安排一位监督者，否则他们有可能会为了一时的欢乐而把所有的任务忘光。一方面，由于他们个性开朗，善于交际，从事职业公关、销售是非常适合的；另一方面，因为责任心不强，做事粗线条、不细致，因此具有7号人格类型的人不太适合担任管理角色。当然我们前面所说的仅是他们的主要的行为特征，并不代表他们无法成大事。7号的典型代表如金庸笔下的韦小宝，他也正是因为拥有机敏聪慧、乐观开朗、活泼好动的性格特征，钟情刺激人生，没有内在约束与外在规范的逍遥行为特性，才获得了可比拟皇帝的特殊享受与社会地位。

8号领袖型群体是绝对的行动派，具有追求权力、拥有强大魄力的欲望，跟3号一样将成功视为生命。但与3号不同的是，因为强硬强悍、独立自主、性格叛逆热情、以自我为中心的特性，他们常常不能很好地克制自己的情绪，容易暴躁生气。但8号富有正义感，虽然喜欢骂人，但往往会尊重立场坚定的人。他们看不起弱者，但同时又倾向于保护弱者、爱护弱者，这就是8号领袖型的主要行为特征。代表人物有拿破仑、成吉思汗等。现今活跃在政坛上的美国总统特朗普其实也是一个典型，他气势十足，执行力极强，雷厉风行。当然，特朗普其实也有活跃型的特征，如精力充沛、爱出风头、不喜欢繁文缛节等，但作为政权人物，其主体行事风格所展现的主要人格类型还是8型。

再来谈谈9号和平型。他们的行为特征是随和自在，不自夸自傲，不爱出风头。他们只在意自己的舒适节奏，与行动力最强的3型和8型相比行动力稍弱。同时，他们不喜欢与人发生冲突，难以拒绝他人也是9型一个突出的行为特征。和平型人群适合从事销售客服、心理咨询师、私人教练、讲师等职业。和平使者甘地正是9型人格的杰出代表。他在南非那片种族歧视根深蒂固的英国殖民地上，发起了反种族歧视的抗争，并发明了一种"武器"——非暴力斗争，即通过忍受屈辱与苦难来赢得统治者的退让，并将这个理念应用于之后的印度民族解放运动中。最后，在印度多方势力的坚持下，英国政府答应了印度独立的要求。甘地在功成名就后选择退身，坚决不担任国家元首，不接受任何荣誉称谓。一生追求和平的甘地，践行着淡泊名利、随和自立的人生准则，选择了享受乡间的野趣与心灵的静谧。

总结起来，我们可以看到从1型到9型，各种人格类型中皆人才辈出，因此可见九种人格类型虽各有优缺点，但无优劣之分。

九型人格的发展层级

个体的复杂性使个人的人格特征会随着后天成长与环境改变而产生变化，且处于不同的环境中，可能会呈现出不同的状态，就像情绪一样会出现上升状态或退化状态，这就是人格发展层级形成的原因。人格被分为九种类型，而每一类型中又包括三种状态，分别为：健康状态，一般状态，不健康状态。这就是九型人格的发展层级。我们来举几个例子：就拿 1 号完美型人格来说，在健康的状态下，也就是处于最高层次时，完美型人群会成为睿智理性的现实主义者，他们具有智慧和十足的责任心；处于一般状态时则是理想主义的改革者，讲求秩序的人，好评判的完美主义者；但在不健康的状态下，他们会成为偏狭的愤世嫉俗者、强迫性的伪君子和残酷的报复者。那么一般状态下的 3 型会是怎样的呢？他们是有好胜心的成就者，以貌取人的实用主义者，自我推销的自恋者。若是在冲突状态下被激怒了，或处于高压环境中，他们可能会成为一个不诚实的投机分子，会欺骗、会愤怒、会报复，这是 3 型人格处于不同层级时的状态。8 型呢？在健康层次，他是一位胸怀大度、富有同情心、懂得保护弱小的强者，一位有勇气的强大的领导者。一般状态下，是实干的冒险家，掌握实权的掮客，懂得审时度势的投机者，强硬的好战派。但如果处于不健康的状态下，他就可能是残忍的亡命之徒、暴力狂躁的破坏者，具有极重的好斗之心与报复心理。由此可见，多样人格发展层级呈现出了极其复杂的人性状态。

确定和分析一个人的人格类型

确定和分析人格类型，我们可运用多种方法。在网上我们可以找到几类测试卷，但大家最好选择海伦·帕尔默《九型人格》中的 108 题问卷进行测试，准确率更高。测试中所回答的问题没有好坏之分，也没有正确与错误之别，它仅仅反映着大家的个性与世界观，可能今天你测出的是 3 型人格，而明天又会测出其他人格类型。这是为什么呢？因为我们每个人除了基本的主导人格，还存有重要的其他人格要素，这些要素就是与主导人格相邻或混合的翼型人格。我们遇到的绝大多数人都只有一种主导人格类型。我们前面说到的特朗普可能是 8 型偏 7 型的人格，8 型主导人格刚硬果决，翼型 7 号人格则活跃随性。

除了翼型人格与发展层级变化，人格出现一定的偏向还与具有一定规律性的人格运动变化方向有关，其方向共分为两种：一种是轻松线中的整合方向，另一种则是压力线中的解离方向。轻松线，是指在顺境状态中人格的健康发展的方向，即整合方向。九型人格图中圆圈内所示箭头的走线之一即为整合方向：1—7—5—8—2—

4—1和9—3—6—9，这是什么意思呢？我们来看一看，1型如果处于顺境中会往7型发展，而7型的轻松线是5型，因此7型在特别没有压力的状态下，又会往5型发展。健康的9型，在顺境里面则会表现出3型人格优点，他们开始对优化自身非常感兴趣，会充分表现出不同以往的主见性，变得更加独立自信，敏捷勇敢，和那些真正喜欢他们的人也能保持良好的关系，这就是人格优化的整合方向。

处于压力线上的解离方向则与整合方向走势相反，一个人在承受巨大压力的状态下，人格可能会步入解离方向，即当个人的正常处理机制不堪重负，会出现往其他人格类型不健康状态下的转变。九种人格类型的解离方向具体表现为：1—4—2—8—5—7—1和9—6—3—9。我们还是以9型为例，在一般状态下9型的人非常随和乐观，但在高压状态下，他们会表现出6型不健康的性格特征，变得焦虑悲观，且常常指责他人，在反抗之际表现得极端固执强硬，也就是说具有和平型人格的人被逼急了，也会跳起来反击现状，这就是9型在压力状态下人格迁移的情况。综上所述，我们可以根据测试卷确定一个人的大致人格类型，再根据其生活细节及状况确定整合、解离方向，经过整合与推理就能比较准确地分析判断出一个人的主导人格类型。

上述为测试分析法，下面我们来讲讲观察法。其实很多时候在我们掌握九型人格理论后，就可根据一个人的外貌气质与行为方式做出大致的判断。让我们来分析一下曹禺先生《雷雨》剧作中人物形象最丰满的周繁漪。周繁漪既具有旧式女性柔弱顺从的特性，同时又有着现代女性的抗争精神。她企图摆脱周朴园精神和肉体上的禁锢，又尝试紧紧抓住与周萍之间畸形叛逆的一种阴鸷爱情。她被人无情抛弃，但也对生活中的一切采取狠戾报复，最终获得以悲剧告终的悲惨命运。这样看来，繁漪的人格好像是9型与反6的结合体。的确，繁漪从戏剧一出场就表现出了中国旧世美人的风采，尽管她出场时颓废苍白，像一只被关在笼中的小鸟，但喜读诗书、接受过新式教育的她，依旧拥有着独特的审美，渴望生活的自由和家庭的温暖，这又让她具有4型独特的敏感的艺术特性心理，还表现出强烈的自我意识、对婚姻爱情抱以超高的期望、事事要求完美的主母风范的3型特征。这样一位具有复杂人格的悲剧人物，我们只能以保留性的态度来对她的人格特征进行鉴定与判断。

转换一下视角，我们再来将焦点移至《西游记》中的人物。我们常说一个团体应由不同特性优势的人组合而成，就拿唐僧师徒四人取经来说，他们获得成功正是源于他们性格上的互补。大家都知道唐僧是一位崇信佛法、严守戒律、目标明确的人，他一路向西立场坚定，勇往直前，因此可以判断唐僧应属于1号完美型；孙悟空直率大胆，爱憎分明，桀骜不驯，智慧超凡，具有卓越的才能，但也有脾气火爆、好胜心过强的缺点，他大约是性急的3号成就型；猪八戒纯朴天真，贪财好色，贪图安逸，散漫却爱出风头，明显是 7 号活跃型；再就是沙僧，作为一名跟随者，他勤劳稳重，任劳任怨，默默奉献，是典型的 9 号和平型人格。

九型人格理论的应用

九型人格理论的应用领域颇广，如今主要应用于人际领域的两个方面：一方面，通过对九型人格理论的了解，我们可以更好地认识自我，了解自身的恐惧、欲望、力量、弱点、焦虑，从而拿到一把打开心门的钥匙，做到更好地与自己相处。有时我们会对自己的行为方式、性格特征产生疑惑，但我相信接触九型人格理论后，大家将对自己性格能力上的优势与缺陷有更清楚的认识。另一个方面，学习九型人格理论，可以帮助我们更好地掌握人与人之间的相处之道，从而真正地做到理解他人、欣赏他人。即便是面对难以相处之人，我们也能从客观的角度去观察他的行为特征，与他和谐相处，来创造和维持良好的人际关系。

比如说跟完美型相处时，我们要注意做事的条理与归纳的齐整。如果家中有一位完美型的妈妈，为避免被唠叨，大家就需要注重细节，按妈妈的要求定时将自己的东西整理好。再者与 1 型相处时需重视他们的忠告和意见，做到知错就改，杜绝欺骗。与 2 型相处时，要对他们的付出给予善意的反馈与欣赏，这一点最为关键。如若对他们加以批评，也必须采用委婉的方式，并给予他们更多的关爱。在跟喜爱鲜花与掌声的成就型相处时，我们需要大力赞扬、肯定他们的成就，让他们获得足够的满足感。如果身边的领导为成就型，我们不可在他们面前过分炫耀或过分奉承，因为他们看重的是结果与成绩，赏识只会建立在你的成绩之上。与此同时，与多愁善感的 4 号自我型友好相处的关键在于倾听与陪伴，以及对他们的个性创意和独特的看法的尊重。跟 5 号理智型相处时切勿好为人师、拖泥带水，擅自帮他们做决定，称赞他们时应落脚于具有智慧、擅长分析思考之处，这是与 5 号理智型的人友好相处之道。跟 6 号疑惑型相处，因为他们害怕变动，喜欢稳定，不要试图中途随意改变他们的提案或进程，如若要说服他们，还请真诚地向他们提供可靠的数据与充分的理由，否则他们的疑惑甚至愤怒将无法消除。再者，足够的坦诚与惯性的重视和承诺，会使他们产生安全感。跟 7 号活跃型相处则需要给予他们自由与机会，不可太过于执着地工作，保持轻松和幽默感，才不会让他看见你时选择溜之大吉。当然，面对较为缺乏责任心的 7 型还是要给予一定的监督，并保留第二项工作预案。跟 8 号领袖型相处则完全相反，我们只需要满足他们的主导欲望。如果我们面对 8 型的领导，则要衷心地称赞他们自强不息、能力过人，同时要非常注重他们的意见与感受。但是 8 型和 3 型比，不好的一点在于 8 型虽擅长做决定，但很容易出现头脑发热的情况，他们将成为自己的决定的推翻者、原则的破坏者，我们可以委婉劝诚，及时提醒他们三思而后行。跟 9 型相处的话，最重要的一点是不要对他们寄予太高的希望，不要给他们太大的压力。过重的压力会转化为同等级的焦虑，进而影响他们的行动力。因此，分派工作时，不可强迫限制他们较为慢条斯理的行动力，过分批评他们较为优柔寡断的决策力，应选择尊重他们，通过积极鼓励来营造良好的氛围，让他们展现自信、富有行动力的一面。

九型人格理论对人格美修炼的启示

九型人格理论在现实生活中被广泛应用，就其实践理论对人格美的修炼，我想提出以下三点启示：第一，接纳比期待更重要。接纳，包括接纳自己与接纳他人，在人际交往中这是十分重要的。很多时候，我们都无法做到完全接纳自己，更别说理解他人了，我们总是期待着他人能够适应环境、融入集体、将就团队。其实与其期待，我们不如将他人的优点和缺点全部接纳，因为每个人都是独立自主的个体。我们通常说"江山易改，禀性难移"，这是因为在成长的过程中，童年的养育模式结合着天生的禀赋气质，让人格在初高中阶段就能得到基本的定型。到大学时，我们已经可以自行判断、接受与改善自己的人格特征。当然，一个人可以进行人格修炼，但成型的人格特质一生都不会发生太大的变化。因此，无论面对自己还是面对他人，都是接纳比期待更重要。

第二，改善比完善更重要。虽说人无完人，但大家可选择通过不断地磨砺自身来改善人格特质，调适人格发展层级。根据之前谈及的九型人格发展层级理论可得知，依据个人的性格特征，我们可自行选择往健康的状态上整合发展，通过关注自己的心理健康问题来矫正人格状态。假如我们处于特别焦虑、喜欢抱怨且情绪波动较大，甚至影响到自己的行动力的状态下，我们则需对"阴霾"抽丝剥茧，进而寻找导致自己身处不健康心理状态的原因，对症下药，进行重新调整，这就是所谓的改善。一个人不可能达到十分完美，但可以朝着追求完美的目标奋力前行，日常点滴汇集善意，因此我们说改善比完善更重要。

第三，在团体中互补比凝聚更重要。我们常说一个团体要有凝聚力，凝聚力往往指向于团队对成员的吸引力。但从实际而论，如果我们能从自己或他人的人格类型中了解到各自的能力、优势与弱项，我们就能通过互补在最大程度上实现目标，获得成就。就像我们前面提及的《西游记》案例，正是师徒四人的人格互补，为取经成功奠定了良好的基础。所以，在团体中互补比凝聚更重要。以后，大家可能会得到向学生干部或领导的角色转化的机会，那么我们在融入团体、引导团体时，可根据九型人格理论知识去观察了解每个人的优缺点，进一步确定自己的工作重心、他人的工作分配以及各自的互补搭档，从而实现高效管理，达成既定目标。就拿 7

型来说，为保质保量地完成任务，一定要为他搭配 3 型工作伙伴，目标感极强的 3 型与易打开艰难局面的 7 型进行配合，执行公关任务，往往无往不胜。如果委派管理职位，1 型和 2 型都会是很好的选择。

总体而言，九种人格类型其实没有好坏之分，不存在绝对的好，也不存在绝对的差，所有的类型、所有的层级都是完美整体的一部分。作为一个完美的整体，所有的缺点是你的一部分，所有的优点也是完美整体的一部分。就拿九型人格图来说，1 型到 9 型皆分布于圆圈上，象征着圆融与完整，这也告诉我们要以慈悲心和平等心去看待一切类型和层级差异。其实九型人格在心理研究领域中颇受争议，有的人说这只是经验之谈，也有的人认为它是科学的理论系统。在我看来，九型人格理论一方面具有生动实用的经验性，另一方面又存有基本的原理知识，就像我们前面说到的类型区分、整合方向、发展层级等。了解九型人格，与其将它视为工具或理论的一种，我们不如怀着慈悲心、怀着平等心去看待一切，多一些思考也就能多一份对世界的理解。我们应该尊重每一个个体生命，不论优劣善恶，人人平等，没有孰优孰劣，只有时好时坏。我们的人格特质注定了无法达到完美，但通过修炼，我们可以学习如何接纳他人、觉察自己、协作共存来服务社会，既达成个体的人格理想，也能散发出悲天悯人的精神光辉。这种现实可感的人生，或许正触摸到席勒所谓的"审美王国"的自由境界。

最后愿亲爱的你们越来越美好！我所讲的内容就到这里，谢谢！

参考文献

[1] 海伦·帕尔默. 九型人格 [M]. 北京：华夏出版社，2015.

[2] 唐·里查德·里索，拉斯·赫德森. 九型人格 1：了解自我、洞悉他人的秘诀 [M]. 海口：南海出版公司，2010.

[3] 唐·里查德·里索，拉斯·赫德森. 九型人格 2：发现你的人格类型 [M]. 海口：南海出版公司，2010.

生涯规划：创造快乐 而有意义的大学生活

彭琼英

主讲人简介

彭琼英，女，1988 年 2 月出生，硕士研究生，长沙理工大学汽车与机械工程学院教师，全球职业生涯规划师 GCDF、全球生涯教练 BCC。长期从事大学生生涯规划、思想政治教育等研究和教学工作。发表《思想政治教育视域下生涯辅导体系构建》等学术论文 8 篇。讲座内容为湖南省高校思想政治工作研究课题《思想政治教育视域下大学生生涯辅导体系构建研究》的阶段性成果。

同学们，下午好，非常高兴能够在这里与大家谈谈大学生涯规划。每一年新生入校的时候，老师们都会强调一定要做好规划，过有意义的大学生活。每一年毕业生回首自己四年的学习和生活时，也总是会遗憾自己没有将时间安排得更好一些，没有再多一些体验。在与毕业生交流的时候，总是有同学反馈，如果自己能更加清晰地认识到自己的需要，自己的态度更认真一些，那么四年的大学生活和学习可能会更精彩，只是这种感受总是到毕业时分才会刻骨铭心。这也是大部分学生多年以后的遗憾。

进了大学，要读懂大学不是一件容易的事，要度过有意义的大学时光则更加难以标准化地指导。每个人都有自己的喜好和选择，每个人都有自己的兴趣，都有不同的个性、不同的性格，老师不能拿标准化的指导来适应所有学生。这也是我们在进行生涯辅导中的一个难点。我们既希望尊重每一位同学的个性，提供个性化的指导；而很多时候，同学们不知道自己的个性是什么，自己进入大学前也很少进行过这方面的思考。当然很多时候，大家都说自己没有机会来思考。确实在进入大学之前，极少部分同学能享受到个性化的教育，但是进入大学之后，成长的道路可以自行设计，这个时候家长们也大多不会有太多的干预。所以我们今天一起来探讨一下，怎么进行大学生涯规划。

一、生涯规划：我的一生想要什么

我们从生下来的第一刻，一直到离开这个世界的最后一刻，这些都是生涯辅导的范畴。生涯规划就像旅行，是一场我们从出生到死亡的游历。在这段旅程中，最值得回味的不仅是目的地，更是路上的风景。生涯规划是我们与未知的自己相拥。生涯规划告诉了我们一个方向，就是我们要去探讨每一个人为什么要活着，活着的目的又是什么。每个人的答案可能都不相同。

生涯是生活中各种事件的发展方向和历程，它整合了人的一生中各种职业和生活的角色，由此表现出独具个人特点的自我发展组合。生涯就纵向而言，所关注的范围从出生到退休甚至死亡，也就是人一生中的各个阶段；就横向而言，其范围包括一个人一生中所充当的各种角色，比如：父母、子女、配偶、公民、学生、教师、工人等。可见，生涯是生命、生活、职业事项（职业、事业、创业等）的复合体，它整合了人生发展的所有阶段。通常人们在生活中提及的"生涯"指的是"职业生涯"。实际上，生涯也应包括"职业生涯"之前的"成长"阶段和之后的"衰退"阶段。不同的学者对"生涯"的界定是有分歧的。杨朝祥认为：生涯是一个人在其职业前、职业中及退休后的生活中，所拥有的各种重要职位、角色的总和。林幸台认为：生涯是一个人一生中所从事的工作以及其担任的职务、角色，但同时也涉及其他非工作、非职业的活动。

生涯的发展是一生中连续不断的过程；生涯也包括个人在家庭、学校和社会中与工作活动有关的经验，这种经验塑造了独特的生活方式。卡西欧认为：生涯是一个人所从事的职位、工作或职业的顺序。霍尔和古达尔认为：生涯是一个人在其生命时段内，与工作有关的经验、活动方面的态度与行为顺序。伦敦和史登夫认为：生涯是工作、职位与职责、挑战的互动过程。麦克丹尼斯认为：生涯是一种"生活方式"的概念，也包括一生当中工作与休闲的活动。麦克法兰德认为：生涯指一个人根据心中的长期目标所形成的一系列工作选择和相关的教育或训练活动，是有计划的职业发展历程。舒伯认为：生涯是各种事件的演进方向和过程，它结合了人的一生中各种职业和生活的角色，由此表露个人独特的自我发展组型。一人一生中扮演的角色包括：子女、学生、休闲者、公民、工作者、配偶、持家者、父母、退休者等。我认为舒伯对"生涯"的定义最为准确。

在进行生涯辅导工作时，我们都希望尊重人格的平等，尊重个别的差异。最主要的是我们希望生涯辅导给我们一个观念，让每个学生、每个孩子都活出自己来，他就是他，唯一的他。所以生涯辅导，我个人希望尊重每一个个体。生涯辅导要全方位地考察学生的发展，要长期地跟踪学生的成长。这对生涯辅导老师提出了很高的要求。但生涯辅导只是同学们成长的辅助因素，关键还是看同学们自己。

生命不是掌握在别人手里，它只有一个主人，那就是你自己。生命最宝贵之处，并不在于它的长度，而在于它的广度和深度。现在的你，是三年前的你所决定的。三年后的你，是现在的你所决定的。我们在进行生涯规划时，最关键的是常常询问自己："我要去向哪里？为什么我会选择去那里？我打算怎么去？"其实也就是问自己："我的理想是什么？为什么它是我的理想？我要如何去实现它？"所以生涯教育和我们从小接受的人生观教育有很多相似之处。而如何去实现，是生涯规划中极为关键的一环。所以，我虽然上了几年的生涯规划课程，但是我认为，生涯其实不是一门用来授课的课程，生涯教育真正要实现，是要靠做，是要同学们自己行动。

二、做好规划：实现梦想的机会会自己跑过来

生涯关键在行动。生涯规划就是给我们的行动绘制路线图，指明方向。每一个阶段，每一个学习目标，重点在落实、在行动，行动就会产生很多的智慧，让我们对生涯有更多的、更深层的理解。我们不是把生涯规划作为我们如何去认识自己，去发现自己的兴趣，去找到合适的工作，我们应该把自己的大学生涯规划放在整个生命的长度中去感知、去体验。整个生涯规划应该是职业生涯前、职业生涯中、职业生涯后，这才是一个完整的生涯旅程。

被称为"当代印第安纳·琼斯"的探险家约翰·戈达德，在15岁时写下了自己的"生命清单"，清单里列明了他一生中要完成的127条目标。他的目标包括：探索尼罗河、亚马孙河以及刚果河；爬上珠穆朗玛峰、乞力马扎罗山、马特合恩峰；骑大象、骆驼、鸵鸟以及野马；追溯马可·波罗和亚历山大大帝的足迹；读完莎士比亚、柏拉图、亚里士多德的著作；谱写一部音乐作品；写一本书；访问世界上每一个国家等。迄今，他已完成了127条中的111条，以及其余500多条15岁之后设立的目标。

像所有人一样，他有目标和梦想，但并不是每个人都会去实现它们。而约翰·戈达德在成长的过程中，从来没有改变自己的主意，也没有在自己的雄心壮志面前退缩。"我总是选择伟大的目标，并总把目标写下来。"戈达德说，"我在少年时开列的生命清单，反映了一个少年的兴趣。尽管有些事情我是永远也无法做到的——例如登上珠穆朗玛峰和饰演健壮灵活的男子。然而，确定目标往往是这样的，有些事情可能超出了你的能力，但那并不意味着你得放弃整个梦想。"戈达德并不感到必须完成清单上的每一项计划。他说："它只不过是个指南，它不控制我的生活。"他至今仍努力在每一年中完成一条目标，还不断地增加自己的目标和挑战。

每次我组织学生在进行"梦想地图"活动时，同学们都纷纷表达出了对约翰·戈达德的敬佩。从他的身上我们可以看到，无论梦想伟大或渺小，无论梦想在眼前还是远方，只要我们拥有梦想，并为之不懈地奋斗，我们终将与更好的自己相遇，那一刻，你会为自己鼓掌。

所谓梦想，共性有三：喜欢做的事，能做好的事，有价值的事。只有确定自己的发展目标和努力方向，并为实现它制订合理可行的计划或安排，才能够创造快乐而有意义的生活。现在的大学生常常会说大学和自己想得不一样，上了大学之后有一种失落感，也不乏有的同学选择了放弃继续就读，原因各不相同，我和大家分享几个事例：

豆同学，军训第三天，人不见了。寝室的同学说，豆同学的行李箱都搬走了。我给他打电话，他说，老师，我已经在火车上了。我不想读书，就想在家里待着。这是因为地域原因，他家是西藏的，来长沙不适应。田同学，军训一结束，就要求退学。我反复与他沟通，家长也反复劝说，他就是不同意。三天后，他的退学手续办完了。我与田同学走在去办公楼取退学文件的路上，听他说对自己的高考成绩是多么不满意，希望重新来过，但是家里人不同意他复读。家长打电话问是不是已经办好退学手续了？得到肯定的回复后，家长尽管已经知晓情况，还是忍不住痛哭。陈同学，经常缺课。大三一开学就要求退学。陈同学说，自己想学医，家里人却不同意。自己坚持了两年，还是想学医。于是办理了退学手续，回家重新参加高考。

每年都有很多这样的同学：录取上了，因为对成绩不满意，不肯前来报到的；因专业不是自己选择的，学习动机不强而退学的；因不喜欢专业的学习，专业成绩落后导致休学的，等等。当然，这些毕竟是个案。但是它告诉我们，我们很难热爱我们主观上就排斥的事物。

在质量控制领域，有这样一个理论，我觉得很适合分析我们的成长过程。质量工程的重点在哪里？要看产品生命周期各阶段的纠错代价。趋势是：设计∶研发∶制造∶使用＝1∶10∶100∶1000 的数量级。把问题解决于萌芽状态，才能使用最小的纠错代价实现事件的有效解决。

因此，要最小代价地实现质量控制，先要做的就是了解自己，了解自己的兴趣、能力、爱好，做好每个阶段的规划。要想做好这个环节，需要同学们主动思考，主动挖掘自己的能力，主动探索职业世界，对未来有较清晰的认知。当然，学院也会积极主动地开展生涯辅导，实施以学生为中心的教育。如果没有在最初明确自己的兴趣爱好，那么无论我们是入学后纠错，还是毕业后纠错，甚至工作后再反思，纠错成本都太高了。遇到因为不喜欢专业，学习动机不强，最后休学、退学的同学，我们非常痛心。当然，对退学重新参加高考的同学，说实话，我很佩服他们的勇气，因为我可能没有这样的意志力。同时，我也为他们损失掉的时间而惋惜。每年还有那么多因为走上工作岗位一年后转行，完全脱离原行业的同学，我也为他们感到惋惜。

我们评价事物有三个维度：一是以事实为依据，在对数据的分析对比中，找出正确的一面。二是以理论为依据，在成熟的理论的指导下，去分析，去比较。三是我们把它放在历史的经纬上，从历史的经纬上去洞悉事物的意义。不管从哪一个维度来判断，没有哪一个职业是一成不变的，没有哪一个专业是一直处于同一位置的。我们要做的是明确自己，发掘自己的优势，构建自己的知识结构。如何让自己成为想要成为的人，是我们需要去思考并实践的。

三、这个新时代，与我们息息相关

一个人生活在什么样的时代，他就会受到这个时代的影响，很少有人能够超越时代。马克思说，人的本质是一切社会关系的总和。一个人是不能脱离自己身处的时代而单独存在的。党的十九大报告明确指出，"中国特色社会主义进入了新时代"。这是一个激情燃烧的新时代，是一个出彩绽放的新时代，是一个与梦想同行的新时代。

根据党的十九大对新时代中国特色社会主义的战略安排，我们在座的各位将全程参与社会主义现代化强国的建设。这一代青年的成长，直接关系到国家的兴衰走向。从 2016 年 12 月底全国高校思想政治工作会议召开至今,从习近平高密度地对于教育、对于青年的所有讲话中,我们深切地感受到国家对于高等教育的期待达到了前所未有的高度,高校所承担的使命比任何时候都重大。习近平在 5·2 讲话中明确指出:"党和国家事业发展对高等教育的需要,对科学知识和优秀人才的需要,比以往任何时候都更为迫切。"青年一代是时代的晴雨表,青年兴则国家兴,青年强则国家强。新时代青年的梦想,就是要为实现中华民族的伟大复兴而努力奋斗。因此,我们的生涯规划不仅仅要注重自我选择与自我设计,同时也要与时代同频共振,与国家同向同行。

如何实现个体的生涯规划与国家需求的内在结合?如何促使个人梦想在中华民族伟大复兴的实践中美丽绽放?从工作的角度来说,就是要促进个体生涯发展与思想政治教育的内在结合,把生涯辅导的工具性、实用性与思想政治教育的针对性、导向性有效融合。系统设计思想政治教育视域下大学生生涯辅导内容体系,解析大学生生涯辅导的基本内涵、主要功能,明确思想政治教育融入生涯辅导的原则,探求思想政治教育融入生涯辅导的形式、方法,充分挖掘生涯辅导体系中蕴含的育人元素和育人逻辑,以思想政治教育功能实现为目标,将思想政治教育核心内容纳入生涯辅导,注重生活理想、社会理想、职业理想的有机融合。在专业课程中引领生涯教育,在基础课程中渗透生涯教育,在课外活动中融入生涯教育,在环境建设中体现生涯教育。大家之后会有《职业生涯规划》《学习方法指导》等课程,学校也会分阶段开展生涯主题教育活动,有针对性地提升大家学业规划、专业规划、职业规划能力和学习管理、情绪管理、生活管理能力。在专业导学、工程认知等教学环节,在校友文化墙、校史馆等宣传园地,将介绍各学科领域中的突出成就和学术巨匠们的奋斗历程。希望同学们能够调动起自己探索人生的主动性和积极性,不断地澄清自己的价值观,独立做出人生的选择和规划。

大学的课堂是开放的,只要你想,你可以走进任何一个课堂学习课程。未来的人才一定是复合型的人才。未来是数据制造、互联网制造、智能制造的时代。从制造业来看,国家层面的制造业创新需要既有实践经验,又有产业研究的经历,既懂机床、自动化等工业技术,又懂计算机软件、大数据等信息化技术的跨界人才。这是时代的需要,是社会的需要,是国家一带一路建设的战略需要。大家想想,有没有一个专业能满足这些需求?如何构建自己的知识结构,在学习中形成可迁移的知识能力,培养适应时代要求的综合素养,不仅是现在的你,也是未来的你一直需要面对的问题,是我们所有人成长过程中不能回避的思考。

未来,一定不会再有清晰的专业间隔。大学,不是让大家在哪一个专业内成长,而是期待大家树立自主学习观、创新学习观、终身学习观,提高创新能力、适应变化能力和终身学习能力。

习近平说，每一代青年都有自己的际遇和机缘，都要在自己所处的时代条件下谋划人生、创造历史。中国特色社会主义新时代就是我们谋划人生、有所作为的际遇和机缘。当我们明确了去向何方，我们就要把活力和热情灌注到如何到达的奋斗中。只有我们对自己独特的、真实的、从过去向未来延伸的生涯进行自觉探索，才能开启我们快乐而有意义的成长旅程。在实现自我价值与社会价值最大化的同时，你也会更加幸福、快乐。祝福你们。

参考文献：

【1】金树人. 生涯咨询与辅导［M］北京：高等教育出版社，2007.

【2】教育部思想政治工作司. 我说新时代［M］. 北京：人民出版社，2018.

你为什么学不好英语

黄月华

主讲人简介

黄月华，英语语言文学博士，副教授，硕士生导师，主要研究方向为认知语言学与二语习得。在《外语与外语教学》《外语学刊》《外语研究》《语言研究》《语文研究》《汉语学习》等核心期刊发表论文 10 余篇，其中《人大复印资料》全文转载 2 篇。平时注重将二语习得理论运用于教学，指导的学生多次在湖南省研究生口译大赛中获得大奖。经她指导，女儿 10 岁时拿到教育部三级口译证，11 岁通过人社部二级口译证口译实务考试，12 岁拿到高级口译职业资格证书。现年仅 14 岁，但已为美国大使、英国领事、伦敦大学副校长等担任会议口译 10 余次，并受到高度赞扬。

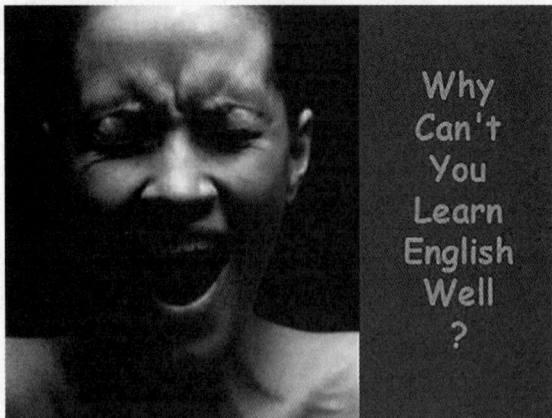

Why
Can't
You
Learn
English
Well
?

同学们晚上好，今天跟大家聊一聊怎么学英语，一个老生常谈的话题。我要讲三个方面的内容：一、你为什么学不好英语？二、他为什么能学好英语？三、互联网时代我们如何学好英语？为了让这个貌似无聊的老问题变得有趣一点儿，我会在第一部分讲一点儿你们从未听说过的有关英语学习的理论，站在理论的高度分析一下学不好英语的根本原因。在第二部分我将拿我女儿来现身说法，她在12岁时就开始做会议口译了，给美国大使和英国领事都做过口译。第三部分我们共同探讨在互联网时代如何学好英语。最后我们将观看一个视频，就内容进行讨论，并请同学们回答相关问题，现场检验同学们的英语水平。

我们来看看我们国家英语教育的整体情况。下图是英孚教育对非英语国家英语水平进行调查后的结果。

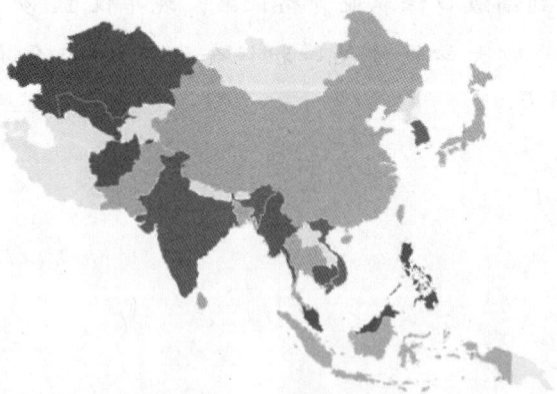

Proficiency: ● Very low ● Low ● Moderate ● High ● Very high

在被调查的70个非英语国家里面，中国排47位，日本49位。我读过一些台湾英语教育家写的论文，其中有一个很著名的英语教育家，他讲过一个真实的故事：两个台湾学生到美国去读书，他们刚到学校就碰到一个老外问他们图书馆怎么走。一个学生脱口而出道："Go straight along this street about 500 meters, turn right and you will see it。"同伴很是诧异："哎，我们不是才到吗？你怎么知道的？"他说："这不是我们书本上写的嘛！"原来他是把书上的东西给背出来了。

大家听到这个故事都觉得很好笑，但其实请反思一下，我们在座的当中有多少同学能够流利地运用英语来进行日常交流？能够交流的同学请举手，只有一个，还是很迟疑的。不过已经相当不错了，要知道面向英语专业学生做的问卷调查显示，也只有40％的同学可以流利地进行英语交流。这个笑话反映了英语教育的一个常见的弊端，那就是死记硬背单词与语法规则，而不注重日常的英语运用。对于日本与中国人英语水平低的原因，英孚是这样说的："中国、日本对于英语教育的投入较大，但太过注重对语法和单词的学习，缺乏英语口语交流。加上外国人较少，缺乏交流机会，阻碍了日本人和中国人英语应用能力的提升。"

英语应用能力包括"听说读写译"五个方面，英孚说的原因比较通俗简单。外语学习其实是语言学研究的一个重要课题，即"二语习得研究"。接下来我跟大家分享当代著名语言学家乔姆斯基关于语言习得的理论，深层次地分析学不好英语的原因。

一、你为什么学不好英语

通常，普通人把掌握一门语言不管是母语还是外语的过程叫作学习，比如学英语、学汉语，但是语言学家们使用的专业用语是语言习得（Language Acquisition），并提出了语言习得机制。今天我给大家简要介绍一下乔姆斯基的语言习得理论，然后站在一个理论的高度来分析学不好英语的根本原因。

乔姆斯基，1928 年出生的美国人，麻省理工学院教授，当代著名语言学家，他创立并发展的生成语言学是当代主流语言学流派。乔姆斯基假设人类的大脑天生具有一种独特的语言习得机制（Language Acquisition Device），简称 LAD。这种机制使得儿童能够在从周围听到某种语言的情况下，在短时间内轻松习得这种语言，即说出这种语言。儿童在三岁左右就基本上能自由地运用母语了，他强调这种习得不是学习，而是一种自然的不费力的过程。他将习得语言与学习物理化学做比较，认为习得母语就像是走路，而学习物理与化学就像是学习驾驶。走路是人类天生具有的能力，而驾驶汽车必须要经过系统的学习。

他还提出一个语言习得的公式：语言输入→LAD→语言能力。乔姆斯基认为儿童头脑中的 LAD 的主要组成部分是语言普遍的特征，即普遍语法（UG）。儿童听到母语输入后启动普遍语法，并在普遍语法的指导和控制下，在母语材料的基础上，通过假设——演绎的方法，在头脑中逐步形成有关母语的、系统的语法知识。UG 存在于人的大脑中，帮助人类习得语言，是人与生俱来的语言初始状态，在输入某种语言之后即转变为个别语法。乔姆斯基关于 UG 的假设为我们解释了为什么小孩子一生下来，用不了 3—5 年，不用接受系统的教育便已掌握了自己母语的主要特点。

乔姆斯基强调语言能力是先天具备的，是大脑的一种技能，是通过物种遗传获得的，正常人都具备的语言能力。如果不假设人先天具有语言能力，就不能揭示为什么人能掌握语言而其他动物不能，也不能解释为什么儿童先天的智力水平以及后天的学习环境都不同，但都在 3—5 岁轻松学会了语言。语言的习得是与语料输入分不开的。儿童需要足够的原始语料输入才能习得语言，而且儿童语言初始状态的激活受时间的限制，过了临界点，即 10—12 岁，一个人便终生无法获得完整的操控母语语法的能力。科学家发现，由野兽抚养长大的小孩，如狼孩、虎孩，由于没有语言输入，被发现时均不会使用人类的语言。他们进入人类社会后，经由大量的语言输入能不同程度地学会些许语言，但不能完全掌握一门语言。下面大家看到的是印度狼孩，他在 14 岁时回到人类社会后，经科学家进行语言与各种认知能力的训练，但仍然只能说出少许简单的话语。

乔姆斯基还提出，0—6岁是儿童语言潜能发展的最佳时期，每个儿童都有在大脑中形成两个以上语言中枢的可能性，即在同时输入几种语言的情况下掌握这几种语言。乔姆斯基指出："一种普遍观察到的现象是，一个移民的幼儿可能在街上以令人惊异的速度学会第二语言，甚至每一个细微的音变都和说本族语的人一模一样。"这表明，如果在语言中枢发展的关键时期内，给予儿童一个习得第二语言的良好的环境，则儿童第二语言中枢的机能很容易在激活中得到发展。但如果在关键期内，儿童未能获取另一种语言信号的刺激，那么另一语言的中枢机能就不可能转入活跃状态。国外科学家对接触第二语言的移民儿童按年龄分组进行了试验，结果是：不满6岁的儿童组与13岁以上的儿童组有明显的差别。年幼组中，68％的儿童的口音被专家认为"酷似说本族语的人"；在年龄较大的一组中，这样的儿童只占7％。

其实生活中有大量的家庭例子：比如，一个孩子的爸爸是中国人，妈妈是英国人，他们都跟孩子说自己的母语，那么这个孩子肯定能同时说汉语和英语，这两种语言都会成为孩子的母语。我女儿现在的英语老师就是这样，他叫汉斯，父亲是德国人，母亲是英国人，德语与英语都是他的母语。网上流传一个极端的例子，就是我要给大家看的这个视频。一个俄罗斯女孩从出生后被输入俄语、汉语、法语、英语、德语、日语、阿拉伯语七种语言，在她4岁时，她已经非常熟练地掌握了这几门语言。

这显示出，如果在语言发展的关键时期内，儿童能够被同时输入多种语言，就存在掌握多种语言的可能性。反之，如果儿童未曾在0—6岁得到第二语言的学习和训练，那么语言中枢的调节、控制机制，无论从发音到语法，都已形成了与第一语言相吻合协调的、整套的控制模式。这时候再接受第二语言的学习就只能达到事倍功半的效果，13岁以后再学习第二语言将会变得更加困难。

以上我跟大家分享了乔姆斯基的语言习得理论。总结起来，要点如下：1. 人类天生具有语言习得机制即"普遍语法"；2. 出生后一定量的某种语言的输入会在短期内使普遍语法变成个别语法；3. 普遍语法的激活有时间限制，10—12岁之前未被输入任何语言可能将终身无法掌握任何人类的语言；4. 0—6岁是儿童习得第二语言的关键时期，此时如果被输入多种语言则可能获取多种语言，13岁以后第二语言的习得将会变得比较困难，终身无法达到母语者的水平。

好，现在我们依据上面所讲的理论来分析一下学不好英语的原因。

第一个是输入英语的时间太晚，这是不是客观原因？如果说我们在座的哪一位妈妈是英国人的话，你一出生听到的就是英语，那你根本就不用学了，就自然习得了英语，是不是？你们一般到小学三年级才开始学英语，就已经过了习得第二语言的最佳时期。我们这一代人是在初中才开始学英语的，所以尽管我是个英语老师，无论我怎样努力我都不可能完全达到五六岁 native english speaker 的口语表达水平。

第二是输入的量不够。现在中国的家庭普遍重视英语教育，有的孩子不到一岁就开始学英语了，但几年下来，仍然说不上几句。为什么？输入量不够是一个很大的原因。对于具体输入多少（时间、数量）才能掌握一门语言，目前还没有定量研究。乔姆斯基也只说要有足够的输入，但是没有给出"足够"的量化标准。所以必须要有足够的输入，这是肯定的。大家想想看，一个小 baby 从出生到1岁会只言片语，再到三四岁无所不说，他听到了多少语言的输入。而我们现在的孩子即便是从一岁开始学，往往是蜻蜓点水、三天打鱼两天晒网，一个星期听不了多少，这显然是达不到输入量要求的。

　　第三个是输入方式不对。大家刚才看到没有，英孚教育对中国的评价是什么？说我们的投入很大。我们花太多的时间在语法和单词上面，从单词、音标和语法学起，这是输入方式不对。正确的输入方式应该是还原成母语的输入过程，首先是听到大量完整的句子，而不是一个个的单词，然后是遵循听说读写的习得顺序。听与说是最重要的，不会读不会写的文盲，他的口头表达能力并不比一个大学中文教授差。母语的习得也并不需要专门学习语法。在这里我也给大家讲一个故事：一个密苏里州立大学英语专业毕业的美国人在中国教英语，他到我家做客，看到书房里的英语语法书如获至宝，要求我送给他。我问他为什么，他告诉我，很多中国学生喜欢问他语法问题，他只能告诉他们凭语感应该怎样，但回答不了为什么。他很苦恼为什么中国学生要问一些他都回答不了的语法问题。中国学生的通病就是喜欢记单词背语法，一个才读小学三年级刚上英语课的孩子，回到家要抄几页纸的单词，而不是要求去听和说。久而久之，基于应试的要求，便养成了死记硬背甚至在语法问题上钻牛角尖的坏习惯，而不愿意去听、去读整段整篇的文章。输入方式违背了语言习得规律。

　　第四个是输出方式不对，输出太少。所谓输出就是英语应用，即通过说、写等用英语进行交流，这一点也是大多数中国英语学习者做得不够的。从输出的量来看，我想问一下大家，你们一个学期下来有多少次在课堂上回答问题？课后又有几次讲英语？最多的三十几次。一次也不回答问题的有多少？这么多啊？！课后讲英语吗？不讲？！这种输出量怎么够呢！我们再看输出方式，最好的输出方式应该是在情境中交流。如果没有相关的情境，我们可以在阅读或听完英语材料后进行复述，而不是死记硬背。原来我们家隔壁有一个小孩，两岁开始到培训班学英语，她妈妈很以她为傲。她在四岁的时候，可以把 Snow White 等英语故事倒背如流。但她背的方式很奇怪，一个字都不停顿，没有断句，从头背到尾。假如你从中间打断一下，你问她这句话是什么意思，她是绝对不知道的，也根本不能用英语进行日常交流。死记硬背而不知其所以然是中国学生的一种典型的错误的输出方式。

　　上面我讲的几个学不好英语的原因都是普遍性的问题，总结起来就是：输入时间太晚；输入量不够；输入方式不对；输出方式不对；输出太少。影响英语学习的还有个人因素，如学习动机、个人性格、学习能力，等等。但我们今天只从输入与输出来谈如何学好英语。

171

二、她为什么能够学好英语

这里的"她"是指我的女儿，我先给大家简单介绍一下"她"。

陈华华，2014 年获得 ACT 中国青少年英语实用能力交流展示大赛小高组全国总决赛金奖，2015 年获得全国中小学生英语技能大赛小高组全国总决赛亚军，2016 年获得全国青少年口译大赛第四名，2017 年获得全国中学生美式学术辩论赛湖南赛区的季军（在来自全国各地的 100 多组参赛选手中，只有她们这一组是初中生）。2015 年 5 月以 83 分的成绩通过教育部的三级口译考试；2016 年 11 月通过人事部的二级口译考试口译实务（笔试 51 分）；2017 年通过国才高翻（口译考试），拿到高级口译证。目前已有 10 余次会议口译经验，在美国大使访问雅礼中学、英国湖南周以及中美教师培训开班仪式和结业典礼上担任口译员，得到国内外嘉宾的高度赞扬。

从她上面取得的成绩来看，她的英语应用能力是非常强的，应该超过了很多的英语专业的研究生。大家都知道口译是英语应用中最具挑战性的部分，而她在不到 12 岁时就通过了二口实务，通过率据说不到 3%。她在给美国大使做口译后，大使表示非常惊讶，在多个媒体上进行了高度赞扬，说从她身上看到了中美未来合作的希望。

她去考口译实务的时候还挺有趣的。进去以后，她看到语音室下面铺了地毯，就开始在语音室候考的空隙立定跳远。监考老师看到别的考生在紧张地复习，而她在跳远，就要赶她出去。她说："我是来参加考试的。"监考老师很诧异，说："你几年级？"她说："我初一了。"监考老师说："你初一就来参加研究生才敢参加的考试?"她说:"我真的要考试。"然后就把准考证拿出来,每个监考老师都满脸狐疑地检查了一番。口译的时候尽管考场里的 40 个人都带了耳麦,但还是能听见其他人说话。据她的描述,她的前后左右坐的全是口译研究生。英译汉的时候,大家都叽里呱啦的,像是池塘里每只青蛙都在叫,蛙声一片。然而到了将一个军事题材译成英语的环节,她说那些"青蛙"都不叫了,就只是她这只"青蛙"在叫,偶尔旁边的"青蛙"跟着呱呱两声。后来我去接她,那些考生唉声叹气,只有她蹦蹦跳跳地下楼来。有考生说:"我们都是来打酱油的,只有这个小孩子做得不错,谁叫人家是天才呢!"

说实话,她并不具备通常人们所说的语言天分。可以说她是我将乔姆斯基的理论运用于实践的一个成功的试验品。我到匠心讲坛来选择这个题目的原因,就是希望将她的英语学习经验分享给同学们。我觉得这不仅有助于你们目前自己的英语学习,也将有助于今后你们孩子的英语学习。我将分四个阶段进行介绍。以下分享的文字是我应上海外国语大学科研处处长、附属中学校长束定芳教授的要求写的一个经验介绍,我选其中的一些要点与大家进行探讨。

1. 3 岁半至 6 岁,以看英语光碟和听英语故事为主

3 岁半开始看英语教学视频《神奇英语》(Magic English,迪斯尼公司出品,现在更名为迪士尼英语,26 集,每集 15 分钟,内容从易到难,适合 3—12 岁孩子)。养成非常好的阅读习惯,并有强烈的好奇心,这对幼儿学英语非常重要。

开始看时,注意力集中时间很短,最多 5 分钟。最初尝试由她自己看,试图让她自己从情境中领会。断断续续坚持一两个月后,发现她只学到了几个词语,但对英语有了最基本的感觉。3 岁 8 个月时,由于她对画面已经比较熟悉,加上听不懂,不再愿意看这套碟。于是换了一种方式:早晨在去幼儿园之前,花 5 分钟时间,以非常轻松的方式带她读一集配音,并大致告诉她每句话的中文意思(非每个词的意思),激起她的兴趣,晚上再带她看这一集,并在看时与她一起跟读。每个星期 4 到 5 天,看碟之外也有意无意逗她说一说。坚持了四个月,将 26 集视频看了三遍,效果很好,能进行日常生活中的简单对话,并试图创造性地使用一些她知道的英语单词,如幼儿园园长,她表达为 the leader of the kindergarten,尽管不妥。

四岁时选用了湖北音像出版社发行的《儿童版走遍美国》(应该是美国制作的英语教学碟),这套碟基于有趣的情境,以问答的形式对英语的基本句型进行反复操练,如问年龄、家庭成员、长短高矮等。基本上每天一集,每集 15 分钟,看了三四遍,对规范孩子的英语表达起了比较大的作用。中间穿插看以前的《神奇英语》与它的六集续集。

4 岁半尝试成人版《走遍美国》,每集看第一遍有一定的难度,需要稍作讲解。

看第二遍才能完全看懂，但由于孩子不喜欢其内容，看了5集后便放弃了。尽管没有看完，但对孩子的听力是个突破。之后开始使用台湾中视拍摄的《大家说英语》(Let's Talk in English)。这套碟非常好，从90年代末至今每月发行一集。每集以生活中的某个话题如KTV、生日party、信用卡等为主题进行情景对话，生动有趣，遍及生活的各个层面。每集约20分钟，基本上每天一集，一直持续到小学三年级。

同时在4岁以后还买了不少原版儿童读物，如苏斯博士经典绘本（全15册）等，与她一起看画面，给她朗读，并提出问题让她回答。由于在此之前已养成非常好的阅读习惯，并有强烈的好奇心，英语阅读（我读她听）的效果非常好。连同看碟，每天花在英语上的时间约为半个小时，星期六和星期日为1个小时。6岁时，她已能完全听懂高三英语课本中的课文并回答其中的问题。

2. 6至10岁，以培养阅读能力、强化听力与复述为主

从孩子3岁半接触英语开始，没有急于让孩子学字母或拼读。当时想当然地认为她学会汉语拼音之后会自然地学会英文拼读。后来的事实证明汉语拼音确实对英文拼读有很强的正迁移，拼读进展顺利得出乎意料。具体的做法如下：

准备了一套朗文出版社的Ready readers（小学1—6年级，一个学期一册）。选这套读物的原因是语速很慢、发音特别清晰悦耳，并且句子不停地重复。在孩子进入小学一个半月，熟练掌握拼音，有了辅音和元音相拼的概念之后，着手实施英文拼读计划。我先是让她学会读26个字母，然后让她对照课文跟读。开始时，我一个词一个词指着让她跟读，反复进行，并同时提醒她英文与汉语的区别在于一个元音字母可能有好几种读音，并且辅音也能独立发音。每天半小时，大概两三天后，她就能逐词指着跟读完的Ready readers第一册自己朗读。两个星期后，可以自己朗读以前听我读过但从未照本跟读的读本，如苏斯博士的绘本和高中英语。经过观察和询问，发现其中的原因主要是她早就能运用这些文本中的大部分词，能够根据自己刚刚获得的拼读经验，结合上下文读出来。一个月后，从未读过的课文也能顺利读出。英语拼读对于孩子来说应该是非常容易掌握的，不仅是华华，经我测试，她的一些英语比较好的同学，也都能在四五年级时基本读出他们根本不懂的高三英语课本，但他们的拼读能力是通过学习音标获得的，华华是在跟读的过程中根据感性经验掌握的。

在能够自己阅读以后，进入以"听＋复述＋阅读"为主的英语学习模式，每天半小时。材料主要是《轻松英语名著选读》初二以上版本以及《新概念英语》2—3。每天学习时间为半个小时。6—9岁为轻松英语名著选读，每天听一章之后，进行复述，然后再阅读一遍，一般一本书要反复两到三次。学完一本以后学习另一本，过一段时间回过头来再温习一遍。

三年级开始新概念英语 2 的学习，基本上每天一课。她听完之后立即复述，我指出复述中的错误，然后她再自己读一遍，学完整本书后又重复一遍，一个学期两到三遍。同时开始听 VOA 慢速英语，听后要求复述。四年级开始新概念英语 3 与 VOA 常速英语。

3. 11—12 岁，口译训练为主

2014 年末，在带孩子参加研究生的口译训练时，偶然发现孩子有很好的口译潜能，尽管之前她从未做过汉译英或英译汉。犹豫了一段时间后，在 2015 年 2 月采用教育部的三级口译教材开始对她进行口译训练。寒假期间每天 3 个小时，平时每天 1 个小时，5 月份以 83 分的成绩通过教育部的三级口译考试（教育部口译考试难度与人事部的相仿，但只有口译没有笔试）。

之后开始准备教育部 2016 年的二级口译考试，每天 1 到 1 个半小时，除了根据二级口译教材进行训练之外，还泛听中央电视台英语新闻及 CRI 与 BBC 等其他英语新闻。由于教育部翻译考试在 2016 年 3 月份停考，转而参加了人事部二级口译考试。该考试的参加者主要是翻译工作者以及口译专业研究生，她以 64 分的成绩通过口译实务（通过英语专业八级者参加二级口译考试的通过率据说不超过千分之五，我的一名翻译专业研究生在湖南省研究生口译大赛中获得第七名，但她两次参加二级口译考试都没有通过口译实务）。2017 年 5 月她以 85.5 的成绩（按百分制）通过了北京外国语大学和中国外语测评中心举行的国际人才高翻考试。

口译训练大大强化了英语听力，扩大了知识面，培养了她在政治、经济与文化等各个方面的汉英表达能力，同时也大大拓宽了英语输入的渠道。

4. 13 岁以后，学术英语写作为主

口译与较大的词汇量为英语写作奠定了坚实的基础。暑假开始后跟外教线上学习雅思写作，非常顺利。

以上就是我带女儿学习英语的详细的过程，总结起来，有以下几个要点：

第一，必须持之以恒。

第二，听始终放在第一位，学习过程为：听→听说→听说读→听说读写。

第三，英语的输入量一定要大，同时输出与输入并重，复述是最好的输出。

第四，英语学习一定要隔一段时间上一个台阶，就是说要定期加大学习的难度。

第五，英语应用能力不需要机械的语法学习及单词与课文的简单背诵，但需要定期反复温习没有掌握的知识。需要说明的是，中国现有的英语考试制度下应试必须要学习语法。

三、互联网＋时代我们如何学好英语

在了解了乔姆斯基语言习得理论与分享了我女儿的英语学习经验之后，大家有什么感想呢？是不是觉得自己现在已经过了二语习得的最佳时间，再也学不好英语了？其实不然，乔姆斯基只是说过了黄金时期不能达到母语者的水平，但并不意味着你不能成为一名高水平的二语习得者。比如"疯狂英语"的创始人李阳，他就是从你们这个年龄开始疯狂学习英语的，并在疯狂几年之后，使自己从一个英语不及格的学生变成英语大咖。在我们这样一个各种英语资料唾手可得的信息化时代，我们完全可以为自己创造一个沉浸式的英语学习的环境。

通过前面两个部分的分析与分享，我们看到，学英语最为重要的就是持之以恒的英语输入与输出。我用下面两幅图来展示如何在互联网＋时代自我创造英语输入的环境与输出的机会。在这样一个到处都是"电子老师"的时代，作为一个具有高度自学能力的大学生，再将学好英语的重担交给你一周才见一次的课堂英语老师，你已经 out 了。你需要自己行动起来。

创造英语输入环境　　　　　　　　　　　创造英语输出环境

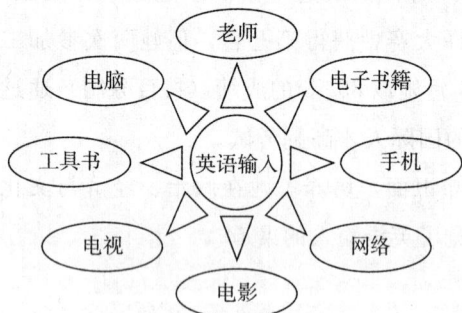

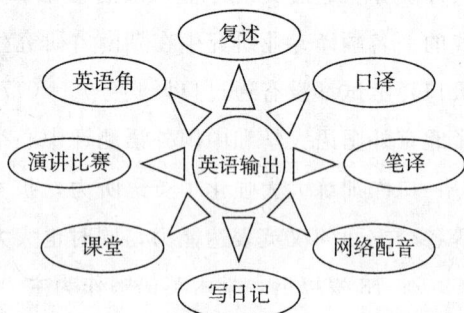

最后送大家一句你知我知的英语谚语：

Where there is a will ，there is a way.

漫谈工匠精神

杜荣华

主讲人简介

杜荣华，长沙理工大学汽车与机械工程学院教授，工学博士，汽车与机械工程学院院长，智能交通与车路协同技术研究所所长。先后主持国家863主题项目子课题1项，国家自然科学基金项目1项，中国博士后科学基金项目1项，湖南省自然科学基金项目2项，企业横向项目10多项。

很多人问我，汽机学院是一个工科学院，为什么要花这么大力气来办这个匠心学堂？耶鲁大学校长彼得·沙洛维在 2018 届毕业典礼上发表了题为"Drawing a Larger Circle"（画一个更大的圈）的演讲，应该给了我关于这个问题最好的回答。他说，如今的世界，你可以在推特上拥有几百万的粉丝，在 Facebook 上有一千位好友，看起来拥有一个很大的朋友圈，并不是一件难事。但是如果你所谓的朋友都在分享相同的故事、类似的观点，那么你的世界可能会很小。当然画更大的圈需要包容的格局，需要更多的坚持。其实我们开办匠心学堂，就是想为同学们提供更加丰富的想法和观点。希望这些想法和观点能帮助同学们画更大、更多的圈。

一、工匠精神之实质及必要性

为什么要谈工匠精神？一是我们汽机学院非常重视对工匠精神的培育，所以提出了加快培养国际视野，创新思维的高素质人才的一个要求。二是时代呼唤工匠精神，国家盼望工匠精神。我们来看几则新闻：一、中国游客在日本疯抢马桶盖。我以抢购日本马桶盖为关键词，在百度里面搜索，大概有 47 万条记录。后面我再查大家疯抢的不仅仅是马桶盖，人民日报上的一篇评论说除了马桶盖之外，还有很多东西是中国游客经常抢的。比如吹风机、电饭煲、保温杯、电动牙刷。二、我相信同学们每逢雨季都会听到这个新闻，说德国在青岛 100 年前建了下水道，所以青岛一直不积水。这个新闻是真是假？后来我在网上查也有两个观点：一派认为确实如此。另外一派认为跟它没有关系。因为青岛现在下水道总长是 3000 公里，青岛的地形是西高东低，三面环海，所以水排出去和德国有没有关？不知道哪一个观点是对的。但是至少大家每年会提起青岛，以后也会有这个争论，是不是青岛的下水道系统解决了青岛的城市内涝问题？三、是我们经常见到的服务机房。德国机房我没见过，但是比它好一点儿的机房我是见过的。这个到底是不是德国人的机房呢？在我们的现实生活中真的有这么大的差距吗？为什么每年不同的时候都会有这样的新闻出现呢？这些新闻背后的真相到底是什么？这至少反映了我们对日本、德国的职业精神的敬佩，他们的产品的质量是有渴求的。比如说去日本疯抢马桶盖，抢电动牙刷、电饭煲，这到底是崇洋媚外还是理性消费？到底是盲目跟风，还是确实是品牌效应？这个机房到底是技术水平的问题，还是工作态度的问题？实际上众所周知，中国古代也有很多领先世界的东西，中国的文物，例如故宫、兵马俑、古长城等。说明中国在近代还是有一些东西影响了我们的产品的质量，影响了我们的消费观念。实际上中国有很多工匠精神的故事，有很多精益求精、追求卓越的例子。

其实工匠精神的这种呼唤，是职业的道德呼唤。随着大工业时代的到来，智能制造、机器人等智能产品的诞生，使得传统的熟能生巧的生产方式，可能会被机器所替代。机器肯定比我们原来的手工形式更加熟练，说不定会更加精确。这里面需要什么？需要的是我们对待职业的态度，这就是工匠精神。精神是什么？精神是一个灵魂，是一个价值的反映。我们说雷锋精神，反映的是全心全意为人民服务；焦裕禄精神，反映的是大公无私、廉洁奉公等。那工匠精神反映的是什么呢？中国为什么要寻找工匠精神的回归？为什么这两年国家把工匠精神的追求提到一个很高的位置？是因为：第一，中国现在是一个制造大国，但远远不是一个制造强国。而且中国制造现在面临着商品压力。经历近两次经济危机，我们发现实体经济比较雄厚的，受经济危机的影响比较小。先进的发达国家，如美国、德国、英国等，它们也需要制造业的回归。像工业4.0就是德国提出来的，CBS就是美国提出来的。第二，中国这几十年的发展，最大的利润是人口红利。但是我们的人工成本已经越来越高。而东盟印度和拉美国家，他们的人力成本更低，这个时候中国的制造面临着双重的压力，两边挤，那中国怎么办？第三，中国提出制造强国战略。中国制造2025，提倡五大工程，十大重点领域，就是希望在2025年达到中等制造强国的水平，这是国家大的概念。最近中美贸易摩擦沸沸扬扬，综合这两年来看，中国经历了从贸易不断到贸易摩擦、贸易纠纷，但现在可能又会出现变革。美国商务部长罗斯之前来到中国已经谈得好好的，但是特朗普又发了一个推特，要对中国500亿的关税进行征收。实际上美国无理对中国产品征收的领域和中国制造2025的十大领域是完全吻合的。美国之所以推动中美贸易摩擦，就是为了抑制中国制造业的发展，拖慢中国实业兴邦制造2025的进程。美国的一些官员，包括其贸易部长直言不讳地说，贸易摩擦就是针对中国制造2025。

国家的发展需要工匠精神。消费者的认识和需求也发生了改变。随着我国经济的发展，人们的基本生活水平已经达到了一个层面，社会的主要矛盾已经发生改变。原来我们总希望物美价廉，但是现在随着大家观念的转变，明白物美就不可能价廉。此外，个性化需要越来越受到大家的追捧。为什么前两年3D打印比较火，是因为制造要考虑它的价格和装备。制造有两种：一种是减材制造，还有一种是增材制造，就是3D打印。因为3D打印不需要考虑加工装配，所以人们的消费观念、产品的流程都会发生改变。以往可能是具备相应的专业水平的人才能设计相应的产品，因为有些产品设计出来却不一定能够制造出来，制造出来又不一定能够装配好。我们如果要实现前后端，需要对我们的职业道德、职业精神、职业操守有一个新的标准。2015年政府工作报告中就已经提出要鼓励企业开展个性化定制、流线化生产，培育精益求精的工匠精神。企业也提出了工匠精神需求，包括品牌战略、品质的提升。对于企业来讲，是希望有精益求精的品质精神。工匠精神就是追求卓越的创造精神、精益求精的品质精神、用户至上的服务精神。我们说工匠精神大概是这三个方面需要得到体现。

我们看工匠精神的内涵和发展。政府工作报告提出工匠精神，于是有了一系列的活动。最近看《大国工匠》《大国重器》《厉害了，我的国》，这些节目通过各种各样的方式来宣传匠心精神。通过大国工匠所推出的一些典型的代表，我们来看看他们的优秀品质。从中国的历史发展来讲，历史上涌现出了一些工匠精神的代表。那么，到底是什么原因给我们工匠精神的培育带来一些负面影响？工匠精神的核心要义是什么呢？在这个时代大潮中，我们汽机学院的学子又该怎么样去传承匠心精神？这是接下来我要谈的问题。

前段时间大润发超市的创始人说过一句话："我战胜了所有对手，却输给了时代。"也就是说个人的发展只有跟时代的需要，跟国家的规划结合在一起，我们才能够更快更好地发展。2015年5月1日开始播出的系列节目《大国工匠》，是讲主人公从平凡的工作岗位怎样脱颖而出，成为所在领域不可或缺的人才。中国重提工匠精神，就是要让全社会去认可工匠的价值。我们首先看一下这个人——胡双钱。他主要负责中国的大飞机C919的设计。这个大飞机原来我们着手做过，由于各种原因停了十多年，后来又启动了。C919有上百万个零件，其中有80％的零件是我国第一次设计出来的，有些零件的加工精度要求1/10毫米，相当于头发丝厚度的1/3。胡双钱在这个工作岗位工作了35年，没有出现一个次品。而且他完全是手工打造的，没有图纸，靠传统的钻床、铣床来做零件。来看第二个人物——毛胜利。他是做宣纸的，他的宣纸也是被很多名家所采用的。这个宣纸从投料到成纸需要一百多道工序。他大概做了30多年，经他生产的纸张有近千万张，没有一张失败，达到了零误差的成绩。来看第三个——管延安。他主要服务于港珠澳大桥。在工作时，管延安要进入完全封闭的海底沉管隧道中安装操作仪器。按照规定，接缝处间隙误差要小于一毫米，他却能做到零缝隙。只有初中文化的他，全凭自学成为这项工作的第一人。他所安装的沉管设备，已成功地完成16次海底隧道对接。第四个人是孟剑峰。北京APEC会议上，我国送给外国领导人及夫人的国礼"和美"纯银丝巾果盘，是孟师傅在只有0.6毫米的银片上，经过上百万次的精雕细琢才打造出来的"丝巾"。再往下看——张冬伟。他是造船的。造船工业上他说有三个难关：第一个是航空母舰，第二个是豪华游轮，第三个是液化天然气船。他主要焊接的东西叫殷瓦。殷瓦也是一种铂金，它主要的特点是对温度的敏感度低，正由于这样，殷瓦焊接成为世界上最难的焊接技术。殷瓦板像牛皮纸一样薄，一条LNG船上的手工焊缝长达13公里，一个针眼大小的漏点，都有可能带来致命的后果。张冬伟的焊接技术不但质量百分百有保障，外观上也完美无缺。高凤林，他也是做焊接的，是做火箭心脏发动机的箱体。130多枚长征系列运载火箭在他焊接的发动机的推动下顺利飞入太空。0.08毫米，是高凤林焊接生涯里挑战过的最薄的记录。从这些人身上我们可看出他们有一些共同的特点：第一个是担当，把工作当作自己人生的使命。第二个是敬业，对自己从事的行业充满敬畏。第三个是专注。这些人都是普通的工种，都是靠一点一点地磨炼，挤出时间来提高自己的技艺，能够做到坚持不放弃，始终不改变初心。第四个是他们对这个职业有自信，认可自己的身份，并没有觉得这个工作不好，觉得职位低下。第五个其实我们说光靠熟能生巧，是没有办法成为我们所需要的技艺的，肯定是有创新的精神，因为我们的工艺的改进也需要创新。第六个是精进。他们对自己的手艺有一种抛开功利之外的追求。不是想在竞争对手里面获得第一，而是想怎么样把这个事情发挥到极致。这对我们的启示非常大。实际上，工匠精神简单地说就是追求卓越的创造性、精益求精的品质精神、用户至上的服务精神。

二、工匠精神之丢失

这里我大概总结了三个因素：文化、社会、价值观。实际上还有很多因素，比如说有教育政策等因素在里面。我们来看这个"匠"字。"匠"最早是指木匠，外面是一个框，里面是一把斧头。《韩非子》里面讲，它的大意是那些手巧的人。清代启蒙思想家魏源写的《海国图志》提出"师夷长技以制夷"的思想。他曾经说"匠"是把某项技艺达到巅峰之后，再进一步前进。其实说到工匠，或者说代表工匠的一个典范，我们会想到鲁班。有关他的第一印象是木匠，但实际上他还有很多发明，包括他发明的能够飞的鸢，还有打仗用的工程武器，包括木工师傅用的工具，据说都是他发明的。鲁班的发明也代表了工匠精神里面一个内在的核心要义——创新，实际上它包含的就是解决好人与物的关系。如果这个规律掌握得好，自然而然就好办了。还有一个例子：孔子走路途中，在森林里面看到一个驼背的人在捕蝉。这个人一捕一个准，孔子就问他有什么诀窍，他说是因为熟能生巧。他说开始时把两个泥丸粘在竹竿顶上，直到长时间不掉下来，失手的机会只有 1/10。后面再放五个，直到也不掉下来，通过这个方式去捕捉，从来没有失手过。这个时候，手臂就像枯树的树枝没有了知觉。所以自然而然，蝉就没有感觉到我的手臂。孔子回过头来对他的弟子们说，注意力不分散，就是高度凝聚精神，恐怕说的就是这位驼背的人。我们古代的文献里面也有很多反映工匠精神的故事。但为什么现在会出现对工匠精神、对职业道德的渴求？第一个是文化因素。从西汉开始，儒家思想就一直处于主导和统治地位。我们说学而优则仕；万般皆下品，唯有读书高。都是要求人们好好读书，成为劳心者，成为管理和统治别人的人。而那些不好好读书的，可能只能成为劳力者，做一些具体的苦力。我们对企业的分类，也把"工"排在"商"的前面，古代教育的这些理念很大程度上造成了工匠地位的低下。我们前面说对德国的羡慕，德国的职业教育是很好的。他们对职业的认识和态度，让他们肯定所从事的职业，所以才导致他们有重视工匠精神的文化氛围。第二个就是社会因素。这主要是因为中国近几年的发展变化太快了，发展快导致一些机会也比较多，人们整体上比较浮躁，要慢工出细活的这种观念不够。第三个是价值观。传统的文化因素的影响，产生一些传统的观念，技术工人在我们国家相对来说地位较低，脏、累、差可能是代名词。包括我们的专业选择，经济、金融、会计等专业，大家认为以后会带来高收入，所以报的人多。实际上社会上又出现了一个倒挂的现象，对高技术专业人才的需求旺盛，但是真正能够熟练掌握的人数却比较少。

三、工匠精神之核心

稻盛和夫有一本《六项精进》，推荐大家阅读。"精进"这个词原来是佛教用语，类似于努力修行，努力向善向上。刚才看《大国工匠》，可能我们会产生一个印象，就是做一件事情做得很长久，一直坚持下去，就会在这个方面越来越熟练。坚持专注，然后敬畏自己的职业，也是工匠精神里面的一个要义。这能从我们的文化里面找到一些类似的故事，比如说熟能生巧；比如说读书破万卷，下笔如有神；比如说熟读唐诗三百首，不会作诗也会吟。我还想推荐大家看一篇文章，梁漱溟的《人生的意义在于创造》。它里面把创造分为两种：一种是自我的不断成长，一种是成物。成己和成物，这两个创造之间有什么关系呢？比如说一个人有音乐天赋，他创作了很多的文艺作品。文艺作品是一方面，但是他在创作文艺作品的过程中，自己也在不断地成长。

我们再看稻盛和夫的《六项精进》。稻盛和夫创办了两家公司，这两家公司都是世界500强。晚年他花费五年的时间把自己一生创业的感悟汇聚起来写成一本书——《六项精进》，该书从六个方面反映工匠精神的一些核心的要领。第一个是付出不亚于任何人的努力。如果你要的只是一份工作，你做合格就行了。但是你说你要一份事业，你仅仅合格是不够的。你要比别人多一份努力，多一份坚持，你才能够做到熟练。第二个就是要谦虚，不要骄傲。你要尊重对手，不以竞争为目的，而以自我提升为目的。通过各种方式使自己的技艺提高，你才能做到追求卓越。第三个就是要每天反省。"吾日三省吾身"，我们中国的文化和他的这个观点也是不谋而合。第四个，活着就要感谢。每个人都有自己的长处，为什么在生活中你要常常能够懂得去感谢别人，因为一个抱怨者和一个感恩者，他们所表现出来的特征或者说表现的品德是不一样的。第五个，积善行，思利他。我们要时刻思考怎样做才能一加一大于二。多做好事，使命运朝着好的方向去转变，使自己的工作往好的方向去转变。第六个就是不要有感性的烦恼。人这一辈子不要把心思花在后悔上。

个人与工匠精神的结合，更多的时候是跟职业教育、跟一线工人的关系更为密切，所以就导致人们总认为工匠精神不是一个特别高大上的精神。实际上那些单纯依靠记忆形成一种惯性或者依靠熟能生巧的工作，都会被机器所替代。创新应该是工匠精神特别要体现的。大家讲的追求卓越，精益求精，它本身所反映的不就是一种创新吗？而创新应该是在现代工业竞争中取胜的关键因素。

德国制造，也并非一开始就特别好。因为德国的工业革命时间比英国、法国晚了很多年。德国由于两次世界大战长期分裂，所以德国的工业化进程充满了坎坷。德国统一时，其他国家已经发展了几十年，世界市场已经被其他更发达的国家瓜分。这种状态下德国走的是跟中国发展相似的道路，以市场换取技术，依赖国外技术的引进。1887年，英国议会甚至针对德国修改了商标法。1887年那个时候要注明德国制造，可不是什么好事，而是一些劣质货的代名词。经过这段时期的经验教训，德国才逐渐意识到品牌效应的重要性。1918年，德国成立了工业标准委员会，制定了几万个行业标准，后来其中的80％的标准被欧洲各个国家所采纳。德国对生产的产品的流程、产品质量都进行严格的审核，确保产品的可靠性和安全性。最终，德国的产品质量得以完全保证。这里面除了它的文化观念、商业观念，还有标准的保证体系。所以，德国的产品慢慢成了优质产品的代名词。美国是当代发明家的天堂。狄恩·卡门，大家可能都知道，平衡车是他发明的。他发明的产品有440多种，他认为工匠的本质是用技术来解决问题。

《工匠精神》这本书我也推荐给大家，另外还有一本就是《从零到一》，推荐给大家。我们如果不在创新上面来思考，来努力，永远都不可能成为领跑者。要推动中国制造向中国创造转变，中国速度向中国质量转变，中国产品向中国品牌转变，工匠精神尤为重要。

四、工匠精神之传承

汽机人如何去传承工匠精神？汽机学院对学生、对老师的期许是什么？有些同学三四年前进入大学，几年之后又要面临人生的另外一次选择，就是找工作。每个人都希望找一份自己感兴趣的工作，但是不是每个人都能够找到自己感兴趣的工作？根据统计，本科生毕业十年之后所从事的工作与自己专业不相关的，至少占50％。这也带给我们一个思考，就是我们怎么样来对待我们的工作和职业。一个学院所希望能够传承给学生的，精神也好，气质也好，还是品质特征也好，就是学院文化石上的八个字：修业、敬业、乐业、精业。修业，其实来自于两个典故，《左传》里面有记载："太上有立德，其次有立功，其次有立言。"《周易》里面有一句话，"君子进德修业"。一个人首先要提高道德修养，其次要做一件事情。一个人终究要找到一份事业并为之精德修业。敬业，即确立了自己的事业便要对自己的行业有一种敬畏感，只有这样，才能够时时保持清醒的头脑，这也是自身的一种价值或者一种态度。乐业，指一定要做你所喜欢的工作。因为只有你喜欢了，才能去付出你的能力。精通，会带给你信心，你的成功和热情就会显现出来。怎样才能达到精通？就是我们讲的要精业。《六项精进》里面讲，你要比别人付出更多的努力。你长期做一个数据，每天三个小时，做十年，你就会成为一个专家。你不断努力，不断练习，你有自信了，自信之后获得别人的认可，你就会有成就感、满足感。你的成功和热情也就随之而来了。希望同学们毕业之后都从事自己感兴趣的工作，但往往自己感兴趣的工作不一定常有，那就需要我们干一行，爱一行，做一件事情，能够敬畏自己的职业，然后安心坐下来，慢慢去喜欢。喜欢的源泉，或者说喜欢和成功的源泉，都来自于精业。也希望修业、敬业、乐业、精业能够成为汽机人共同的品质，谢谢大家。

提问环节

第一个问题：杜院长，您好！我想问的是真正的大国工匠，是他们天赋意义的成分更多，还是他们后期努力的成分更多？

回答：这个问题实际上我也无法考证。但是我想他们这么出色，就是他们不断地投入努力，思考越来越多，也许这个方面能够得到更多的体现。也许他们有天赋，也许生逢其时或者有机遇。但是我们要更进一步去想的是，机会来了，我们没有抓住，天赋也不会展现出来。

第二个问题：杜院长，您好！您对汽机学院工匠精神的培养，有哪些活动或者课程开设吗？

回答：学院这几年提出匠心文化，我们所考虑的就是大家现在的本职工作是学习，怎样才能把专业知识学好就是工匠精神的体现。之前，我们17级进行大量招生，开了很多模块，让大家有很多选择的机会。第一个是合作，我们推动了两个合作：一个是汇邦机器人，还有一个是吉利汽车。我们和企业联合开设学分互认课程，为同学们提供更多的实训平台。第二个是匠心学堂，我们坚持开办匠心学堂就是想通过这个渠道给大家开一扇窗，能够了解更多的观点和想法，更好地去认识自己。第三个，学院在学科竞赛体系、第二课堂活动设计上，在相关活动的师资投入、平台搭建、经费投入上，下了很大的功夫，为大家在校期间提供了很多合作学习的机会。第四个，通过各种方式展示"修业、敬业、乐业、精业"这八个字所蕴含的知识和道理，就是让我们汽机人能够时刻记在心中，即使你哪一天把所学的知识丢掉了，依然能够牢记这八个字，这是汽机学院四年给你的。我相信这是理论上所学不到的。

后　记

如果说守望匠心是一场修行，那么"匠心学堂"堪称一趟虔诚的文化苦旅。

长沙理工大学汽车与机械工程学院举办的"匠心学堂"像一幅正在徐徐展开的画卷，越来越多的学者、学子汇聚在这里，丰富着这幅画卷。它也像一盏明灯，照亮了学子们前行的方向。

每当看到讲堂里那些求知若渴的学子，我们也倍感压力。我们一直在思考：如何才能把"匠心学堂"办得更好，更好地坚持和弘扬社会主义核心价值观，更好地使学子们受到人文精神的滋养。

本书是"匠心学堂"2018年部分主讲嘉宾们集体协作的成果。成松柳教授担任该书的顾问，邱国良、彭琼英、杜荣华拟定了全书的大纲并进行了统稿，对部分讲演稿做了文字增删和润色工作，付出了大量的劳动。囿于学力，本书错漏之处定然不少，祈请广大读者批评指正。

本书是"新工科人才培养模式改革示范教材"丛书之一。本书的出版得到了学校领导及有关专家学者的鼓励、支持和指导，一批学生志愿者做了大量细致的录音整理工作，东北师范大学出版社给予了大力支持。在此，谨向他们表示衷心的感谢！

本书编著委员会

2019 年 3 月